从思路到实操

刑辩业务技能系统化解析

主　编／阚吉峰

执行主编／辛　科　王占启

副主编／刘晨琦　何永新　包国为　刘凤波

社会科学文献出版社

SOCIAL SCIENCES ACADEMIC PRESS (CHINA)

推荐专家

樊崇义 当代中国法学名家，中国政法大学一级教授，中国政法大学国家法律援助研究院名誉院长。曾任教育部人文社会科学重点研究基地中国政法大学诉讼法学研究中心主任、中国政法大学诉讼法学研究院名誉院长、国务院政府特殊津贴专家。兼任中国法学会行为法学研究会副会长、中国检察学会副会长、中国警察协会学术委员会委员、中国纪检监察协会理事、中国监狱学会顾问、中国刑事诉讼法学研究会顾问，最高人民检察院专家咨询委员会委员。获评"影响中国法治建设进程的百位法学家"。

顾永忠 中国政法大学教授、博士生导师，中国刑事诉讼法学研究会顾问，最高人民检察院专家咨询委员，从事法律法学工作近50年。出版著作、教材30余部，发表专业论文一百多篇，承担国家社科基金、教育部、司法部、最高检察院等科研项目十余项。

黄太云 中央司法体制改革领导小组办公室原副主任、中央政法委政法研究所原所长、全国人大常委会法工委刑法室原副主任，现任天津大学法学院教授、天津大学法学院刑事法律研究中心主任。

冀祥德 社会科学文献出版社党委书记、社长，中国社会科学院法学研究所二级研究员、中国社会科学院习近平新时代中国特色社会主义思想研究中心研究员，中国社会科学院大学法学院教授、博士生导师，国务院政府特殊津贴专家。出版专著、教材60余部，发表论文和理论文章300余篇，向中央提交内部研究报告70余份。

林　维　西南政法大学党委副书记、校长，中国法学会副会长、中国案例法学研究会副会长、中国犯罪学研究会副会长、中国预防青少年犯罪研究会副会长、中国刑法学研究会常务理事、中国检察学研究会未成年人检察专业委员会副主任、中国法学教育研究会常务理事、中央网络安全和信息化委员会办公室法律顾问、最高人民法院特约咨询员、最高人民检察院检察智库专家。

吴宏耀　中国政法大学教授、博士生导师，中国政法大学国家法律援助研究院院长，中国法学会检察学研究会刑事检察专业委员会副主任、中国法学会检察学研究会案管专业委员会副主任、北京市法学会未成年人法学研究会常务理事、北京市法学会涉台法律事务研究会理事、最高人民法院驻所研究学者、最高人民检察院检察理论研究所特聘研究员、国家检察官学院特聘教授。

潘金贵　西南政法大学法学院教授，西南政法大学证据法学研究中心主任、中国刑事诉讼法学研究会理事、中国刑事诉讼法学研究会全国刑事证据法学专业论坛副主任、中国检察学研究会刑事检察专业委员会理事。主编《证据法学》《证据运用实务教程》《证据法学案例进阶：理解与适用》等系列教材，以及《证据法学论丛》《证据法学文丛》《证据法学译丛》《证据刑辩散思集》系列丛书。

江　溯　北京大学法学院研究员、博士生导师，北京大学刑事法研究中心主任、北京大学实证法务研究所主任、北京大学法律人工智能研究中心副主任，《刑事法评论》主编，西南政法大学比较刑事法学研究院客座研究员。

序一

以专业化推动我国刑事辩护制度发展

我曾经写过一篇文章《论律师的五重境界》[①]，提出将律师当作"一种专业"，是第四重境界。律师的专业性，不仅体现在"术业有专攻"，更体现在对专业知识更新的及时把握及法律知识转化为实践应用的灵活运用。这便需要律师树立终身成长的意识，培养自主学习的能力，唯如此，律师才能在熟谙法学知识的基础上实操运用，形成有针对性的辩护或者代理思路，有效地应对案件中的问题。

在各类诉讼业务中，比较而言，刑事辩护业务通常对律师具有更高的专业性要求。然而，我国刑事辩护的专业化程度在整体上仍需进一步提升。在这种情况下，有意从事和正在从事刑辩业务的广大律师，就更需要加强学习和磨练，获得足够丰富的刑辩知识和技能，练就扎实的内功，强化有效辩护，以真正有效地维护犯罪嫌疑人、被告人的合法权益。

在人工智能、大数据、云计算等先进科技飞速发展的后互联网时代，海量信息不仅铺天盖地、唾手可得，而且良莠不齐、真假难辨，闭门造车、敝帚自珍的发展模式不但早已行不通，还不利于真正专业和有见地的内容被看见、被传播。各行各业的宝贵经验都需要分享，律师行业也不例外。加之律师职业的高度专业化特性，律师同仁之间不仅需要互通有无、博采众长，更需要在海量信息中发出足够专业的、能够在一定程度代表行业标准的声音。于此，我欣喜地看到，求新律师事务所阚吉峰主任及其团队担负了这样的使命。求新律师事务所作为在刑辩业务领域具有独特的专

---

① 冀祥德：《刑事辩护八大学说》，当代中国出版社，2023，第24页。

业化优势的律所，恰恰拥有一支在一线办案的律师与从事教学工作的兼职律师组成的团队。本书的出版正是求新律师事务所从事刑辩业务的部分成员深刻总结自身的执业经历，积极分享自身的执业经验的产物和成果。我相信，这一总结和分享，既能为新涉刑辩业务的年轻律师引路，避免年轻律师在刑辩领域走进误区，也能与长期从事刑辩业务的资深律师形成有质效的交流，为同行提供有益的借鉴和参考。

不同于一般的律师业务类专业书籍，本书因有以下三个显著特点而成为一部不可多得的佳作：

一是专业化程度高。求新律师事务所自始便定位于刑事法律业务的专业领域，系以刑辩业务为特色的律师事务所。此次参加撰写本书的作者，均是该所长期在刑辩业务中"摸爬滚打"、成功办理各类刑事案件的刑辩律师，且其中还不乏具有多年刑事审判经验的转型律师和同时从事高校刑事法律教育教学的专家型律师及科研工作者。由此，本书的内容具有可靠的专业性和较强的理论性。

二是内容全面、系统。本书的内容分为庭前辩护、庭审辩护和其他技能三大部分，全面而系统地解读了刑辩业务技能。每个部分之间既具有相对独立性，又彼此联系、相互配合，形成一个完整的业务流程和技能体系。尤其是，本书既以刑事诉讼进程为主线，又不落窠臼，在常态的阅卷、会见、庭前会议、发问、证据的审查质证、非法证据排除以及法庭辩论等核心技能之外，对有关沟通技能、认罪认罚从宽案件的辩护、执业风险防范、法律文书写作，甚至接待与谈案技巧均有涉及，内容丰富，可以较好地满足广大刑辩律师对刑辩业务的学习交流需要。

三是实用性、可操作性强。作为专业人员，律师是复杂法律制度的专家，要"以一种替大众服务的精神来运用自己的法律知识"。律师的执业活动就在于对法律知识的实际运用，对法律实务的熟练操作。本书正是以相关知识和经验的实用性、实战性为立足点和出发点，精细解读并辅之以实例示范，凸显所授技能的可操作性，在循序渐进中"手把手、面对面、一步一个脚印"地解析刑辩的全技能。

2025年1月，在中国法学会第九次全国会员代表大会召开之际，习近平总书记致信勉励广大法学法律工作者，积极投身全面依法治国伟大实践，其中"服务法治实践"更是对全体律师的谆谆嘱托，希望律师作为法律实务工作者，始终站在依法治国伟大实践的第一线，为社会主义法治国家建设贡献力量。刑事辩护是实践性极强的律师业务，"他山之石，可以攻玉"，向有经验的律师学习是提升刑辩技能最有效的路径之一。相信求新律师事务所的精英律师们从思路到实操经验的分享，能够为广大律师办理刑辩业务提供有益的指导和参考。

党的二十届三中全会提出，法治是中国式现代化的重要保障。广大律师不断在业务上精进，在思路上碰撞，在技能上切磋，在实践中总结，在总结中提升，正是贯彻落实党中央提出的中国式法治现代化建设关于健全法律面前人人平等保障机制，弘扬社会主义法治精神，维护社会公平正义，推进法治社会建设等要求的重要体现。未来，相信有更多像求新律师事务所这样的律师团队能够将宝贵的执业经验予以系统梳理、无私分享，不仅是积极助推我国刑事辩护制度的发展，也是肩负起培养法治实践人才的使命，更为重要的是将律师当成一个事业去追求，并且把自己的律师事业与中国律师事业的发展乃至中国式法治现代化事业的发展作为理想追求，这也是我说的律师的第五重境界。

是为序。

2025 年 1 月 11 日

序二

知识技能系统化是快速提高刑辩能力的有效路径

刑事辩护作为一项实务技能，在实践中不断演进变化。在当前的执业环境下，刑事诉讼中的委托人与受援人对律师业务技能的要求越来越高。与此同时，随着律师行业的持续发展，青年律师占比较大，是承办刑事法律援助案件的一支重要力量，如何提高青年律师的刑事辩护技能并提高刑事法律援助案件的办理质量，则是律师行业当前面临的一项重要课题。为此，有必要系统性地解析刑事辩护的技能，助力青年律师快速提高刑辩技能，并使其业务技能向专业律师进阶。但刑事辩护的系统化解析涉及刑事诉讼的整个流程、核心要素、辩护策略及实务技巧，需结合法律规范与实践经验构建辩护理念与培养辩护技能，这就要求律师兼具法律解释能力、证据分析能力及程序把控意识，在动态诉讼过程中灵活调整策略。故每一个成功的辩护不仅依赖个案细节的深挖、构建"事实-证据-法律-程序"四位一体的辩护逻辑体系，还需要卓越的辩护理念与系统、专业的辩护技能。

笔者作为一名刑事辩护的实践者，在执业中深刻体会到我国的法学院校中所开设的刑事辩护专业尚处起步阶段，而青年律师执业后仅靠个案提高刑事辩护技能，在短时间内难以实现刑事辩护的规范化与专业化。所以，将分散于个案中碎片化的业务技能进行系统梳理并予以分享，既是每一名律师的执业追求，也是每一名律师的行业责任。为此，笔者于2022年6月30日组建了本书的编写团队，编写这本《从思路到实操——刑辩业务技能系统化解析》，旨在实现助力青年律师成长与提高刑事法律援助案件办理质量、助推我国刑事辩护事业发展等多重公益目的。

通过前期的深入调研，并针对广大律师的执业需求，贴合当前律师队伍的发展现状、执业年限、知识结构与知识需求，本书对刑事辩护中的会见、阅卷、质证、辩论、法律文书写作等各个流程进行系统性解析示范。同时，对辩护理念的更新、辩护方案的确定、辩点的提炼运用等进行精细化解读，旨在突出知识内容的可复制性与可借鉴性。整体上，本书力求突出以下特点。

一是为新执业的青年律师提供刑事辩护规范化的范本。对于新执业的律师而言，较为凸显的问题是从法学院校毕业后直接进入律师行业的年轻律师普遍缺乏系统化的实操性技能，而且此时恰恰需要规范化、系统化地培养执业技能和执业理念。因此本书对刑事辩护的全流程及刑事辩护的服务模式进行概览性、系统性解读，让其系统掌握实操性业务技能，并在执业过程中快速复制与转化，助其能够独立承办刑事案件。同时，本书对刑事辩护各流程中的核心技能予以精解，以便于读者对照参考。

二是为有执业经历的律师提升刑辩业务技能提供示例。从业三年以上的执业律师，具备一定的执业经历并已形成自己的执业习惯，该类律师面临的挑战是执业中遇到的疑难问题如何解决。而且该类律师即将面临业务拓展的挑战，需增强其直接面对市场和客户的能力。通过业务进阶培训，可以对其各类业务的办理能力进行提升，满足其应对和处理复杂案件的需要。

三是为从事刑辩的专业律师提供业务精研的有益参考。选择刑事业务为主要方向或执业在五年以上的资深律师，应已经具备专业的刑事辩护技能，但对刑事辩护的相关板块可以进一步细化研究。因此，本书亦可作为对照研习的参照，供其专项训练或作为批判的素材，以满足该类律师的精研需求与自主学习的正向激励。

本书的编写过程，亦是对求新所坚持"学习型"律师事务所定位的一次检验。求新所作为一家学习型律师事务所，坚持以习近平新时代中国特色社会主义思想为引领，坚持"学习型"律所的定位，激发全员学习热情，提升全员学习能力，积极探索学习型律所建设，在律所内部形成了"以写促学、以学促辩、以辩促研、以研提能"的学习风气与培训体系。

求新律师通过持续的研究探索，不仅可有效提升本所律师应对和办理疑难复杂案件的能力，亦可促进求新律师的实务研究。所以，在本书编写过程中，我们细化撰写方案，明确出版定位，精心打磨稿件，并针对不同执业阶段、不同执业环境、不同知识需求的律师进行设计，以求编撰一部助力青年律师成长与助推刑事辩护高质量发展的工具书范本。但本书难免有不当之处，敬请各位读者朋友批评指正。

本书得以出版，要衷心感谢樊崇义、黄太云、顾永忠、冀祥德、林维、吴宏耀、潘金贵、江溯八位专家提供的学术支持，同时要感谢《检察日报》社理论部曾宪文老师、《人民法院报》社理论部唐亚南老师给予的大力支持。此外，山东政法学院孙杰、山东大学法学院赵恒以及求新所任祖程、潘丙永、苏俊东等同事对本书的出版方案、文字校对等提供了相关支持，在此一并致谢。

希望本书能够为读者朋友从事刑事辩护带来助益。

是为序。

2025 年 1 月 16 日

C 目录
ONTENTS

上　篇

庭前辩护技能

01 如何阅卷和制作阅卷笔录

在认罪认罚从宽和刑事辩护全覆盖的背景下，有效辩护对于刑事辩护律师价值的体现尤为重要。为达到有效辩护的效果，辩护律师在办理刑事案件时，在实体上需要关注事实认定、案件定性以及责任确定三个方面的问题，简言之，即包括认事、定罪和量刑三个步骤。这三个步骤不但要有公正高效的程序来保证，还须建立在准确把握案情的基础上。辩护律师要吃透案情，直接有效的途径主要包括三个方面：一是会见犯罪嫌疑人、被告人，通过交流了解案情；二是阅卷，通过卷宗材料的信息了解案件；三是开庭，在庭审调查与辩论的过程中，深化对案情的把握。当然，会见和开庭是一个互动的过程，效果如何既受律师自己的因素影响，也受其他因素影响。唯有阅卷是律师最能自我掌控了解案情的途径。律师阅卷效果也会直接影响到会见的效果，乃至决定庭审的效果。所以说，阅卷是刑辩律师辩护过程中的一项基础性工作，阅卷能力是办案的基本功，直接决定着辩护质量的优劣。但在刑事诉讼的不同阶段（审查起诉阶段、法院一审与二审阶段、特别程序及再审阶段），辩护律师阅卷的目的、内容及注意事项各有不同。在此，笔者主要就刑事案卷的种类、阅卷及其目的、阅卷方法、如何处理阅卷中发现的问题及阅卷笔录的主要内容五个问题逐一阐明。

一 刑事案卷的种类

案卷是案件信息的载体，是案件质量的呈现，但它并不等同于案件本身，而是以静态的方式呈现案情。对于刑辩律师来说，作为一名阅卷者，先要明晰眼前静态的案卷为何物。我们不仅要眼中有卷，还要心中有案（带着问题去阅卷，什么事、什么罪、什么刑）；不仅要审有形之卷，还要查无形之卷。辩护律师不能机械办案，而是要结合内外综合的因素去分析案情，从多个层面着手以探查案卷所蕴藏的案件的全部信息和独特价值，甚至包括案外信息。

在实务中，根据制作主体的不同，刑事案件卷宗一般分为侦查卷、检察卷和审理卷。根据卷宗内容的不同，可分为程序卷、证据卷等，上述可统称为有形的文本之卷。相对而言，还有无形的法理之卷，下面作一简单的介绍。

（一）文本之卷

广义上讲，文本之卷是办案机关将在案件办理过程中形成的法律文书（程序卷）、证据材料（证据卷）和不对外发生法律效力的内部审批文书、案件研究记录（法院审理卷宗的副卷）以及有保存价值但不需要作为证据使用的其他材料等，按照一定的顺序和要求组合后形成的卷宗材料。对于刑事案件而言，主要有侦查卷（程序卷、证据卷），一审法院的审理卷（正卷、副卷），二审法院的审理卷（正卷、副卷），死刑复核、核准卷宗及申请再审程序卷宗等。

（二）程序之卷

程序之卷，通常也是我们所讲的法律文书部分，即诉讼文书卷，该卷宗包括立案、拘留、逮捕、取保候审等强制措施手续材料、起诉意见书等法律文书。这些法律文书绝大部分为制式文书，主要涉及程序性问题，是在案件办理过程中，办案机关以案发、立案、对犯罪嫌疑人采取相关的强制措施等时间顺序形成的法律文书。该卷宗可以全面真实地还原案件侦办的过程，是程序运行的成果，但并非程序运行的全貌。通过审查程序之卷，辩护律师可以从看似"流水账"的程序信息中，按照刑事诉讼法及司法解释的相关规定，发现和提炼案件发案破案经过、调查取证、讯问犯罪嫌疑人等信息，发现侦查机关办案过程中存在的程序问题和隐患，以更好地寻找有利的辩点。

（三）证据之卷

证据之卷，通常而言，就是诉讼证据部分，主要包括《刑事诉讼法》规定的各类形式的证据，如书证、物证照片，对证人、被害人的询问笔录，对犯罪嫌疑人及同案犯的讯问笔录，鉴定意见，情况说明，现场勘验报告，侦查实验报告，等等。证据是案卷的核心内容，正是因为刑事侦查卷宗包含了大量的证据，所以辩护律师在阅卷时必须掌握一定的规律和方法以厘清脉络。如此不仅能提高阅卷的效率，还可全面了解案情，做到眼中的证据之卷不局限于证据载体本身，而且包括证据内容、证据来源、证据印证、证据组合、证明体系等综合要素。辩护律师既要分析有形的在案证据，也要还原侦破逻辑和取证程序，并据此提炼出证成或证否的论证体系。总之，识别并构建起在案文本基础之上的证据之卷，可以为确定辩护方向和策略打下坚实基础。

（四）视频资料部分

审讯时的同步录音录像资料属于与案件有关的材料，是案件材料不可或缺的组成部分，也是非法证据排除程序中判断有无违法取证的重要证据之一。根据《刑事诉讼法》的规定，检察机关有义务对是否存在非法取证的情况进行审查，辩护人也有权要求检察机关对证据的合法性进行审查。在过去的刑事诉讼卷宗中没有视频资料这部分材料，近几年，由于最高人民检察院、公安部都要求对犯罪嫌疑人讯问时全程录音、录像，所以才有了这部分内容。在司法实务中，这部分资料一般没有独立的卷宗，通常仅以光盘的形式随卷移送。在审查起诉阶段，检察机关通常不允许律师查阅、复制讯问同步录音录像，只有到了审判阶段才可以。《刑事诉讼法》第123条规定："侦查人员在讯问犯罪嫌疑人的时候，可以对讯问过程进行录音或者录像；对于可能判处无期徒刑、死刑的案件或者其他重大犯罪案件，应当对讯问过程进行录音或者录像。录音或者录像应当全程进行，保持完整性。"

（五）法理之卷

阅卷是刑辩律师目光不断往返于规范与事实的过程。阅卷者应当洞察原办案人适用法律的逻辑和理由，厘清罪与非罪、此罪与彼罪的法律边界。法律适用并未单独成卷，但贯穿整个办案过程，每一个司法案件的背后都蕴含着极其关键的法律适用问题。这就要求辩护律师在实务中不能机械阅卷，要学会多思考，透过现象看本质，理解立法者的立法意图，结合相关司法解释出台的背景进行理解与适用。

二 阅卷及其目的

阅卷的主要目的是全面了解案情，发现案件事实及指控案件事实的证据瑕疵，打破控方指控犯罪事实的证据体系，从而确定辩方有效的辩护方案。下文从辩护律师阅卷权的法律依据及阅卷的目的两个方面作一介绍。

（一）阅卷权的法律依据

《刑事诉讼法》第34条规定，犯罪嫌疑人自被侦查机关第一次讯问或者采取强制措施之日起，有权委托辩护人；在侦查期间，只能委托律师作为辩护人。第38条规定，辩护律师在侦查期间可以为犯罪嫌疑人提供法律帮助；代理申诉、控告；申请变更强制措施；向侦查机关了解犯罪嫌疑人涉嫌的罪名和案件有关情况，提出意见。从上面两个规定可以看出，在侦查阶段，律师是没有办法看到案卷材料的，只能向侦查机关了解案情、侦查所获知的情况。但实际情况是侦查机关并不一定会将其掌握的案情全盘托出。在这种情况下，律师获知案情的办法只能是等待案件进入审查起诉阶段，再进行阅卷。

《刑事诉讼法》第40条规定，辩护律师自人民检察院对案件审查起诉之日起，可以查阅、摘抄、复制本案的案卷材料。该条明确了辩护律师在审查起诉阶段拥有与控方相同的阅卷权，阅卷权也是辩护律师在审查起诉阶段所拥有的一项新的权利。

阅卷是审查案件的基础。无论是司法人员还是辩护律师，都是按相关的法律规定履行自己的职责，但控辩审三方的诉讼地位和职责不同，控辩双方出庭的目的也各异，故而不同主体阅卷的指向性也有所不同。侦查机关以破案为中心，重点关注的是谁作案；审判机关更关注庭审效果、对被告人能否定罪、如何量刑；检察机关因其控方地位则更加关注案件全貌，在侦查机关形成卷宗的基础上全面甄别和评析，其指控的依据就是案卷里的相关内容；对辩方律师来讲，阅卷就是围绕控方的证据体系在开庭前所做的准备工作，是建立辩护思路、选准突破口、确定辩护方向、实现有效辩护的关键环节。

（二）阅卷的目的

1. 了解控方的证据有无瑕疵，证据体系是否完整

辩护律师通过阅卷可以了解控方的证据达到什么标准，单个证据有无违法之处，在"证据的三性"上有无瑕疵，全案的证据是否达到法定的刑事证据证明标准。在阅卷过程中，辩护律师既要审查单个证据，也要审查全案的证据，以便有效地找到控方证据体系的薄弱点，选准控方证据体系的突破口，以便打破控方的证据体系，达到有效辩护（意指辩护结果上的有效）的目的。

2. 发现侦查机关及控方办案过程中是否有违法之处，为进行程序性辩护做准备

如上文所述，刑事侦查卷宗一般分为诉讼文书（程序）卷和证据卷等，刑事侦查卷宗的证据分为两大部分：第一部分是诉讼文书；第二部分是证据材料或案卷笔录。辩方通过对第一部分的阅卷，可能从中发现控方在诉讼程序上的瑕疵或违法的记录，从而为程序性辩护工作的开展找到相关依据。

3. 发现新的证据线索，为搜索调查有利于被告人的证据做准备

在刑事侦查卷宗中，案卷中的言词证据占很大一部分。言词证据作为直接证据是案件证据的信息源，其中既有不利于犯罪嫌疑人的信息，也有有利于犯罪嫌疑人的信息，辩护律师要认真对待案卷中对犯罪嫌疑人、被告人不利的证据。在一般情况下，侦查卷宗中对犯罪嫌疑人不利的证据占据卷宗的主要内容甚至全部内容，辩护律师必须全面分析这些不利证据，

积极寻找应对方法。如果这些不利证据确实具有客观性，辩护律师也不能强词夺理，更不能采取掩耳盗铃的方式漠视这些不利证据。应该做的是考虑如何弱化这些不利证据的证明效果，完善有利的证据体系，从而达到有效辩护的目的。比如，案卷中的情况说明可能反映案件中没有查清的事实或没有搜集到的关键证据等控方的短板信息，抓获经过可能反映嫌疑人存在"自首""立功"等从轻或减轻处罚的情节，这些对嫌疑人有利的证据线索往往就隐藏在案卷的"细枝末节"之处，需要辩护律师通过仔细的阅卷加以发现。

三　阅卷方法

所谓的阅卷，不是拿着手机去司法机关拍照，而是面对不同的案件，根据案情的不同、卷宗的数量等，利用自己掌握的法律知识和实践经验对卷宗材料加以全面系统的分析。凡事预则立，不预则废，阅卷前充分的准备工作对后续的全面阅卷工作多有助益。

（一）　阅卷前的准备工作

在不同的诉讼阶段，阅卷的内容和思路不同。

1. 根据起诉意见书或起诉书的内容来确定阅卷的思路

在阅卷之前，辩护律师最想看的可能就是起诉意见书或起诉书。当然，二审审理阶段还有一审判决书的认定事实及上诉人的上诉理由等。因为起诉意见书或起诉书对整个犯罪事实有一个基本的描述，从中可以准确把握阅卷方向。现在，一般的起诉意见书是不列举具体的相关细节和证据的，但有的侦查机关也会将相关证据种类列在起诉意见书后面。我们可以通过仔细审读起诉意见书或者起诉书的用词了解控方的指控方向，以便在阅卷中重点了解掌握卷宗里的一些证据材料，这一点对我们形成阅卷思路是很重要的。

2. 在会见犯罪嫌疑人、被告人时，反复听取其辩解以确定阅卷的思路

在不同的诉讼阶段会见犯罪嫌疑人、被告人时，他们可能会描述一个完全不同的事情经过。例如，在会见过程中，犯罪嫌疑人描述侦查人员在

审讯时取证的过程，并提出他自己的辩解，这就是辩方律师阅卷的一个重点思路。

3. 阅卷次数

一般来说，律师阅卷不能少于两次。第一次阅卷主要寻找与指控有关的证据，即通过阅卷，找到与指控方向一致的内容。第二次阅卷主要寻找与控方证据发生矛盾的证据。当然，二审阶段还要对一审判决认定的事实进行分析。通过多次阅卷，在熟悉案情的基础上，从案卷中发现焦点问题，为以后的有效辩护选准突破口，确定准确的辩护方向。

4. 储备足够的刑法知识和生活与办案经验

阅卷前，根据犯罪嫌疑人涉嫌的罪名，不但要储备足够的相关刑法知识，还要有相关的生活和办案经验。关于涉案罪名的构成要件、法条和司法解释的相关具体规定，都需要阅卷前有充分的准备。在辩护实务中，很多人通常认为阅卷是特别简单的事情，在工作忙时，有的律师会让一些年轻的助理去阅卷，他们阅卷后反馈的经常是"这个案子很简单、很清楚，没什么问题"，但是你拿过来仔细一看，发现这个案卷材料存在很多问题，这是什么原因呢？就是经验不足，既包括办案经验不足，也包括生活经验不足。所以，阅卷时需要充足的知识储备和生活工作经验。你的阅历越多、越丰富，那么你就越容易发现其中的生活逻辑问题。法律来源于生活，刑辩律师和其他专业的律师一样，生活经历越丰富，阅卷时可能发现的问题会越多。

总的来说，如果阅卷工作准备充分，可能就阅得通、阅得透，就能在阅卷过程中发现控方证据体系中对辩方有利的证据，为有效辩护打下较好的基础。

（二）阅卷的步骤和要点

首先，律师要了解审判阶段阅卷与审查起诉阶段阅卷的不同。按照《刑事诉讼法》的规定，辩护律师自案件审查起诉之日起即可对所有案卷材料进行查阅和复制。因此，如果律师已在审查起诉阶段介入的话，其在审判阶段是已经掌握了该案证据材料的，那么在审判阶段阅卷的范围则主要是控方庭前提交的补充调查的证据。

其次，在案件提起公诉后，辩护律师要认真审查起诉书的内容与起诉意见书是否统一。如果措辞、数额变化了，辩护律师就要去探究变化的真正原因，为下一步的辩护工作做好准备。

最后，阅卷工作不是简单的摘录，阅卷的过程不仅包括对重点证据的摘录，更应包括对矛盾证据的评析；不仅包括对客观证据的罗列，更应包括对主观证据的比对。也就是通常所说的阅卷重在"三找"：认定事实时主动"找"证据、审查证据时主动"找"印证关系，以及阅卷全程主动"找"问题。

1. 阅卷应当遵循的步骤

（1）在浏览卷宗目录及证据材料的基础上，研读起诉意见书或起诉书

起诉意见书作为侦查机关对案件侦查终结后的总结，具有提纲挈领的作用。从一定意义上讲，侦查机关的起诉意见书是辩方在审查起诉阶段辩护的"靶子"，辩护律师既可以从起诉意见书中看到控方下一步指控的基本思路，也可以通过起诉意见书迅速掌握案件全貌。另外，在阅读起诉意见书的过程中，还应关注一些细节，如涉及多个犯罪嫌疑人时，应当考虑犯罪嫌疑人的排序问题。一般情况下法院的判决书是按照起诉意见书上犯罪嫌疑人的顺序排列的，排在前面的嫌疑人量刑一般较重，排在后面的量刑相对较轻。当然，也不能只阅读起诉意见书或起诉书，还应结合案件的卷宗证据目录等内容，既要了解案件的基本事实是什么，也要了解认定这个事实的证据有什么，以便在阅卷时达到"一览众山小"的效果。

同时，辩护律师在阅读起诉意见书时要有所侧重，起诉意见书的主要内容是"经依法侦查查明"和"综上所述"部分（检察院的起诉书是"经依法审查查明"和"综上所述"部分）。因为该部分内容往往是起诉意见书或起诉书的核心部分，也是控方工作的重点内容。阅读该部分内容可以了解侦查机关认定的犯罪事实或公诉机关通过审查后所指控的犯罪事实，控方所有的证据材料都是围绕其所指控的犯罪事实建立的证据体系。

（2）阅程序卷

案件的程序卷是侦查案卷的重要组成部分，从一定意义上可透露案件侦查的过程及在侦查过程中是否有违法或违反程序的问题。阅程序卷的重心应当是程序卷中的立案登记表、破案报告书、拘留证、提请批准逮捕

书，如果案件有退回补充侦查的还应当详细查看退查提纲。辩护律师通过阅程序卷宗，可以达到以下目的：

①了解本案案件来源，进一步了解本案形成的背景；

②了解侦查的思路，补充侦查的可以了解审查起诉的思路；

③发现本案是否有程序问题，尤其是辩方意图作无罪辩护的案件，要特别注意侦查机关是否有程序严重违法的现象；

④注意将程序卷与案卷中的实体证据进行对比，从而发现有利于己方当事人的线索。

下面笔者对辩护律师在阅程序卷时如何发现案件的关键问题举例分析。

在一起盗窃案件中，辩护律师通过审阅程序卷中的"拘留证"查到相关线索，使法院认定犯罪嫌疑人构成自首。《刑法》第 67 条第 1 款规定："犯罪以后自动投案，如实供述自己的罪行的，是自首……"在本案中，犯罪嫌疑人是不是"自动投案"是其能否构成自首的关键因素。辩护律师通过会见犯罪嫌疑人，查清了如下情节：一是犯罪嫌疑人系被侦查人员电话通知到达公安机关，公安机关并未掌握其犯罪事实；二是犯罪嫌疑人接到电话通知到案后，公安机关并未向其出示拘留证，亦未对其采取任何强制措施，仅要求犯罪嫌疑人配合调查（这里重点查看是询问笔录还是讯问笔录，以便认定侦查机关是否在犯罪嫌疑人到案前掌握其犯罪行为）；三是犯罪嫌疑人在当日 16：00 到达公安机关后，先配合侦查机关询问，后被刑事拘留。

鉴于上述线索，辩护律师认为，犯罪嫌疑人是否构成自首关键是"拘留证"上注明的拘留时间及签发时间。通过查阅程序卷中的拘留证，并与第一次询问笔录进行比对，嫌疑人第一次询问笔录的时间系当日 16：00—17：00，而拘留证签发时间系 19：00。侦查机关声称犯罪嫌疑人先被刑事拘留后到案，但拘留证签发的时间晚于第一次询问的时间。审理法院据此认定犯罪嫌疑人系"自动投案"。

（3）阅案卷实体证据

在刑辩实务中，对证据的审查主要是审查证据的"三性"，即客观真实性、合法性、关联性。但是，对于不同类型证据，其审查的重点也各有侧重。首先，要关注证据的资格审查，也就是说审查证据的证明资格，审查它的收集程序、主体、客体、过程、保存和使用是否符合规范，是否符合法律的相关规定。不管是对客观证据的收集，还是对言词证据的收集，都涉及一个合法性即证据资格问题。其次，还要审查内容是不是客观真实的。

对辩护律师来讲，审查证据并不仅仅是把证据从厚变薄那么简单，我们一方面需要学习掌握证据法学的基本理论，另一方面还要在实际辩护过程中结合个案的具体案情总结和提高。在阅卷中，辩护律师要通过了解认定犯罪的证据种类及侦查机关所认定犯罪的逻辑思维过程，针对指控犯罪的主要证据，抱着质疑的态度详细阅读分析案卷材料，发现案件的矛盾，考量证据体系，以找到公诉机关指控体系的缺陷和逻辑体系的错误，更好地形成自己的辩护思路。

下面笔者根据证据的不同分类，简要讨论阅卷时对不同证据的审查应把握的内容。

①阅言词类证据

在阅卷时，通过阅读比较犯罪嫌疑人供述和被害人陈述及报案人材料、证人证言等言词证据，查找言词证据之间在内容和形式上的异同，从而发现案件基本事实脉络和案卷中有利于犯罪嫌疑人的内容。犯罪嫌疑人供述与被害人陈述、证人证言能够相互印证的部分，基本可以确定是本案事实，彼此不能印证或矛盾的部分内容，则是后期阅卷时应当详读分析的部分。

在某受贿案中，辩方通过对行贿人与受贿人在讯问笔录中的被传讯时间进行对比，认定受贿一方构成"特殊自首"。辩护律师在阅卷过程中，通过阅行贿人与受贿人在侦查机关的讯问笔录，并对二人的供述进行对比，发现受贿人作出有罪供述讯问笔录的时间先于行贿人在侦查机关第一次被询问的时间。辩护律师提出受贿人在司法机关尚未掌握其犯罪事实的情况下，主动供述其所犯罪行，符合《刑法》第 67 条规定的"特殊自首"的情形，应当认定为自首。最终，受贿人构成"特殊自首"的辩护意见在起诉中被检察机关予以认定，辩护律师实现了审查起诉阶段的有效辩护。

②阅物证、书证

辩护律师在会见犯罪嫌疑人和查阅其他言词证据的基础上，应当有的放矢地阅物证、书证。物证、书证一般作为间接证据，不能直接证明案件事实，必须结合犯罪嫌疑人供述和被害人陈述、证人证言等证据才能充分发挥作用，应当列表后反复进行比对。需要注意的是，在司法实践中，很多经济犯罪的案卷中有大量的书证，但其往往缺乏与整个案件的关联性，因此证明力较低或不能作为证据使用。

③阅鉴定意见

辩方阅鉴定意见，通常是通过比较阅读的方法审查伤情鉴定、尸检报告、审计报告等司法鉴定文书与案件其他证据之间是否有矛盾之处。同时，阅鉴定意见的重心应当是鉴定中对事实的确认以及鉴定意见的分析结论部分，应当审查该部分内容与相关言词证据的矛盾之处。

④阅案件其他证据材料

案卷中其他证据材料往往也能显示案件关键信息。例如，案卷中的办案情况说明往往能反映出审理阶段辩护中控方证据的短板信息。审查其他证据材料的目的，主要是试图从中了解办案机关的办案思路和侦查过程，特别是寻找办案机关在办案过程中存在的问题。

2. 阅卷注意的要点

辩护律师阅卷与控方、审方的阅卷不同，对于辩护律师来说，应着重审查案卷中能证明犯罪嫌疑人无罪、罪轻、能够从轻或减轻处罚的对犯罪嫌疑人或被告人有利的证据材料。统合来看，辩护律师在阅卷过程中具体应当注意以下四点。

（1）全面搜集，突出重点，删繁就简，找出关键性材料

首先，辩护律师应当对控方的证据材料进行全面阅卷，既要阅程序类案卷，也要阅实体证据类案卷，要通过全面阅卷对案件事实和证据有一个整体的认识。其次，辩护律师在全面阅卷的基础上要进行第二次阅卷，第二次阅卷要突出重点，通过阅卷找出控方认定案件事实依据的关键性证据，将原来较厚的案卷"看薄"，将在卷宗材料中对犯罪嫌疑人、被告人有利的证据进行重点标注，再与控方证据体系里的有罪证据进行分析比较，为找到辩点做准备。

（2）以"犯罪构成"为核心，对证据材料进行分类归纳总结，找准辩点

辩护律师在阅卷的过程中，要以犯罪主客观要件为核心，对全案的证

据进行梳理，按照指控罪名的犯罪构成进行分析，看是否有相关的证据支撑，以有效地打破控方的证据体系，实现有效的辩护，这是阅卷的最终目的。在阅卷过程中，通过阅言词类证据找出控方认定嫌疑人构成犯罪所依据的主要证据材料，并从中找到构成本类犯罪所必须具备的主客观要件的证据，再对证据进行分类，从中找出对犯罪嫌疑人有利和不利的证据，并将对嫌疑人有利和不利的证据通过图表的形式进行对比，从而理清辩护思路，找准辩点。例如，辩护律师在对一起贪污罪案件进行辩护时，通过阅卷发现在案卷中仅有犯罪嫌疑人自己供认其身份系国家工作人员，而无其他相关的证据相印证。基于此，辩护律师找到了本案的关键辩点：构成贪污罪必须具备的特殊主体身份的证据欠缺，从而为下一阶段的辩护工作打下了基础。

（3）通过纵向比较法和横向比较法，或纵横比较法，找出控方证据的矛盾之处

对单个证据前后进行比较是纵向比较，比如，对犯罪嫌疑人、被告人先后多次的供述进行比较，发现前后供述不一致的地方，找出矛盾点从而形成辩护思路。另外，将多份言词证据进行比较是横向比较，通过将横向比较和纵向比较结合起来进行比较就是纵横比较法，辩护律师常常通过运用纵横比较法找出控方证据之间的矛盾之处，从而形成辩护要点和思路。辩护律师运用比较法阅卷时可以先看犯罪嫌疑人、被告人前后供述之间是否矛盾，再看犯罪嫌疑人、被告人供述与被害人陈述、证人证言之间是否矛盾，与物证、书证之间是否矛盾，最后结合全案证据进行综合对比，找到证据间的关键矛盾点，看其是否能够得到合理排除，从而找到关键性辩点。

（4）注重程序卷的审查，注意办案情况说明、户籍证明等证据材料体现的信息

在实务中，辩护律师常常忽视对程序卷的审查，而把阅卷的精力放在实体证据上。事实上，程序卷的内容在一定程度上反映了案件的侦查过程和取证过程，例如，侦查机关出具的抓获经过反映了案件简要的侦破过程，辩护律师可以从中寻找到犯罪嫌疑人、被告人是否有自首、立功等有利于犯罪嫌疑人的线索或材料。再如，通过对犯罪嫌疑人、被告人原籍证明的审查，看其中是否有原户籍所在地公安机关的盖章，是否与犯罪嫌疑

人自己供述的出生年月相符等。又如，侦查机关在案卷最后所附的"办案情况说明"中所反映的往往是案件中经过侦查无法查证或无法核实的情况，这些情况往往反映了案件中证据的短板信息，因此应当引起辩护律师的特别注意。

四　如何处理阅卷中发现的问题

对于在阅卷过程中发现的问题，应如何处理？首先，应当按照问题对案件办理的影响力大小对问题进行归类，可以分为可能影响罪与非罪的问题、可能影响对被告人的量刑的问题、基于技术错误而对定罪量刑没有实质性影响的问题三类。对于辩护律师而言，最高明的做法是抓大放小，在坚持原则性的前提下不失灵活性，对于不同的案件或者同一案件中不同的问题，用不同的方式处理。

其次，这里涉及律师与检察官、法官如何沟通的问题。在目前的司法环境下，不要寄希望于所有的案件都与办案检察官、法官进行当面沟通交流。在现在基层办案人员工作量大的情况下，当面沟通几乎难以实现，即便是见面交流，法官也不一定能记住辩护律师所讲的意见。比较好的做法是根据案件的不同诉讼阶段并结合相关的法律规定，提交简洁、专业的书面法律意见。

法律意见书的基本要求是：其一，标题醒目，标题要写清是"犯罪嫌疑人、被告人某某涉嫌某罪的法律意见书"，简洁醒目的标题更容易让辩护律师提交的法律意见书引起办案人员的重视；其二，开宗明义，用简短的语言表明我方观点，然后再说支持观点的事实理由和法律依据；其三，及时提交法律意见书；其四，注意法律意见书的行文格式；其五，在阅卷中发现的问题较多时分清主次，将对定罪、定性、量刑有决定性影响的问题放在前面进行重点阐述，将不具有决定性影响的次要问题置后。

五　阅卷笔录的主要内容

辩护律师在查阅、复制、摘抄案卷材料后，应当及时审查分析，制作阅卷笔录。阅卷笔录没有固定的格式，制作方法因人而异，其主要目的是把我们在阅卷过程中发现的影响被告人定罪、量刑的法定或酌定的情节做一固定，并根据自己掌握的卷宗材料制定相关的辩护方案，以更好地实现有效辩护的目的。下面从十个方面简要说明阅卷笔录主要包括的内容。

①被告人的基本情况（身份事项、有无前科、身体状况、家庭情况、如何归案及羁押与否等）。

②被控罪名及其法定刑。

③存在哪些指控证据，标出证据中证明力强的部分。

④被告人有何辩解。

⑤被告人辩解有何依据。

⑥控方证据体系中有无矛盾和漏洞，是否足以驳斥被告人辩解（构成犯罪时间、地点、人物、过程及结果五要素要齐全。没有争议之处列明一次即可，没有必要花费太多的精力，有疑问、争议之处每次都应仔细比对、列明。对于前后矛盾、前后完全相同之处，也应当予以特别关注，前者反映了相关言词证据的变化，后者则存在复制粘贴的可能，这种情况多出现在言词证据里面。同时，结合前述纵向、横向比对方法，辩护律师大体可以形成基本的质证意见和相应分析）。

⑦有无法定和酌定情节，既包括控方情节，也包括辩方情节，对此须全部列明，不能遗漏。

⑧有罪或无罪、此罪或彼罪和重罪或轻罪的分析。

⑨量刑预测。

⑩制定辩护方案，是否申请法院调查、是否自行调查取证、是否申请证人出庭以及形成何种辩护观点等。

02　律师会见的相关技巧

律师会见是指在刑事诉讼过程中，辩护律师通过与犯罪嫌疑人、被告人当面交流，了解涉嫌的罪名及有关案件情况，听取意见和辩解理由，核实相关证据的活动。会见是一名刑事律师的基本功，是刑事律师介入刑事案件的第一项重要工作。深刻认识律师会见的重要意义，把握律师会见的工作重点，做好刑事诉讼各阶段会见工作，从而实现有效辩护，是刑事律师不可或缺的专业技能。本文旨在从被羁押当事人会见技巧方面进行论述，探讨如何进一步完善各诉讼阶段的律师会见工作。

一　律师会见的重要意义

（一）传递人文关怀

当事人因被羁押，失去了人身自由，隔绝了外部消息，要独自一人面对办案机关的讯问，处于孤立无援的境地。加之当事人往往对法律知识和法律程序缺乏了解，一般处在焦虑、恐惧、脆弱或急躁的心理状态。此时辩护律师可以通过会见为其提供法律帮助和心理疏导。在会见中，辩护律师通过传达亲属的问候和关心，讲解刑事诉讼程序的流程，分析当事人涉嫌犯罪的构成和证据标准，提示应对办案机关讯问的注意事项，帮助当事人建立对涉嫌案件的整体认识，以积极的心态度过这段特殊时期。在近期笔者办理的一起掩饰隐瞒犯罪所得罪案件中，犯罪嫌疑人是一个刚满 18 周岁的花季女孩，其母亲办理委托手续时叮嘱律师，要尽快会见，告诉孩子"别害怕，家里给你请律师了，不会不管你的"。通过会见，当事人从最初的惊慌失措，逐渐稳定了情绪，会见结束时请求律师转告家人，她一切都好，会配合好律师的工作，请家里人放心。可见律师会见中传递人文关怀对于被羁押当事人的意义之大。

（二）保障当事人诉讼权利

我国《刑事诉讼法》对于被羁押的犯罪嫌疑人、被告人虽然也规定了诸项诉讼权利，但受其个人文化水平、法律意识的影响，需要辩护律师为其提供法律帮助，争取变更强制措施，在其权利受到侵害时，提出申诉、控告，帮助其实现诉讼权利。比如，犯罪嫌疑人在被讯问后，必须仔细阅读讯问笔录记录的内容与自己的供述是否一致，如果侦查人员对讯问内容有遗漏、错记，犯罪嫌疑人有要求更正的权利。上述诉讼权利的实现，则需要辩护律师通过会见，了解掌握犯罪嫌疑人、被告人的涉嫌罪名、案件情况及其权利需求。

（三）完成各阶段必要的程序性工作

辩护人可以通过会见和通信与犯罪嫌疑人、被告人进行关于案件情况的交流，在侦查、审查起诉、审判各环节中均有一些必要的程序性工作要完成。

比如，在侦查阶段犯罪嫌疑人被羁押的情况下，辩护人接受其近亲属的委托后，需要通过会见取得犯罪嫌疑人的同意。虽然《刑事诉讼法》规定，犯罪嫌疑人、被告人在押的，可以由其监护人、近亲属代为委托辩护人，但犯罪嫌疑人、被告人仍有决定权，如其不接受该律师担任辩护人，可以向办案机关提出解除委托关系。在押的犯罪嫌疑人、被告人可以向办案机关说明解除委托关系的情况，向办案机关出具或签署书面文件，由办案机关转交受委托的律师或律师事务所。① 因此，在侦查阶段通过会见取得犯罪嫌疑人的委托授权，既是刑事律师办理刑事案件必要的程序性工作，也是刑事律师取得实体辩护权的决定性工作。

再如，在审查起诉阶段的认罪认罚办理中，需要辩护律师见证犯罪嫌疑人认罪认罚的自愿性。犯罪嫌疑人自愿认罪，同意量刑建议和程序适用

---

① 《关于依法保障律师执业权利的规定》第8条。

的，应当在辩护人或者值班律师在场的情况下签署认罪认罚具结书。具结书应当包括犯罪嫌疑人如实供述罪行、同意量刑建议、程序适用等内容，由犯罪嫌疑人、辩护人或值班律师签名。① 可见辩护人在场见证犯罪嫌疑人认罪认罚自愿性，并在具结书上签字，也属于必要的程序性工作。

又如，在审判阶段，此时辩护律师已经在了解全案犯罪事实、熟悉所有证据，并与被告人充分沟通的基础上，找到了相应的辩护方向，形成了成熟的辩护意见。但是在开庭之前，仍然非常有必要与被告人会见，进行庭前辅导。在庭前辅导中，向被告人讲解开庭的程序及其享有的诉讼权利，与被告人沟通好发问提纲、质证意见以及辩护意见，为在庭审中取得良好的辩护效果做好充分的准备。开庭前通过会见进行庭前辅导，虽然不是在法律条文中明确规定的，却是刑事律师在辩护工作实践中必须完成的程序性工作。

（四）为实现有效辩护收集实质性的信息

律师会见犯罪嫌疑人、被告人最重要的意义，是在会见中充分了解收集能够对案件的定罪量刑产生实质影响的信息，为实现有效辩护准备更多的"弹药"。通过会见充分了解犯罪嫌疑人的涉案罪名以及犯罪事实，听取其对案件的意见和辩解理由，探寻辩护方向；通过会见向当事人详细核实相关证据，不放过任何一点蛛丝马迹，仔细寻找控方证据中的偏失缺漏，寻找辩护的突破口；通过会见详细了解当事人自身是否存在影响定罪量刑的属性，深入挖掘对犯罪嫌疑人、被告人有利的情节……从这一点上说，律师会见是整个辩护工作中最基础的环节，也是反映一名优秀刑事律师基本功的重要方面，对刑事律师的综合素质有很高的要求。

二 律师会见的权利溯源

律师会见是我国《刑事诉讼法》赋予律师的一项诉讼权利，是基于当事人或其近亲属的委托或者法律援助部门的指派而产生的。我国法律在律师会见的开始时间、会见手续、会见程序、会见限制及会见权利保障等方

---

① 《关于适用认罪认罚从宽制度的指导意见》31。

面都作出了相关详细规定。

（一）开始时间

《刑事诉讼法》规定了律师会见的开始时间即犯罪嫌疑人被侦查机关第一次讯问时，或者犯罪嫌疑人被采取强制措施之日。同时规定了辩护律师在侦查期间的工作内容：会见和通信；为犯罪嫌疑人提供法律帮助；代理申诉、控告；申请变更强制措施；向侦查机关了解犯罪嫌疑人涉嫌的罪名和案件有关情况，提出意见。[①]

（二）会见手续

根据《刑事诉讼法》的规定，刑事律师在办理委托辩护的案件时，需持律师本人的执业证书、律师事务所开具的会见函和委托人签署的委托书等材料；办理法律援助部门指派的法律援助案件时需持律师本人的执业证书、律师事务所开具的会见函和法律援助公函。另外，看守所在一般情况下还会要求出示委托人的身份证复印件及亲属关系证明。律师助理随同辩护律师参加会见的，应当出示律师事务所证明和律师执业证书或申请律师执业人员实习证。[②]

（三）会见程序

辩护律师会见在押的当事人一般采取在看守所律师会见室当面会见的形式，辩护律师应当向看守所提出会见要求或进行预约会见，由看守所安排会见。根据《刑事诉讼法》的相关规定，看守所最长应在 48 小时内安排律师会见。在新冠疫情防控时期，各地看守所曾取消当面会见，而各地看守所在硬件条件上各有不同，导致律师会见变得困难重重，往往也难以保证 48 小时内安排会见。辩护律师在日后的会见工作中，应当密切注意相关看守所的会见要求，及时通过小程序等网上预约或电话预约形式合理安排时间，保证会见的效率。

---

① 《刑事诉讼法》第 38 条、第 39 条。
② 《律师办理刑事案件规范》第 18 条。

（四）会见限制

我国法律主要对三类特殊案件的会见作了限制。其中《刑事诉讼法》和《关于依法保障律师执业权利的规定》规定，对于危害国家安全犯罪、恐怖活动犯罪、特别重大贿赂犯罪案件三类案件，律师应先向办案机关提出申请，经过办案机关许可后方能会见。随着《监察法》的出台，特别重大贿赂案件转由监察委管辖，而《监察法》并未规定留置人员留置期间律师进行会见的相关程序，对于此类案件，只有在监察机关将被留置人员移送检察机关后，辩护律师才能向检察机关申请会见。

（五）会见权利保障

近年来，律师执业权利的保障得到越来越多的重视，各部门陆续出台了一系列保障律师执业权利的规范性文件，其中不乏关于律师会见的保障制度。

1. 及时安排会见

48 小时内安排会见是《刑事诉讼法》明确设立的保障制度，并且《关于依法保障律师执业权利的规定》要求，看守所安排会见不得附加其他条件或者变相要求辩护律师提交法律规定以外的其他文件、材料，不得以未收到办案机关通知为由拒绝安排辩护律师会见。

2. 会见不被监听

《刑事诉讼法》《律师法》均规定，辩护律师会见犯罪嫌疑人、被告人时不被监听。《关于依法保障律师执业权利的规定》规定，辩护律师会见犯罪嫌疑人、被告人时不被监听，办案机关不得派员在场。

3. 设立预约平台

《关于依法保障律师执业权利的规定》规定，看守所应当设立会见预约平台，采取网上预约、电话预约等方式为辩护律师会见提供便利，但不得以未预约会见为由拒绝安排辩护律师会见。

4. 保障顺利安全会见

《关于依法保障律师执业权利的规定》规定，辩护律师会见在押的犯罪嫌疑人、被告人时，看守所应当采取必要措施，保障会见顺利和安全进行。律师会见在押的犯罪嫌疑人、被告人的，看守所应当保障律师履行辩护职责需要的时间和次数，并与看守所工作安排和办案机关侦查工作相协调。在律师会见室不足的情况下，看守所经辩护律师书面同意，可以安排在讯问室会见，但应当关闭录音、监听设备。

三 律师会见的重点工作

关于律师会见的重点工作，《律师办理刑事案件规范》作了详细的列举，包括认真听取犯罪嫌疑人、被告人的陈述和辩解，发现、核实案件事实和证据材料中的矛盾和疑点；重点了解犯罪嫌疑人、被告人与案件有关的情况；向犯罪嫌疑人、被告人介绍刑事诉讼程序、告知其权利义务；与犯罪嫌疑人、被告人就相应阶段的辩护方案、辩护意见进行沟通；等等。[1]在刑事案件整个诉讼程序中，不同的诉讼阶段要解决的问题以及辩护律师关注的重点不尽相同，这些问题和重点反映在会见工作上，也体现了不同的内容。因此，辩护律师要根据侦查阶段、审查起诉阶段和审判阶段的工作重心去开展会见工作，在会见中解决各阶段的重点问题。

（一）侦查阶段

侦查阶段是侦查机关从发现犯罪或犯罪线索开始，通过侦查，确认犯罪分子并查清其主要犯罪事实到侦查终结为止的阶段。[2]在此阶段，因为犯罪嫌疑人被羁押，其生活状态发生巨大变化，对其身体和心理都产生了巨大影响，加之此时刑事案件的侦查工作比较紧密，犯罪嫌疑人对于其涉嫌的犯罪事实如何定罪量刑、应当如何应对侦查人员的讯问以及如何行使自身的诉讼权利，都迫切需要得到"场外援助"，而此时能够为其提供"场外援助"的就只有辩护律师。因此，辩护律师在侦查阶段的会见中应当注重从以下方面为犯罪嫌疑人提供帮助。

1. 利用会见进行心理疏导并告知诉讼权利

犯罪嫌疑人被关押进看守所后，失去了人身自由，无法见到家人朋

---

① 《律师办理刑事案件规范》第21条、第22条、第23条、第24条。

② 郭翔：《犯罪学辞典》，上海人民出版社，1989。

友，容易产生悲观情绪，不了解刑事案件的诉讼程序和自身的权利义务，与外界联系的渠道就只有辩护律师。因此，辩护律师在侦查阶段的会见中应当注意疏导犯罪嫌疑人心理，增强其面对现实、战胜困难的决心，避免被诱供、骗供、指供。

在司法实践中，侦查机关、司法机关均有相应的诉讼权利义务告知书，详细记载了犯罪嫌疑人的诉讼权利义务。因为所处的诉讼阶段不同，这些诉讼权利义务告知书中具体的权利义务不尽相同。但是办案人员往往更注重调查案件事实，不会花费大量时间向犯罪嫌疑人逐项讲解诉讼权利，造成犯罪嫌疑人并不清楚自己的诉讼权利有哪些，以及如何行使诉讼权利。因此，辩护律师在侦查阶段的会见中，有必要向犯罪嫌疑人详细讲解具体诉讼权利，尤其是侦查阶段特有的权利要重点讲解。

2. 在会见中了解案件情况提供法律咨询

辩护律师在会见时，要了解犯罪嫌疑人涉嫌的罪名、犯罪事实以及听取犯罪嫌疑人的意见和辩解。具体来讲要了解办案流程方面的情况，如何时拘传、何时刑事立案、何时拘留、何时羁押到看守所；要了解犯罪嫌疑人到案的情况，如是自动投案、接到电话通知到案，还是抓获归案；要了解侦查机关讯问情况，如到案后接受过几次讯问、讯问的主要内容、是否如实全部供述等；要了解犯罪事实的具体细节，如本案涉及哪些具体事件、具体由谁实施、前因后果、共同犯罪中的分工地位；等等。辩护律师在为犯罪嫌疑人提供法律咨询时，应当告知其基本诉讼权利，并在强制措施、侦查机关讯问、所涉嫌罪名的犯罪构成与证据等方面提供法律咨询。①

3. 充分利用会见，争取取保候审

《刑事诉讼法》明确规定了公安机关拘留后的最长羁押期限是30天，检察机关审查批准逮捕的期限是7天，即"黄金37天"，也就是从拘留到批准逮捕前的时间。② 同时，根据《人民检察院刑事诉讼规则》，"人民检察院对有证据证明有犯罪事实，可能判处徒刑以上刑罚的犯罪嫌疑人，采取取保候审尚不足以防止发生下列社会危险性的，应当批准或者

---

① 《律师办理刑事案件规范》第62条、第63条、第64条。
② 《刑事诉讼法》第91条。

决定逮捕"。①

在司法实践中,如果检察机关不批准逮捕,侦查机关必须作出变更强制措施的决定,并有可能撤销案件;即使案件被移送审查起诉,也存在检察机关作出不起诉决定的可能性;而且在审判阶段,争取缓刑甚至免予处罚也具备了有利条件。如果检察机关批准了对犯罪嫌疑人的逮捕,就意味着检察机关已经确定犯罪嫌疑人实施了犯罪事实并且查实了证据,具备了在审判阶段定罪量刑的条件。如果批准逮捕决定发生错误,该案被撤销、不起诉或者判决宣告无罪的,则检察院应当承担错误批准逮捕的国家赔偿责任,负责案件办理的侦查人员、检察人员均会被追究错案的个人责任。这种压力反馈到案件上,就使得辩护律师为犯罪嫌疑人争取无罪的难度升级。而如果辩护律师在批准逮捕之前介入,展开积极有效的诉讼救援行动,从罪与非罪角度给侦查机关、检察机关提出辩护意见,或充分论证犯罪嫌疑人符合取保候审的条件,为犯罪嫌疑人争取不批准逮捕,也就为当事人争取到无罪或缓刑的有利条件。

因此,辩护律师要充分利用好"黄金37天",在会见中详细了解犯罪嫌疑人的全部犯罪事实情节,充分挖掘符合取保候审的有利情节,在此基础上通过向侦查机关、检察机关提出法律意见,达到取保候审的目的。

4. 通过会见了解侦查人员有无侵害犯罪嫌疑人诉讼权利的行为

实践中,侦查人员侵害犯罪嫌疑人诉讼权利的行为主要包括以下几种。一是侵犯犯罪嫌疑人的人身权利和人身自由。如刑讯逼供、监管人员不作为致使犯罪嫌疑人被关押人员殴打;采取强制措施法定期限届满,不予以释放、解除或者变更。二是侵犯犯罪嫌疑人的财产权利。如应当退还取保候审保证金不退还;对与案件无关的财物采取查封、扣押、冻结措施;应当解除查封、扣押、冻结不解除;贪污、挪用、私分、调换、违反规定使用查封、扣押、冻结的财物。三是侵犯犯罪嫌疑人的程序性权利。如辩护权、知情权(告知回避权,聘请律师权利,以及知晓鉴定意见、采取强制措施的理由、侦查终结的结果、补充侦查后的结果)。辩护律师对上述侦查人员侵犯犯罪嫌疑人诉讼权利的情况,只能通过会见向犯罪嫌

---

① 《人民检察院刑事诉讼规则》第128条。

人了解。因此，辩护律师在会见中应善于发现此类行为，及时掌握相关情况。如有发现，应依法提出申诉、控告，保障犯罪嫌疑人诉讼权利。

（二）审查起诉阶段

审查起诉是指人民检察院对公安机关移送起诉的案件，审查决定是否起诉的活动。[①] 在这个阶段，律师会见犯罪嫌疑人的主要任务有以下几项。

1. 核实证据

根据《刑事诉讼法》第 39 条的规定，辩护律师会见在押的犯罪嫌疑人、被告人，可以了解案件有关情况，提供法律咨询等；自案件移送审查起诉之日起，可以向犯罪嫌疑人、被告人核实有关证据。审查起诉阶段，案件已经侦查完毕，所有证据已经移送检察机关，辩护律师可以查阅复制卷宗。会见时可以结合阅卷情况进行安排。如果是侦查阶段已经委托的，要尽快充分掌握案卷材料，与犯罪嫌疑人核实证据。如果是第一次委托，在时间允许的情况下，建议在通过阅卷了解案情的基础上，再去会见当事人。

2. 核实发现量刑情节

案件进入审查起诉阶段，证据已经基本收集完毕，案情也相对清晰。辩护律师在侦查阶段的会见中了解到当事人具备的量刑情节，可以在审查起诉阶段根据卷宗中的证据去进一步核实巩固，而且可以根据卷宗证据中的线索发现新的量刑情节，再通过会见向当事人核实。这样经过反复的阅卷和会见，继续深入发现有无证明犯罪嫌疑人无罪、罪轻或者减轻、免除其刑事责任的材料和意见，询问犯罪嫌疑人有无新的人证、物证和证据线索。对于在该阶段仍然处于羁押之中的当事人，可以将新线索提供给办案机关，并申请羁押必要性审查，从而变更强制措施。

3. 作出认罪认罚建议

认罪认罚从宽制度的实施对刑事律师的辩护工作产生了深刻的影响，其中最明显的一点就是辩护工作的重心前移，即要求辩护律师在审查起诉阶段尽快地对全案形成比较成熟的辩护意见，而不是仅仅将辩护的重点放

---

① 　郭翔：《犯罪学辞典》，上海人民出版社，1989。

在审判阶段。辩护律师要尽快阅卷和会见，及时地为当事人梳理分析案件事实和证据，考量公诉机关的量刑建议，在是否认罪认罚的问题上，及时为当事人作出正确的分析，提出中肯的建议。

（三）审判阶段

此阶段案件已经向法院提起公诉，案件事实和证据接近完全固定状态。辩护律师在会见中的主要工作是帮助当事人应对庭审程序，确定辩护意见，核实是否上诉等。

第一，询问其是否如期收到起诉书，听取被告人对起诉书的意见，进一步核对案件事实。对于刑事附带民事的案件，还要询问被告人对附带民事诉讼的意见，制作答辩状。

第二，做好庭审辅导，确定辩护意见。笔者认为对于每一个刑事案件，在庭审之前都应当形成相对成熟的辩护意见。对于有些辩护律师在庭前只简单列出辩护提纲，庭审结束后再提交书面辩护词的做法，笔者不予认同。因为庭审是一个系统工作，发问、质证、辩护要互相配合呼应，这样才能取得较好的辩护效果，这就需要辩护律师在庭前必须形成相对较为成熟的辩护意见。因此，辩护律师在庭前务必会见当事人，听取当事人的自行辩护意见，并将自己的辩护观点与当事人充分沟通。只有辩护人和当事人了解对方的工作方向和重点，才能把庭审完成好。

第三，询问上诉意见。案件宣判后，要及时办理会见，询问当事人是否收到判决书、具体收到的时间，询问当事人是否接受判决结果、是否上诉，以及具体的上诉意见。要特别注意计算上诉期，避免出现错过上诉期导致无法上诉的情况。

四　律师会见的主要技巧

（一）做好会见准备

所谓细节决定成败，如果因为会见手续出现瑕疵或错误，导致无法会见，必然使辩护工作陷入被动。会见前应认真准备，检查会见手续是否齐全，律师执业证书是否在备案期，委托书签署是否符合要求，会见公函名称、日期等信息是否准确。如果是第一次会见，还应提供委托人和犯罪嫌疑人的亲属关系证明。如有翻译人员参加会见时，还应当出示侦查机关准许翻译人员参加会见的证明。对于三类需要经过批准会见的案件，还应取得批准会见犯罪嫌疑人决定书。

（二）取得当事人信任

在刑事案件的办理中，辩护律师与当事人建立信任关系是非常重要的。取得当事人信任，让当事人在委托书上签字同意律师进行辩护，这是辩护律师开展工作的前提，也是律师会见中的第一项重要工作。辩护律师应当争取在第一次会见时就取得当事人的信任。如何取得信任？可以从三个方面着手：①向当事人说明接受委托的来源，如果当事人知道辩护律师是其最信赖的亲属委托的，自然会有基本的信任；②通过进行人文关怀，对当事人处境表示理解和同情，做好心理疏导等工作，和当事人消除隔阂，并找到顺畅的交流方式，有利于开展沟通工作；③向当事人介绍自己所在的律所、自己办理的同类型成功案例，通过分析案情，讲解涉嫌罪名的法律法规以及刑事诉讼程序注意事项等展示辩护律师的专业水平，使当事人认可辩护律师的工作能力。

取得信任是在会见中慢慢实现的，在这个过程中律师要详细了解当事人的全面信息，这既是建立信任的一种方式，也是充分了解案情的前提。当事人的信息主要包括以下内容。①基本信息：姓名、曾用名、身份证号、民族、党派、前科、籍贯、家庭情况、学习经历、工作经历等。比如，笔者在办理一起传播淫秽物品牟利罪案件时，与当事人沟通其学习经历和工作经历，当事人得知笔者是其在党校学习时的老师，增加了信任，很满意地签署了委托书。②当事人的身体状况：体检状态，有无重大疾病、传染病、抑郁症或其他精神病史等。笔者在会见一名涉嫌寻衅滋事罪的当事人时，了解到当事人患有心肌炎，随即向办案机关申请取保候审，最终成功办理取保候审。③当事人在看守所内的情况：包括基本的生活条件，比如监舍居住环境、起居时间、生活费用、饮食情况等；人身权利是否得到保障，比如有无遭受不合理待遇，甚至被虐待、欺侮等情况。

（三）把握会见的时机

把握会见时机就是要根据案件的关键节点及时会见，解决相关问题，以达到为当事人争取合法权利的目的。在不同刑事案件阶段，律师会见犯罪嫌疑人、被告人的目的不同，相应的会见侧重点也有所不同，选择的时机也必然不同。会见时机的选择因人而异，也因案件而异，需要辩护律师结合案件的实际情况准确地作出判断。一般而言，主要会见时机有首次会见、拘留后批捕前会见、审查起诉后会见、庭审前后会见等。

首先，首次会见一般越早越好，越早介入案件，就能越早地向当事人告知诉讼权利，使其能够以稳定的情绪和冷静的态度应对侦查。首次会见后，辩护律师应当根据会见了解的案件事实，尽快向办案机关提交取保候审申请。

其次，拘留后批捕前会见，这个阶段就是要把握"黄金37天"的时机，尤其是在侦查机关提请检察机关逮捕后，要及时向检察机关提交不批捕法律意见书。在这个阶段，侦查机关往往会对犯罪嫌疑人进行多次讯问，根据侦查机关讯问的重点，初步判断侦查方向、是否扩大侦查范围、是否加大侦查力度、拘留时的罪名是否可能变更、是否可能增加新罪名，根据这些情况，要及时调整辩护策略，争取不予批准逮捕的结果。

再次，审查起诉后，辩护律师应当第一时间进行阅卷，全面了解案件的证据材料。阅卷后，通过会见向犯罪嫌疑人核实卷宗证据，让其全面了解指控其涉嫌犯罪的各项证据。因为认罪认罚从宽制度的适用，需要辩护律师尽快形成辩护意见，及时地为当事人研判是否认罪认罚。如为无罪辩护，适时提交不起诉意见书；如为罪轻辩护，应申请认罪认罚以及针对证据中存在的问题提交法律意见。

最后，在庭审前的会见，核心是围绕庭审展开庭前辅导。需要辩护律师通过会见向被告人充分释明庭审的程序以及各个程序的重点。要确定辩护观点和辩护策略，特别是针对庭审发问环节以及被告人的自行辩护环节，进行充分沟通。庭审后会见中，辩护律师需要了解被告人是否还有需要补充或遗漏的内容，在律师提交最终书面辩护意见时充分表达。

（四）掌控会见节奏

会见中，因为时间有限，辩护律师应当适当引导当事人跟随自己的节奏陈述事实。主要是指在引导当事人主动自我陈述的过程中，时刻注意让其关注案件事实的主线，不要舍本逐末。可以在主要涉嫌犯罪事实、过程讲述完后，再有针对性地追问细节问题。对于其讲过的事实，可以进行归纳，这有助于提炼事实作出法律判断。有的当事人陈述事实毫无逻辑顺序，东一句西一句找不到重点，既浪费时间又影响会见效果，这时辩护律师应当进行提示，让其回到正确的思路上来。

（五）控制会见次数

律师在接受委托前，在法律服务方案中应当约定好关于会见次数等工作流程，会见的次数要与收费挂钩。要约定好基本的会见次数，如果委托人认为基本会见次数过多，应当告知其法律后果，防止事后产生纠纷；如果委托人要求增加会见次数，应当另行收取费用。会见多，律师出入看守所次数多，同仓的人见律师如此负责和不怕麻烦，往往也想请同一位律师。可以说，会见多肯定是可以带来案源的。如果按会见次数收费，律师并不吃亏。但多次去会见无疑会增加被告人家属的经济负担，是不必要的，对案件没有实质上的作用。如果律师本身就比较忙，频繁会见将占用非常宝贵的办案时间，影响集中精力思考辩护策略，得不偿失。正确的做法是，需要了解案情时，该会见就及时会见，在案件情况了解清楚后，尽量把时间、精力花在对案件的研究上，尽量避免没有实质内容的频繁会见。

（六）突破会见阻碍

实践中，律师会见往往受到种种阻碍，比如监视居住人员的会见阻碍，办案机关以监委介入调查、案件属于重大扫黑除恶案件等理由拒绝会见，会见场所局限引发的会见难，看守所变相设置会见障碍等。消除这些会见阻碍，需要辩护律师具备坚定的信心、智慧的策略和勇敢的行动。

当看守所值班民警以各种不合理的理由限制律师会见时，可明确告知其看守所不能限制律师会见的相关法律依据，必要时设法面见看守所领导，与看守所领导当面沟通反映。如果看守所明确告知办案机关要求律师经过许可才可会见，可前往办案机关，与承办人当面沟通，据理力争要求予以安排会见。若承办警官仍然拒绝律师会见，可向看守所驻所检察官反映，要求其依法履行监督职责，纠正违法行为，也可向检察机关控申部门反映问题。辩护律师还可以前往当地律师协会，请求帮助维权。

（七）化解会见风险

会见中要注意避免会见禁忌行为，对于当事人提出的违法要求，应当明确态度，巧妙化解。其实当事人提出的这些要求本身就是会见禁忌行为。关于会见的禁忌规定，主要包括："辩护人或者其他任何人，不得帮助犯罪嫌疑人、被告人隐匿、毁灭、伪造证据或者串供，不得威胁、引诱证人作伪证以及进行其他干扰司法机关诉讼活动的行为"[1]；"未经允许，不得直接向犯罪嫌疑人、被告人传递药品、财物、食物等物品，不得将通讯工具提供给犯罪嫌疑人、被告人使用，不得携犯罪嫌疑人、被告人亲友会见"[2]；"严禁携带违禁物品进入会见区，严禁带经办案单位核实或许可的律师助理、翻译以外的其他人员参加会见，严禁将通讯工具提供给犯罪嫌疑人、被告人使用或者传递违禁物品、文件"[3]。辩护律师在会见中一定要谨记相关禁忌规定，如果遇到当事人或委托人提出上述要求，一定要果断地拒绝、委婉地解释，不得违反禁忌规定，否则将面临行政处罚或行业处分，甚至承担刑事责任。

会见结束时，辩护律师应当将制作好的笔录交由当事人确认签字，尤其是让其确认会见中律师有无诱导、教唆其向办案机关作虚假供述的行为。辩护律师应当及时告知看守所的监管人员或执行监视居住的监管人员，于羁押场所办理犯罪嫌疑人交接手续，等待民警将当事人带出会见室后再离开，不要将当事人独自留在会见室等待押解，以免发生意外情况。

---

① 《刑事诉讼法》第 44 条。
② 《律师办理刑事案件规范》第 26 条。
③ 《公安部、司法部关于进一步保障和规范看守所律师会见工作的通知》。

03 审前程序中的沟通辩护技能

控诉、辩护和审判是刑事诉讼中最基本的三种职能，其中控诉与辩护始终相互依存，妥善协调控诉和辩护之间的关系是提升刑事诉讼质量和维护民主政治的关键所在。[①] 因此，刑辩律师如何有效代理被追诉人行使辩护权是一个值得深思的问题。关于庭审中的代理辩护事项，我国《刑事诉讼法》多个条文对其进行了明文规定，因此具有相对完善的法律程序保障一般包括发问、质证和辩论三个对抗性十分鲜明的程序。刑辩律师除了着力履行法庭辩护职责之外，还需要不断拓展审前程序中辩护的契机、内容和方式，只有这样才能更好地履行代理辩护的法定职责，使辩护制度避免脱离我国不断构建的国家和社会治理现代化体系。

一　审前程序中辩护的必要性和重要性

所谓审前程序中的辩护，是指为了维护被追诉人的合法权益，刑辩律师在侦查阶段、审查起诉阶段发表有关其代理案件的事实、证据、法律适用及司法程序等方面的辩护性意见。律师审前程序中的辩护言论属于被追诉人辩护权的内在组成部分。[②]

---

① 谢佑平：《辩护权的本质属性及其保障——基于宪法和刑事诉讼法双重视角》，《法治研究》2021 年第 6 期。
② 易延友、马勤：《律师庭外辩护言论的自由与边界》，《苏州大学学报》（法学版）2021 年第 2 期。

（一）审前程序中辩护的必要性

1. 基于案卷笔录型证据易使法官在庭前形成被告人有罪的内心确认，辩护律师应在案卷笔录证据形成过程中起到纠偏和补充有利于被告人证据的作用

自 2014 年《中共中央关于全面推进依法治国若干重大问题的决定》首次提出"推进以审判为中心的诉讼制度改革，确保侦查、审查起诉的案件事实证据经得起法律的检验"以来，庭审实质化即成为以审判为中心的诉讼制度改革的重要组成部分，[①] 至今已经历 10 年的改革历程，但是目前"未审先决""庭审走过场"的问题仍旧存在。在庭审实质化改革的诸多制约因素中，司法决策的卷宗记录依赖是导致刑事庭审流于形式的"元凶"。[②]

案卷笔录是指侦查机关就整个侦查过程和所搜集的证据情况所做的工作记录，检察机关在审查起诉时也可能对案件的诉讼程序和核实证据情况形成笔录，附入案卷，[③] 通常包括讯问笔录、询问笔录、现场勘验笔录、情况说明等形式。2012 年我国《刑事诉讼法》恢复了庭前全案卷宗移送法院制度，法官在开始法庭审理之前就全面审阅了案件材料，且对案卷材料的真实性往往给予最大限度的信任和接纳，这充分体现在刑事判决书中普遍援引案件笔录作为裁判理由上。[④]

律师被委托之后，通过向犯罪嫌疑人了解其无罪、罪轻或减轻量刑方面的事实，然后与侦查事实进行比较对照，发现有遗漏、偏颇之处要及时与侦查人员、检察官进行沟通，以期在官方案卷证据形成过程中及时纠偏和补充，使卷宗在呈现给检察官或法官之前，即被过滤一遍。轻微犯罪可以取得不起诉或较轻量刑建议的结果。若在侦查阶段和审查起诉阶段沟通不理想，也可以为在庭上取得较好辩护效果奠定坚实的基础。

成功案例经验：张某系公司实际控制人，其因生产经营向银行贷款，

---

① 李敏：《"三项规程"背景下的庭审实质化——"庭审实质化模拟审判暨高峰论坛"综述》，《人民法院报》2018 年 5 月 16 日，第 6 版。

② 李奋飞：《论刑事庭审实质化的制约要素》，《法学论坛》2020 年第 4 期。

③ 褚福民：《案卷笔录与庭审实质化改革》，《法学论坛》2020 年第 4 期。

④ 陈瑞华：《案卷笔录中心主义——对中国刑事审判方式的重新考察》，《法学研究》2006 年第 4 期。

最后不能还本付息，被银行举报涉嫌骗取贷款罪，张某被取保候审。笔者在侦查阶段接受委托后，通过会见和调查，确定了公安机关侦查中存在的问题：被告人的供述存在不全面、不准确之处，被告人没有说清楚贷款沿革和贷款资料的形成、提交过程，而这牵涉犯罪数额和犯罪故意、骗取行为是否成立的问题，因此笔者建议犯罪嫌疑人向侦查机关主动供述。结果是将公安机关认定的 4 笔贷款纠正为 2 笔，降低了犯罪数额。

2. 基于认罪认罚案件中法院对"量刑建议"的较高采纳率，辩护律师应为被追诉人是否认罪认罚提供较为有效的法律专业意见，在量刑建议的形成过程中与检察官进行较为有效的量刑协商

2019 年 10 月 11 日"两高三部"发布《关于适用认罪认罚从宽制度的指导意见》，该意见规定，"认罪认罚从宽制度贯穿刑事诉讼全过程，适用于侦查、起诉、审判各个阶段"，"没有适用罪名和可能判处刑罚的限定，所有刑事案件都可以适用"，"在审查起诉阶段表现为接受人民检察院拟作出的起诉或不起诉决定，认可人民检察院的量刑建议，签署认罪认罚具结书"，"犯罪嫌疑人认罪认罚的，人民检察院应当就主刑、附加刑、是否适用缓刑等提出量刑建议"。可见，因认罪认罚制度的普遍适用，大量案件尤其轻罪案件的罪名和量刑在审查起诉阶段即以"认罪认罚具结书"的形式具有了一种"终局性"的确定。实务中，不少基层人民检察院要求已经签署认罪认罚具结书的辩护律师在审判阶段不能作无罪、罪轻或量刑辩护，否则就撤回认罪认罚具结书。虽然这种做法很值得商榷，但本文不适宜在此赘述。基于上述两个理由，同时基于帮助被追诉人真正享受"认罪认罚制度"带来的"量刑优惠"和"快速裁判程序福利"，避免出现被追诉人"认罪认罚"而辩护律师作无罪、罪轻或量刑辩护的尴尬局面，刑辩律师需要把审前程序中事实认定、证据采信、法律适用等方面的"审前程序中的辩护"工作做足，才能最大限度保障认罪认罚具结书的公平性、客观性和自愿性，才能在审前程序中最大限度保障被追诉人的合法权益。

成功案例经验：黄某涉嫌组织、领导传销活动罪，张某系黄某的女儿，黄某将其传销行为的犯罪所得 3000 万元汇款给张某，张某全部取现后，将现金藏匿于自己家中，后案发，张某被逮捕羁押。根据《最高人民法院关于审理掩饰、隐瞒犯罪所得、犯罪所得收益刑事案件适用法律若干

问题的解释》第 3 条的规定，掩饰、隐瞒犯罪所得及其产生的收益价值总额达到 10 万元以上的，即属于情节严重。《刑法》第 312 条规定，明知是犯罪所得及其产生的收益而予以窝藏、转移、收购、代为销售或者以其他方法掩饰、隐瞒，情节严重的，处三年以上七年以下有期徒刑，并处罚金。那么如何与检察机关进行量刑协商才能取得最佳辩护效果呢？笔者受到委托后，经分析确定本案中张某不存在退赃、退赔情节，赃款被公安机关当场扣押，张某存在系为近亲属掩饰、隐瞒犯罪所得及其产生的收益，且系初犯、偶犯的从轻量刑情节，上游犯罪是经济犯罪，张某掩饰、隐瞒的犯罪所得均被扣押，没有挥霍，即没有造成严重后果，社会危害程度不大。张某实施的掩饰、隐瞒犯罪所得的行为是听从其母黄某的安排，因此其主观恶性不大。笔者就上述情况与检察官展开了充分的量刑协商，说服了检察官，最后检察院出具了三年有期徒刑的量刑建议，这为审判阶段争取缓刑奠定了重要基础。该案最后取得缓刑的良好辩护结果。

（二）审前程序中辩护的重要性

1. 受刑事控告的当事人更加需要专业刑辩律师的协助和法律专业辅导

从社会心理学角度而言，刑事辩护权的产生是基于被追诉人受到侦查机关和检察机关控诉时的回应，是法律对被追诉人就刑事指控予以抵抗的心理本能的肯认。[①] 但是，面对强大的控诉机关，被追诉人自身抵抗能力几乎为零。一方面，被告人不是法律专家，对法律条文及法律精神的把握存在现实困难，也缺乏应付诉讼的专门知识和技巧，因而难以展开有效的辩解和反驳；另一方面，被追诉人在涉讼期间人身自由往往遭到限制，无法进行充分有效的调查取证活动，难以收集到辩护所需的相关证据和事实。[②] 除此之外，被追诉人基于恐惧和无知的心理有时会失去理性。被追诉人在被侦查人员讯问过程中，有时会受到侦查人员基于有罪思维而设计问题的"引导"，供述一些不客观、不真实的事实话语。因此，基于被追诉人自身处境而言，被追诉人迫切需要专业刑辩律师的"代理辩护"。

[①] 谢佑平：《刑事程序法哲学》，中国检察出版社，2010，第 254～263 页。

[②] 谢佑平：《辩护权的本质属性及其保障——基于宪法和刑事诉讼法双重视角》，《法治研究》2021 年第 10 期。

成功案例经验：王某系投资公司的实际控制人，2012 年左右国务院进行民间金融改革，倡导企业家积极响应改革，鼓励设立民间资本管理公司，使民间资本规范化、合法化，以促进我国经济发展，王某当时积极申请，以投资公司的名义递交各种申请资料并经过当地金融办的考核，最后根据省级民间金融改革规范文件，以新设×××民间资本管理公司的名义获得民间融资许可证，向社会吸收民间资本进行投资经营。后来受新冠疫情影响，王某不能及时还本付息，投资公司的几个业务经理鼓动投资人上访要求王某还款。遂公安机关刑事立案，以非法吸收公众存款罪对王某取保候审。笔者受到王某委托后，发现王某对公安机关供述时，在公安机关预设的有罪问题框架下，并没有将其投资公司及其例会纪要、×××民间资本管理公司及民间融资许可证等情况作为重点与公安机关进行沟通，而是仅仅回答了吸收了多少资金、有多少投资人、公司运营模式等问题。王某对民间金融改革精神不甚了解，对刑事定罪量刑的专业性更是不熟知，因此其供述不客观、不真实。若不对王某及时进行专业说明和辅导，王某将会面临极其严重的刑罚，在审查起诉阶段和审判阶段的辩护难度会很大。

2. "全方位主义"的辩护模式理念的树立

虽然我国辩护制度与国家的刑事司法改革保持同步，已经取得了长足的进步，但仍然存在制度和体制上的制约因素。其中，最根本的问题是我国宪法仍未从保障人权的高度给予辩护权以"基本公民权利"之地位。犯罪嫌疑人、被告人在司法机关面前仍处于弱势地位。如今，我国一审法院判处无罪的案件仍少之又少，说明"定罪率高"的刑事司法惯性仍然存在。这决定了刑辩律师不能采取"唯庭审主义"的辩护策略，而应该确立"全方位主义"的辩护模式。[①]

所谓"全方位主义"的辩护模式是指刑事辩护要取得良好效果，既需要律师尽早介入，最好从犯罪嫌疑人被采取强制措施之日起就能介入案件中，又需要律师在侦查阶段、审查起诉阶段、审判阶段全程参与。刑辩律师应将辩护活动延伸到审判程序之前、法庭之外甚至庭审程序之后。只有这样，才能使刑事辩护的空间得到有效拓展，才能最大限度维护被追诉人

---

① 李奋飞：《论"唯庭审主义"之辩护模式》，《中国法学》2019 年第 1 期。

的合法权益。① 而且，在我国特有的刑事司法程序中，相较于庭内辩护，审前程序中的辩护更为关键和重要。

成功案例经验：杨某涉嫌生产、销售有毒有害食品罪，其用工业火碱泡发牛肚。其家属在其被刑事拘留后委托笔者。笔者经过会见、调查发现杨某在案发前均是使用食用碱进行食品加工，公安机关已经搜集固定的销售数额 300 多万元应该不是犯罪数额，杨某使用工业火碱的时间较短，刚刚使用不久，销售额是 1 万多元。为了使公安局和检察院认同这一事实，笔者采用提交法律意见书、调查取证申请书、立案监督书、不批准逮捕申请书的书面方式和与公安机关、检察机关多次口头沟通的方式进行了全方位辩护，并取得较好辩护效果。在审查起诉阶段笔者与检察官达成一致意见，王某签署认罪认罚具结书，检察官的量刑建议是一年有期徒刑。因案发地法院对犯生产、销售有毒、有害食品罪的行为人一般不适用缓刑，笔者通过与法官沟通，最后为其争取了罚金数额的降低。

3. 审前程序中的辩护技能需要专门训练

在我国特有法治思想影响下的刑事司法程序中，刑事辩护律师内生强化"审前程序中的辩护"的理念至关重要。刑事辩护律师要有意识地培训和锻炼审前程序中的辩护技能。由于相关专业训练不足以及审前辩护技能的生疏，许多律师根本不擅长与侦查机关、检察机关进行沟通、协商和交涉，更谈不上说服其接受自己的观点。② 相对于作为中立裁判者的法院而言，要让作为追诉者的侦查机关和检察机关采纳律师的意见显然更为困难。③ 刑事辩护律师应该认识到审前程序中的辩护和庭内辩护的角度、内容、路径和策略等方面的不同。尤其是在认罪认罚高适用率的刑事诉讼制度背景下，刑事辩护律师应该重新定位控诉与辩护之间的关系。审前程序中辩护不宜"对抗争辩"，而应加强"沟通、协商和交涉"。

只有审前程序中"协商"辩护和庭内"对抗"相得益彰，才能彰显刑事辩护制度的有效性和魅力，才能履行好维护被追诉人合法权益的法定职

① 陈瑞华：《走出"大专辩论会"式的辩护格局》，《中国律师》2018 年第 3 期。
② 李奋飞：《论"唯庭审主义"之辩护模式》，《中国法学》2019 年第 1 期。
③ 刘方权：《侦查阶段律师辩护问题实证研究》，《四川大学学报》（哲学社会科学版）2016 年第 3 期。

责，才能使我国刑事辩护制度融入我国正在积极构建的现代社会治理体系，推动国家治理体系和治理能力现代化。

二 审前程序中辩护的法律依据

审前程序中的辩护并非无法可循，反之我国相关法律法规明文规定了刑辩律师进行审前程序中辩护的基本原则、基本事项、辩护程序及救济路径。

（一）审前程序中辩护的基本原则

1. 可将我国《刑事诉讼法》第 37 条规定解读为审前程序中辩护的基本原则

我国《刑事诉讼法》第 37 条明文规定，辩护人应当根据事实和法律，提出犯罪嫌疑人、被告人无罪、罪轻或者减轻、免除其刑事责任的材料和意见，维护犯罪嫌疑人、被告人的诉讼权利和其他合法权益。理论界一般称该条规定的是辩护人的责任。本文认为将该条规定解释为刑辩律师进行代理辩护的法定基本原则更符合立法原意，更契合刑事辩护制度对刑事诉讼发展的重要意义。

刑事诉讼主要是一场国家追诉犯罪嫌疑人、被告人刑事责任的活动，面对强大的国家追诉机关，犯罪嫌疑人、被告人处于相对弱势的地位，因此我国《刑事诉讼法》是将尊重和保障犯罪嫌疑人、被告人的人权作为主题内容的。① 保障人权的入宪及其在基本法律中的理念渗透必然推动立法规制从权力控制走向权利保障，这个过程体现了中国司法文明的进步。作为权利保障色彩浓厚的辩护制度则是人权保障和司法文明的一种重要体现。辩护制度作为刑事诉讼的重要组成部分，其发展程度不仅是刑事程序法治发展程度的显著标志，也是国家法治发达程度的重要标尺。②

《刑事诉讼法》不仅是对侦查、公诉和审判的"规制"，更是对刑事辩护的"规范"。只有从理念上将"刑事辩护"与"侦查、公诉、审判"置

---

① 张文显：《司法的实践理性》，法律出版社，2016，第 217 页。
② 王敏远、胡铭、陶加培：《我国近年来刑事辩护制度实施报告》，《法律适用》2022 年第 1 期。

于同等重要的地位，才能契合建设更高水平法治中国的时代主题。因此，对我国《刑事诉讼法》第 37 条的定位要从"辩护人的责任"提升到"辩护基本原则"的高度和宽度，只有这样才契合当今中国刑事诉讼制度及其辩护制度的发展程度。

2. 审前程序中辩护基本原则的理解和适用

该基本原则包括三个方面：辩护依据是事实和法律；辩护最终目的是被追诉人无罪、罪轻或者减轻、免除其刑事责任；辩护基准是维护被追诉人的诉讼权利和其他合法权益。

关于"事实和法律"，事实并非过去发生的事实本身，而是经由一系列证据所证成的"重述"事实，① 即"事实"是法律事实，而不是客观事实。事实认定是公诉人指控的基本立足点，是法官作出裁判的核心基础，同样地，事实认定是律师进行辩护的逻辑起点。事实优先于权利和义务并且是它们的决定因素，没有准确的事实认定，权利义务便毫无意义。② 可见"事实"在刑事诉讼程序中的重要性。美国联邦最高法院大法官霍姆斯认为，法律的生命不在于逻辑而在于经验，此处的经验核心是将事实转化为证据的经验，是通过法律概念与证据的连接，而把法律规则和原则适用于具体事实的经验。③ 证据是被证明了的事实，是能够定罪量刑的事实。事实认定是运用证据进行经验推论的过程，这个过程不是由法律所决定的，而是要依靠逻辑常识、一般经验来判断。刑法上的犯罪构成是犯罪事实表述的灵魂和主线。综上，事实和法律不是完全分离的，而是糅合粘连在一起的。事实认定不是特指经过庭审后判决书中的事实认定。在任何刑事诉讼制度中，审前程序和审判程序本身的一个主要功能，都是确认与法院判决相关的事实。

"无罪、罪轻或者减轻、免除其刑事责任"，意味着刑事辩护包括无罪辩护、罪轻辩护和量刑辩护三种类型，本文将之称为实体性辩护。无罪辩护理论上可以从无犯罪事实，法律适用错误，证据不确实、充分以及疑罪从无等方面进行。其中无犯罪事实是指犯罪主体不适格、不在犯罪现场、

---

① 李勇：《刑事证据审查三步法则》，法律出版社，2017，第 382 页。
② 〔美〕罗纳德·J. 艾伦：《艾伦教授论证据法》（上），张保生等译，中国人民大学出版社，2014，第 433 页。
③ 转引自张文显《司法的实践理性》，法律出版社，2016，第 234 页。

未实施犯罪行为等，针对这些情况刑辩律师应该在审前程序中作充分辩护；因法律适用错误而无罪，如不构成套路贷，应定性团队计酬式传销而不应定性组织、领导传销犯罪活动罪等，对此应做好庭前准备，适宜在法庭上辩论解决；因证据不确实、充分以及疑罪从无而主张无罪，应在审前程序中，特别是在审查起诉阶段作重点辩护，尽量说服检察机关以不起诉方式处理。罪轻辩护一般是指罪名辩护，从重罪名辩护到轻罪名，如辩护不成立集资诈骗罪，而成立非法吸收公众存款罪等。对此，应将主要辩护精力用在审查起诉阶段。减轻、免除其刑事责任主要是指量刑辩护。对此，较好的辩护思路是在审查起诉阶段充分利用认罪认罚制度中的量刑协商为被追诉人争取最大的量刑优惠。综上，绝大多数案件辩护最终目的实现的最佳时机是审前程序中，而不是庭审中。

"维护被追诉人的诉讼权利和其他合法权益"并不是一句抽象空洞的话，除了与辩护最终目的紧密关联之外，结合实务其主要是针对被追诉人动辄被采取羁押强制措施之辩护，此外还包括刑辩律师行使各种法定辩护事项受到不法对待时的申诉控告之辩护。本文将之称为程序性辩护。可见，诸多程序性辩护事项亦是在审前程序中进行的。

综上，我国《刑事诉讼法》第 37 条将刑事辩护的基本原则予以法定化，不宜解释为专门适用于庭内辩护，而应该顺应刑事诉讼制度发展大趋势，强调其对审前程序中辩护活动的原则性指导作用。

（二）审前程序中辩护的基本技能

1. 侦查阶段中辩护律师如何申请"变更强制措施"

（1）我国刑事强制措施的实务特点——提高申请"变更强制措施"技能的认识起点

根据我国《刑事诉讼法》第 38 条的规定，辩护律师在侦查期间可以为犯罪嫌疑人申请变更强制措施。侦查阶段申请变更强制措施事项是指在检察机关批准逮捕之后侦查机关侦查终结之前，刑辩律师向侦查机关提交的将对犯罪嫌疑人采取的逮捕强制措施变更为取保候审或监视居住的辩护意见。众所周知，在司法实务中，侦查机关提请逮捕并不告知被追诉人及其辩护律师，检察院接受公安机关的提请批捕申请亦不会主动告知被追诉人及其辩护律师，待检察机关批准逮捕后，侦查机关直接持有逮捕证让被追诉人签字确认，被追诉人才得知自己被逮捕了。因此，辩护律师提请变更强制措施申请具有明显的事后"补救性"。

相关的实证研究表明，在拘留阶段，讯问犯罪嫌疑人的讯问量、讯问密度、讯问强度均超过逮捕阶段，且拘留阶段的查证负担要远远重于逮捕阶段。拘留前和拘留阶段承担了主要证据的调查工作，到了逮捕后的侦查羁押阶段，对犯罪嫌疑人的讯问多半已是程序性的讯问，其查证功能已明显减弱。① 拘留应急措施功能被异化为服务于逮捕的强制措施，进而服务于整个刑事追诉。拘留几乎成为逮捕的"前置措施"和"预演"。即使目前在认罪认罚从宽制度已大范围、高比例适用的情况下，普遍拘留、拘留期限最大化的情况也未有实质性改变。②

与高拘留率密切关联的是高逮捕率、高未决羁押率。虽然我国近年来捕诉率持续下降，但适用逮捕措施的被追诉人仍占多数。实践中，通过羁押必要性审查等救济途径变更逮捕措施的情况占比很小，未决羁押的适用往往附随于整个刑事追诉活动，即诉讼进行多久，被追诉人就被羁押多久，"一押到底"的现象非常普遍。③ 2021 年 2 月，最高人民检察院第一检察厅厅长苗生明接受检察日报记者专访时表示，当前我国刑事诉讼中提请逮捕案件批捕率近 80%，审前羁押人数超过 60%，且轻罪案件占比高。④ 2022 年 3 月 8 日，在第十三届全国人民代表大会第五次会议上最高人民检察院检察长张军所作《最高人民检察院工作报告》中提到"全年（2021年）批准逮捕各类犯罪嫌疑人同比上升 12.7%"。可见，如同拘留没有因为法律制度的修改完善而发生实质性变化，逮捕和未决羁押仍然是刑事诉讼程序中的重要问题。

拘留、逮捕和未决长期羁押的问题及其对后续刑事诉讼程序的影响使

① 左卫民、马静华：《侦查羁押制度：问题与出路——从查证保障功能角度分析》，《清华法学》2007 年第 2 期。

② 罗海敏：《论协商性司法与未决羁押的限制适用》，《法学评论》2022 年第 3 期。

③ 王贞会：《我国逮捕制度的法治化进程：文本、问题与出路》，《社会科学战线》2019 年第 1 期。

④ 《专访最高检第一检察厅厅长：摈弃"够罪即捕"，降低审前羁押率》，《新京报》2021年 3 月 6 日。

刑辩律师完成本具有补救性的变更强制措施申请难上加难，结果可想而知往往是无效性的。

（2）以"系统辩护方法"提高申请"变更强制措施"的技能

论证侦查阶段变更强制措施辩护事项具有补救性和无效性的特点并不意味着刑辩律师要"知难而退"，而应转变思维，将变更强制措施的申请作为"系统辩护"的重要组成部分，辩证认识其地位和作用。

我国刑事诉讼程序中存在的庭审非实质化、拘留和逮捕功能异化、公检法相互配合"有余"、辩护和控诉地位"不平等"等客观司法现状，需要辩护律师从被动应付转向主动辩护，从只重视庭审辩护的不系统辩护转向将审前程序辩护和庭审辩护相结合的系统辩护。既然我国刑事诉讼程序中普遍存在拘留的多会"逮捕"，"逮捕"的多会"提起公诉"，进而多会判处实刑的"司法惯性"，那么刑辩律师作无罪或罪轻辩护的责任应从被追诉人被"拘留"之时就开始积极履行，应始终围绕"无罪或罪轻"的辩护方向，在每个诉讼阶段，用尽一切合法程序，采用"沟通、协商、交涉"等方式，循序渐进地进行系统性辩护。具体到申请变更强制措施而言，刑辩律师应充分利用这一申请程序和侦查机关沟通被追诉人"无罪"、"部分无罪"或"罪轻"的事实、证据和法律适用。重视这一程序的利用能够起到的辩护效果可能有：除了直接变更强制措施之外，还可以打破侦查机关"有罪"和"罪重"的垄断思维；改变其后期的讯问思路；不断向其灌输诸如"少捕慎押慎诉刑事司法政策"的正确理念；促使其倾向注意搜集被追诉人有无社会危险性方面的证据；防止未被羁押的同案犯被诉前拘留、逮捕；促使其形成更加有利于被追诉人的起诉意见书；等等。

另外，侦查阶段变更强制措施的申请事项应和向检察机关申请羁押必要性审查事项同时进行，相互配合。严格来说，这两项申请的合法理由有所不同。变更强制措施申请的合法理由是不符合逮捕条件，[①] 而羁押必要性审查申请的理由是没有继续羁押的必要性。这两项申请，办案机关审查

---

① 本文论述不涉及《刑事诉讼法》第 98 条规定的羁押期内不能办结的变更处理、第 99 条规定的超期强制措施的处理以及《最高人民法院关于适用〈中华人民共和国刑事诉讼法〉的解释》第 169 条和第 170 条规定的变更强制措施的理由。

的法律和规范文件的依据是不同的。前者的主要依据是《刑事诉讼法》第81条，后者的主要依据是《最高人民检察院刑事执行检察厅关于贯彻执行〈人民检察院办理羁押必要性审查案件规定（试行）〉的指导意见》。

侦查阶段向公安机关提出变更强制措施申请的同时，向检察机关提出羁押必要性审查申请，除了实现说服检察机关建议公安机关变更强制措施的直接目的之外，更有可能实现的间接目的是通过这一申请使检察官初步或再次接触辩方无罪或罪轻的事实、证据和法律适用方面的观点，从而使检察官不偏信公安机关搜集固定的（言词）证据及其拟证明的案件事实或不断动摇检察官内心确认的"没问题的有罪意识"，从而为审查起诉阶段的不起诉或认罪认罚量刑协商或形成更加有利于被起诉人的起诉书作好铺垫。

侦查阶段刑辩律师应当重视变更强制措施申请程序"物尽其用"的可行性，是因为相关规范性文件明确规定公安机关必须在一定时间内给予明确的书面回复。2015年"两高三部"联合发布的《关于依法保障律师执业权利的规定》第22条规定"辩护律师书面申请变更或者解除强制措施的，办案机关应当在3日以内作出处理决定。辩护律师的申请符合法律规定的，办案机关应当及时变更或者解除强制措施；经审查认为不应当变更或者解除强制措施的，应当告知辩护律师，并书面说明理由"。因此，侦查阶段刑辩律师只有将无罪、部分无罪或罪轻的事实、证据和法律适用辩护意见融入变更强制措施申请理由之中，才能让公安机关直面问题，正面回应。该项申请比单纯地向公安机关"发表意见"更加具有程序保障的功能。有学者称，《刑事诉讼法》尽管对律师发表意见有多处授权，但在字面上没有赋予司法机关听取与如何听取律师意见的义务，因此，在没有进一步明确具体规定的情况下，律师即使发表了意见，也可能得不到司法机关的采纳，以致律师的发表意见权徒有其表。[1]

2. 侦查阶段中辩护律师如何"提出法律意见"

（1）"提出法律意见"面临的困境

我国《刑事诉讼法》第38条规定，辩护律师在侦查期间可以为犯罪

---

[1] 邱兴隆、邢馨宇：《审前程序中的律师权利及其保障与实现（上）》，《法学杂志》2017年第7期。

嫌疑人提出意见。在侦查阶段，《刑事诉讼法》虽然明文赋予了刑辩律师向侦查机关提出法律意见的权利，但内容并不明确，实务中的可操作性不强。一方面，因为我国《刑事诉讼法》仅规定刑辩律师可以向侦查机关了解犯罪嫌疑人涉嫌的罪名和案件有关情况，并没有规定"侦查机关不告知"的强制救济措施，而实务中侦查机关基于"保密"等动机，往往不会向刑辩律师和盘托出案情和证据；另一方面，侦查阶段刑辩律师能准确确定辩护方向的情况较为稀少，因为刑辩律师在侦查阶段不能阅卷，仅凭犯罪嫌疑人的"口述"，是不宜确定精准辩护方向的，没有精准辩护方向，谈何精准"提出法律意见"，即谈何能够取得辩护实效。

若说"提出法律意见"包含了"变更强制措施申请"，那么，《刑事诉讼法》赋予刑辩律师的"提出法律意见"事项便失去了独立意义。虽然"提出法律意见"法定辩护事项存在上述困境，但并非完全没有可操作空间。

（2）以"系统效应"为理念，利用侦查阶段中的特殊时间节点，提高"法律意见"的有效性

在相对能够确定辩护方向的前提下，在某些特殊的时间节点前，如传唤、拘传、拘留、逮捕、起诉意见书形成等关键诉讼程序节点，若充分利用"系统效应"，可以增强"提出法律意见"的实效。传唤或拘传 12 小时或者 24 小时、拘留后 37 天（取保候审黄金期）、起诉意见书形成系侦查阶段律师"提出法律意见"进行刑辩的重要诉讼程序时间节点。

第一，在传唤或拘传 12 小时或者 24 小时的时间节点如何"提出法律意见"。关于传唤或拘传 12 小时或者 24 小时的时间节点，从节约司法资源的角度而言，传唤或拘传的结果往往是侦查机关直接采取拘留强制措施。《公安机关办理刑事案件程序规定》第 200 条第 2 款规定的"传唤期限届满，未作出采取其他强制措施决定的，应当立即结束传唤"为传唤或拘传直接转换成拘留强制措施提供了法律依据。而众所周知，拘留是逮捕的"预演"，因此，在传唤或拘传期间，提出法律意见可以达到不被采取拘留强制措施的可能效果。关键问题是，如何提出法律意见？即提出法律意见的内容主要应该是什么？解决这一问题并不容易，甚至可以说相当困难。因为，在传唤或拘传期间，刑辩律师没有会见权，无法见到被传唤或拘传

人，刑辩律师只能从被传唤或拘传人的家属处了解案情，而通过这种途径了解的案情，在真实性上需要慎重对待。因此，为了保证法律意见的客观性，需要注明刑辩律师了解案情的来源。若与侦查机关待查或查明的案件事实相符，则提出的法律意见便更加具有针对性；若与侦查机关待查或查明的案件事实不太相符，也可以达到向侦查机关提出异议的效果。在该时间节点，提出法律意见的内容除了明述案情，还可以包括提出调查无罪或罪轻证据的请求或者将无罪或罪轻证据线索作为法律意见的附件。提出法律意见的另一项重要内容是阐明可以不予刑事拘留的刑事政策依据，如"少捕慎押慎诉刑事司法政策"的正确、适当引用。最高人民检察院有关领导撰文称，"少捕慎押慎诉刑事司法政策"顺应了新时代人民日益增长的美好生活需要，体现了司法机关对于惩治犯罪与保障人权不平衡关系上作出的必要调整，同时也是20多年来我国刑事犯罪结构发生重大变化的必然要求。最高人民检察院通过发布典型案例表明，强制措施的功能在于保障刑事诉讼顺利进行，不逮捕关押并不意味着不起诉，更不意味着没有犯罪和不再追究刑事责任。2021年6月，《关于加强新时代检察机关法律监督工作的意见》将"严格依法适用逮捕羁押措施，促进社会和谐稳定"规定为检察机关的一项重要任务，改变和纠正了原有的对逮捕羁押强制措施的过度依赖，对公安、司法机关来说，是一个从理念到制度再到能力的系统工程，对社会大众来说，也提供了一个更新认识、逐步理解和支持的过程。① 这一最新刑事司法政策的适用可以"瓦解"侦查机关采取拘留强制措施的惯性心理，甚至会影响后续逮捕强制措施的适用。

第二，在"拘留后37天"的时间节点如何"提出法律意见"。所谓"拘留后37天"系进行刑辩的重要诉讼程序时间节点，这是因为《刑事诉讼法》第91条规定，"公安机关对被拘留的人，认为需要逮捕的，应当在拘留后的三日以内，提请人民检察院审查批准。在特殊情况下，提请审查批准的时间可以延长一日至四日。对于流窜作案、多次作案、结伙作案的重大嫌疑分子，提请审查批准的时间可以延长至三十日"。在司法实践中，

---

① 苗生明、纪丙学：《贯彻宽严相济依法充分准确适用少捕慎诉慎押刑事司法政策——"检察机关首批贯彻少捕慎诉慎押刑事司法政策典型案例"解读》，《人民检察》2022年第2期。

这一原本较低的条件往往被侦查机关进一步扩大适用，在实际办案过程中，不管何种情况均可成为特殊情况，且不管侦查是否需要，能延长至30日的基本都延长，使得延长刑拘时间成为常态。① 虽然拘留强制措施导致羁押时间长达37天，与保障人权理念相悖，但是从刑辩角度看，这37天为刑辩律师提出充分合理的法律意见提供了充足的时间。根据《刑事诉讼法》第34条的规定，"犯罪嫌疑人自被侦查机关第一次讯问或者采取强制措施之日起，有权委托辩护人"。刑辩律师在拘留之日即可会见犯罪嫌疑人，进而全面、详细地了解案件事实及证据情况，对犯罪嫌疑人涉嫌的罪名及预期量刑确定精准的辩护方向。若是无罪辩护，则要出具无罪的法律意见书；若是罪轻辩护，则要出具罪轻法律意见书；若是量刑辩护，则要出具认罪认罚法律意见书。若事实认定、法律适用、证据采信等论证合理、充分，则在很大程度上可以起到劝服侦查机关采取取保候审或监视居住的强制措施，至少可以使侦查机关不会轻易提请批捕。

第三，在"起诉意见书形成前"的时间节点如何"提出法律意见"。"起诉意见书形成前"亦是刑辩律师应特别关注的能够进行有效辩护的时间节点。在该节点刑辩律师能够发挥辩护实效的主要是针对定罪无争议，而要进行量刑辩护的认罪认罚案件。在该时间节点前，出具认罪认罚法律意见书的主要目的是使犯罪嫌疑人在侦查阶段便认罪认罚的事实得到彰显并"迫使"侦查机关将刑辩律师的"法律意见书"正式入卷，从而为后续审查起诉阶段的认罪认罚量刑协商争取"先机"或者"主动权"，为犯罪嫌疑人争取最大的"量刑优惠"。《刑事诉讼法》第161条规定，"在案件侦查终结前，辩护律师提出要求的，侦查机关应当听取辩护律师的意见，并记录在案。辩护律师提出书面意见的，应当附卷"。在刑辩实务中，侦查机关将律师意见附卷一起移交给检察机关的并不多，但是附卷的法定性、必要性及其对辩护的系统效应是不容忽视的。《关于适用认罪认罚从宽制度的指导意见》第35条规定，犯罪嫌疑人认罪认罚，可能判处管制、宣告缓刑的，公安机关可以委托犯罪嫌疑人居住地的社区矫正机构进行调

---

① 左卫民、马静华：《侦查羁押制度：问题与出路——从查证保障功能角度分析》，《清华法学》2007年第2期。

查评估。这一法条规定可谓具有超前性，因为该法条的适用与当前侦查机关主要承担搜集刑事证据的职能而弱化定罪量刑之现况并不具有契合性。这是针对普适性而言的，但是不排除对于少数证据确实、充分，罪行较轻、人身危险性较小的，认罪认罚的，易于判断该当判处管制、宣告缓刑的犯罪案件，刑辩律师可以向侦查机关提出"委托犯罪嫌疑人居住地的社区矫正机构进行调查评估"的法律意见。刑辩律师适当"超前"的辩护活动在一定程度上可以促使司法机关提高对"超前"法律的注意度和增加尝试。

3. 侦查阶段和审查起诉阶段中辩护律师如何"申请羁押必要性审查"

（1）羁押必要性审查的含义

在我国刑事司法实务中，羁押必要性审查的含义比较丰富。首先，羁押必要性审查可以指"审查逮捕"。在我国，羁押不是独立的刑事强制措施，而是拘留和逮捕的必然后果，因此，羁押必要性在一定程度上就是拘留和逮捕的必要性。[①] 由于逮捕的目的是羁押，逮捕与羁押形独实合，所谓逮捕的构成要件实际上也就成为羁押的适用条件。"审查逮捕"属于检察机关的批捕权。其次，羁押必要性审查可以指"延长侦查羁押期限"。《刑事诉讼法》第 156 条、第 158 条、第 159 条的规定分别可被简称为"一延""二延""三延"。根据《人民检察院刑事诉讼规则》第 311 条的规定，只有"有继续羁押的必要"，人民检察院才可以作出批准延长侦查羁押期限的决定。"延长侦查羁押期限"属于检察机关的侦查监督权。最后，羁押必要性审查还可以指"捕后羁押必要性审查"。根据《刑事诉讼法》第 95 条的规定，犯罪嫌疑人、被告人被逮捕后，人民检察院仍应当对羁押必要性进行审查，对不需要继续羁押的，应当建议予以释放或者变更强制措施。"捕后羁押必要性审查"属于检察机关贯彻"少捕慎押慎诉刑事司法政策"、降低审前羁押率的职权。这一类型羁押必要性审查可以存在于侦查阶段、审查起诉阶段和审判阶段。[②]

（2）辩护律师可以提出羁押必要性审查的法律依据

在上述三项羁押必要性审查的司法过程中，《刑事诉讼法》及相关规

---

① 高景峰：《羁押必要性审查制度研究》，《国家检察官学院学报》2012 年第 6 期。
② 陈卫东：《羁押必要性审查制度试点研究报告》，《法学研究》2018 年第 2 期。

范性文件明文规定了刑辩律师的辩护权。根据《刑事诉讼法》第 88 条的规定，人民检察院审查批准逮捕，可以听取辩护律师的意见；辩护律师提出要求的，应当听取辩护律师的意见。根据《人民检察院刑事诉讼规则》第 261 条的规定，办理审查逮捕案件，辩护律师提出要求的，应当听取辩护律师的意见，并应当将辩护律师提出的书面意见附卷，辩护律师多次提出意见的，均应当如实记录。根据《人民检察院办理延长侦查羁押期限案件的规定》第 11 条的规定，人民检察院审查延长侦查羁押期限案件可以听取律师意见。根据 2023 年 12 月 13 日发布的《人民检察院 公安机关羁押必要性审查、评估工作规定》第 8 条第 2 款的规定，"申请人依据刑事诉讼法第九十七条规定，向人民检察院、公安机关提出变更羁押强制措施申请的，人民检察院、公安机关应当按照本规定对羁押的必要性进行审查、评估"。

（3）对羁押必要性审查提出法律意见的种类及具体如何操作

综上，从刑辩角度而言，羁押必要性审查申请事项包括不批捕法律意见、不延长侦查羁押期限法律意见和捕后羁押必要性审查申请共计三项。在不同阶段，刑辩律师针对每一项无羁押或继续羁押必要性审查提出法律意见均有法律或规范性文件的明文规定。因此，这三项羁押必要性审查申请均属于刑辩律师应履行的法定辩护事项。值得一提的是，刑辩实务中"不延长侦查羁押期限法律意见"的提出常常被刑辩律师忽略。

上述三项羁押必要性审查申请辩护事项在实体内容和程序流程上是不同的。刑辩实务中需要厘清它们之间的界限和区别，只有这样刑辩工作才能更加有的放矢。"不批捕法律意见"侧重犯罪嫌疑人是否具有"逮捕必要性"，聚焦"社会危险性"，而社会危险性的行为模式可以归纳为被追诉人"妨碍刑事诉讼顺利进行"和"继续危害社会"这两类。[1] 全国人大常委会法工委曾经作出权威解释："社会危险性，应当根据案件和犯罪嫌疑人、被告人的具体情况，包括涉案轻重程度、可能的刑期高低、其人格和个人情况等个案情况作出综合权衡和认定。"[2] 这为刑辩律师提出"不批捕

---

[1] 万毅：《解读逮捕制度三个关键词——"社会危险性""逮捕必要性"与"羁押必要性"》，《中国刑事法杂志》2021 年第 4 期。

[2] 朗胜主编《中华人民共和国刑事诉讼法释义》，法律出版社，2012，第 191 页。

法律意见"指明了方向和着力点。该法律意见提出的时间是侦查机关向检察机关提请批捕后的 7 日内。"不延长侦查羁押期限法律意见"侧重犯罪嫌疑人是否具有"延押必要性",即判断案情和侦查取证工作是否复杂,以此判断犯罪嫌疑人有无继续羁押的必要。① 因此,刑辩律师提出"不延长侦查羁押期限法律意见"应重点对"案情是否复杂做出精准判断和论证"和"捕后侦查工作进展情况"及"下一步侦查工作计划"的有关内容向检察机关充分了解以准确判断是否具有"因继续侦查而延押"的必要性。该法律意见提出的时间是在每次侦查羁押期限届满 7 日前。"捕后羁押必要性审查申请"侧重在被检察机关批准逮捕之后,包括"延押"期间,犯罪嫌疑人是否具有"继续羁押必要性"。该种羁押必要性审查申请应着眼于"据以决定批准逮捕的条件有无变化",而非对是否符合逮捕适用条件进行重复辩护。辩护律师在侦查阶段、审查起诉阶段和审判阶段均可提出。

4. 辩护律师如何自行调查取证

(1) 辩护律师能否自行展开调查取证

虽然我国《律师法》第 35 条第 2 款明文规定了刑辩律师的"自行调查取证"辩护职责事项,但是由于我国追诉机关受传统观念影响,对辩护律师的抵制与防范意识过强,当律师依靠个人力量调查取证时,往往较为困难。即使刑辩律师依法调取了有关被追诉人无罪或罪轻的证据,没有陷入职业风险,然而到了审判阶段可能也会遇到法官在裁决案件时遵从对待被告人之恶的先入价值观,与检方指控行为价值保持一致。

种种理由的存在,使得刑辩律师行使法定的自行调查取证权困难重重,律师往往选择避而远之。面对易于"身陷囹圄"的职业风险,刑辩律师对自行调查取证"避而远之"本无可厚非。有学者亦提出,在法治发达国家,律师在获取证据过程中避免辩护风险的经验之一是律师主要依靠公力获取证据,而非依靠私力自行调查取证。② 这一思路不失为降低律师辩

---

① 刘福谦:《〈人民检察院办理延长侦查羁押期限案件的规定〉的解读》,《人民检察》2016年第 19 期。

② 彭海青:《律师获取证据的方式与辩护风险难题的破解——基于法治发达国家经验的省思》,《比较法研究》2010 年第 2 期。

护风险、减少律师参与刑事辩护顾虑的方法，但是必须以"公力取证"相关配套制度的健全为前提。

（2）辩护律师展开调查取证的经验之谈

本文认为，刑辩律师自行调查取证不能一概"避而远之"，因为毕竟如此刑辩策略与我国《刑事诉讼法》第 37 条规定的辩护人职责相悖。在目前刑辩律师自行调查取证权规范保障仍不到位的情况下，刑辩律师应始终本着"最大限度维护被追诉人合法权益"的原则和目的，积极"钻研"避免或降低职业风险的"本土适当方式"。

在当前不断构建现代法治的中国，刑事诉讼程序中被追诉人的主体地位及其被赋予的防御权日益为司法机关所承认，在一定程度上为刑辩律师进行无风险或低风险自行调查取证提供了契机。对于某些"迫切"需要刑辩律师"私力"调查取证的刑事案件，刑辩律师在穷尽了"公力取证"方式的情况下，本着与司法机关善意"沟通"的基调，最后选择妥善的处理方式，是可以取得预想的辩护效果的。在当前中国司法责任终身制已经成为司法体制改革核心的司法运行状态下，任何一个办案司法人员都不想办错案、出冤案。辩护律师应本着善意沟通而不是"抗争辩"的理念，将依法自行调查的证据，尤其是物证"提交"给司法人员。若司法人员能认定"证据"具有客观真实性，则一般会采信辩护律师的无罪、部分无罪或罪轻的辩护意见。

三　审前程序中的辩护权受到不法对待时的救济途径——申诉控告

（一）辩护律师的申诉控告权

我国《刑事诉讼法》第 38 条规定，辩护律师在侦查期间可以为犯罪嫌疑人代理申诉、控告。我国《刑事诉讼法》第 49 条规定，辩护人、诉讼代理人认为公安机关、人民检察院、人民法院及其工作人员阻碍其依法行使诉讼权利的，有权向同级或者上一级人民检察院申诉或者控告。人民检察院对申诉或者控告应当及时进行审查，情况属实的，通知有关机关予以纠正。该条规定了刑辩律师的申诉、控告权。该权利是指刑辩律师在依法代理被追诉人行使各项法定辩护事项时,受到司法机关及其工作人员的阻碍,可以向检察机关申诉或控告的权利。申诉、控告权不是刑辩律师的主权利,而是一项派生的权利,是刑辩律师代理各项辩护事项程序顺畅并实现实体目标的救济性、制度性保障。

(二) 辩护律师遭遇哪些情况可以提起申诉、控告

关于申诉、控告事项的内容,"两高三部"联合发布的《关于依法保障律师执业权利的规定》第42条明确列举了6项,其中,"(三) 对律师依法提出的申请,不接收、不答复的;(四) 依法应当许可律师提出的申请未许可的;(五) 依法应当听取律师的意见未听取的"对刑辩律师无障碍进行相应的审前程序中的辩护(如提起有关适用不羁押刑事强制措施,完全或部分无罪、罪轻等法律意见)提供了救济性、制度性规范保障。最高人民检察院公布的《人民检察院刑事诉讼规则》第57条明确列举了16项,其中,"(五) 在规定时间内不受理、不答复辩护人提出的变更强制措施申请或者解除强制措施要求的;(六) 未依法告知辩护律师犯罪嫌疑人涉嫌的罪名和案件有关情况的;……(九) 违法限制辩护律师收集、核实有关证据材料的;(十) 没有正当理由不同意辩护律师提出的收集、调取证据或者通知证人出庭作证的申请,或者不答复、不说明理由的;(十一) 未依法提交证明犯罪嫌疑人、被告人无罪或者罪轻的证据材料的;(十二) 未依法听取辩护人、诉讼代理人的意见的"等规定,更加细致、明确地规定了刑辩律师能够代理申诉、控告事项的具体内容,从事实、证据到法律适用,从受理、答复到说明理由,从刑事强制措施到罪轻、无罪,全方位确立了刑辩律师审前程序中的辩护受到不法对待时的救济途径。

(三) 辩护律师履行申诉控告权的注意事项

刑辩律师适用申诉控告审前程序中的辩护策略应该坚持最后手段原则,本着"和谐司法""法律职业共同体"等理念,应先耐心以"沟通、协商"等良善的为人处世的方式尽力与司法机关说明其不了解或忽略的案件情况或法律适用存在的问题。只有在与办案机关多部门、反复沟通未果

的情况下，才能采用向同级或者上一级人民检察院申诉、控告的方式推进自己的审前程序中的辩护进程。还以前文提及的杨某生产、销售有毒有害食品一案为例，杨某使用碱加工牛肚，被查扣已加工的牛肚达 1000 多斤，工业碱 20 袋，微信转账记录和记账本证实泡发牛肚销售金额共计 300 多万元。辩护律师经调查发现，在犯罪现场（加工场所）未被公安机关现场勘验的用于存放生活垃圾和杂物的另一屋内存在大量食用碱空袋，这至少可以证实杨某案发前使用了大量的食用碱。这一案例中被追诉人存在部分无罪的案情且有物证证明。面对如此情形，辩护律师需要先向派出所的案件主办民警反映沟通并提交书面法律意见和书面的调查取证申请书。若主办民警不予理睬或推诿，可向派出所所长反映沟通，同时向其所属的公安分局法制科反映沟通，甚至在目前检察机关提前介入日益普遍化的情形下，亦可以同时向同级人民检察院提前介入的检察官反映沟通。若沟通的结果是公安机关仍旧未正式再次勘验犯罪现场以重新搜集固定物证，刑辩律师可依法自行调查取证，然后以视频等能反映自行调查取证客观真实的方式，将证据提交给公安机关和检察机关。若结果是对被追诉人不予逮捕或者量刑降低，则说明达到了审前程序中辩护的效果，就没有必要非得较真针对侦查机关"不依法"重新现场勘验固定新物证而向检察机关提起申诉和控告。若结果是公安机关完全不顾及刑辩律师提出的新物证而坚持提请批捕，检察机关亦作出逮捕决定且量刑不降，则刑辩律师必须提起申诉控告。

四　结语

庭内辩护和审前程序中的辩护存在重大不同。庭内辩护中律师与检察官之间是纯粹对抗制的争辩，相互推翻和驳斥，呈现水火不容之"战争"状态；而审前程序中律师与公安、检察官之间是略带有争辩色彩的沟通协商，相互交往互动，呈现求同存异之"和平"状态。庭内辩护的过程和结果是法官通过聆听控辩双方攻击防御型对抗言语从而根据自己的内心确认作出裁定；而审前程序中辩护的过程和结果是辩方与控方平等对话从而双方达成相关案件事实、规范解释或法律论证上的合议和共识。审前程序中律师与控方"交往"的规则、思维和机制完全不同于庭内辩护。审前程序中的辩护能够凸显律师与司法人员真正成为法律职业共同体。审前程序中的辩护不仅是最大限度维护当事人合法权益的需要，亦是现实司法运作的需求，还是国家和社会治理现代化的时代呼唤。我国刑辩律师亟待更新观念，不断增强审前程序中的辩护技能，提高刑事辩护的有效性，以最大限度维护被告人的合法权益，这也有利于推动中国特色辩护的现代化。

04 庭前会议的规则与技巧

一 庭前会议的概念与特点

（一）庭前会议的概念

关于庭前会议的界定，一种是"活动说"，将庭前会议界定为一种庭前准备活动。如《布莱克法律词典》对庭前会议的定义为"控辩双方在庭前参加法官主持的一种非正式会议，法官组织控辩双方讨论证据问题，以减少将来审判时要处理问题的庭前准备活动"①。该定义关注的焦点是证据问题，忽略了证人出庭、管辖、回避等问题。另外一种是"诉讼环节说"，《法律基本词典》将庭前会议定义为"法院在民事诉讼或刑事诉讼自起诉开始到审判开始之间举行的会议。在该会议上双方的律师在会议中明确争议、讨论证据或采取其他步骤使审判顺利进行，并尽可能在该会议上解决争端"②。该观点赋予了庭前会议更为丰富的内涵，并揭示了庭前会议的实质在于保障庭审的顺利进行。还有一种是"准备程序说"，将庭前会议定义为"在法庭决定开庭之后，开庭审理之前，由法官主持的由控辩双方共同参加的解决、梳理案件程序问题及部分实体问题，旨在为庭审扫清阻碍、保证庭审集中审理的准备程序"③。该定义较为细致地说明庭前会议的内容既包含实体问题，又包含程序问题。

我国庭前会议的法律依据是《中华人民共和国刑事诉讼法》（以下简

---

① 参见 Bryan A. Gamer《布莱克法律词典》（英文版），美国西方出版公司，2004，第1226页。
② 参见 Amy Blackwell《法律基本词典》（英文版），Sphinx Publishing，2008，第385页。
③ 闵春雷、贾志强：《刑事庭前会议制度探析》，《中国刑事法杂志》2013年第3期。

称《刑事诉讼法》）第 187 条。该条规定，人民法院决定开庭审判后，应当确定合议庭的组成人员，将人民检察院的起诉书副本至迟在开庭十日以前送达被告人及其辩护人。在开庭以前，审判人员可以召集公诉人、当事人和辩护人、诉讼代理人，对回避、出庭证人名单、非法证据排除等与审判相关的问题，了解情况，听取意见。《最高人民法院关于适用〈中华人民共和国刑事诉讼法〉的解释》（以下简称《解释》）第 226 条规定："案件具有下列情形之一的，人民法院可以决定召开庭前会议：（一）证据材料较多、案情重大复杂的；（二）控辩双方对案件事实、证据存在较大争议的；（三）社会影响重大的；（四）需要召开庭前会议的其他情形。"《解释》第 227 条规定："控辩双方可以申请人民法院召开庭前会议，提出申请应当说明理由。人民法院经审查认为有必要的，应当召开庭前会议；决定不召开的，应当告知申请人。"《解释》第 228 条规定，"庭前会议可以就下列情况向控辩双方了解情况，听取意见：（一）是否对案件管辖有异议；（二）是否申请有关人员回避；（三）是否申请不公开审理；（四）是否申请排除非法证据；（五）是否提供新的证据材料；（六）是否申请重新鉴定或者勘验；（七）是否申请收集、调取证明被告人无罪或者罪轻的证据材料；（八）是否申请证人、鉴定人、有专门知识的人、调查人员、侦查人员或者其他人员出庭，是否对出庭人员名单有异议；（九）是否对涉案财物的权属情况和人民检察院的处理建议有异议；（十）与审判相关的其他问题。庭前会议中，人民法院可以开展附带民事调解"。在庭前会议中，审判人员可以询问控辩双方对证据材料有无异议，对有异议的证据，应当在庭审时重点调查；无异议的，庭审时举证、质证可以简化。庭前会议情况应当制作笔录，由参会人员核对后签名。对庭前会议中"可能导致庭审中断的程序性事项，人民法院可以在庭前会议后依法作出处理，并在庭审中说明处理决定和理由。控辩双方没有新的理由，在庭审中再次提出有关申请或异议的，法庭可以在说明庭前会议情况和处理决定理由后，依法予以驳回"。从上述规定来看，庭前会议是指审判人员或者当事人、辩护人、诉讼代理人发起的解决排除非法证据、回避、出庭证人名单等与审判相关问题的诉讼活动。

（二）庭前会议的特点

1. 启动庭前会议主体的多样性

根据《刑事诉讼法》第 187 条、《解释》第 226 条之规定，审判人员可以召开庭前会议，这里的审判人员包括合议庭的审判长和审判员。根据《解释》第 227 条之规定，控辩双方可以申请人民法院召开庭前会议，控辩双方包括公诉人、当事人和辩护人、诉讼代理人。控辩双方申请召开庭前会议的，应当说明需要处理的事项，提出申请并说明理由。人民法院经审查认为有必要的，应当决定召开庭前会议；决定不召开庭前会议的，应当告知申请人。被告人及其辩护人在开庭审理前申请排除非法证据，并依照法律规定提供相关线索或者材料的，人民法院应当召开庭前会议。

2. 庭前会议内容具有复杂性

庭前会议处理的问题既包括程序问题，也包括实体问题。《解释》第 228 条第 1 款规定："庭前会议可以就下列事项向控辩双方了解情况，听取意见：（一）是否对案件管辖有异议；（二）是否申请有关人员回避；（三）是否申请不公开审理；（四）是否申请排除非法证据；（五）是否提供新的证据材料；（六）是否申请重新鉴定或者勘验；（七）是否申请收集、调取证明被告人无罪或者罪轻的证据材料；（八）是否申请证人、鉴定人、有专门知识的人、调查人员、侦查人员或者其他人员出庭，是否对出庭人员名单有异议；（九）是否对涉案财物的权属情况和人民检察院的处理建议有异议；（十）与审判相关的其他问题。"其中，第 10 项是兜底性规定。在庭前会议中，主持人可以对附带民事进行调解，当然，是否对附带民事进行调解由主持人决定。《最高人民法院、最高人民检察院、公安部、国家安全部、司法部〈办理刑事案件庭前会议规程〉》（以下简称《规程》）对庭前会议中处理的程序问题和实体问题也作出了相同的规定。

除了上述内容外，根据《解释》第 229 条的规定，在庭前会议中，对于控辩双方决定在庭审中出示的证据，人民法院可以组织展示有关证据，听取控辩双方对在案证据的意见，梳理存在争议的证据。对于控辩双方在庭前会议中没有争议的证据材料，庭审时举证、质证可以简化。在此，辩护人应当注意，在庭前会议中准备就非法证据排除了解情况、听取意见，或者准备询问控辩双方对证据材料的意见的，应当通知被告人到场，听取被告人意见；被告人不到场的，辩护人应当在召开庭前会议前听取被告人意见。

3. 法官对召开庭前会议的选择性

庭前会议并非一定要召开，是否召开由审判人员决定。根据《解释》第227条的规定，控辩双方申请召开庭前会议，应当说明理由。人民法院经审查认为有必要的，应当召开庭前会议；决定不召开庭前会议的，应当告知申请人。但是，被告人及其辩护人在开庭审理前申请排除非法证据，并依照法律规定提供相关线索或者证据材料的，人民法院应当召开庭前会议。也就是说，除了被告人及其辩护人申请排除非法证据并提供相关线索或者证据材料的情形外，审判人员可以根据审判的需要决定是否召开庭前会议。

4. 庭前会议通常以解决程序问题为主

如前所述，《解释》第228条列举了10项庭前会议需要了解情况、听取意见的事项，这些事项主要是程序问题。庭前会议解决的实体问题很少，主要是证据展示及其效力、刑事附带民事诉讼的调解及其效力。在庭前会议中，对于控辩双方准备在庭审中出示的证据，人民法院可以组织展示有关证据，听取控辩双方对在案证据的意见，梳理存在争议的证据。对于控辩双方在庭前会议中没有争议的证据，庭审时举证、质证可以简化，即法律赋予了庭前会议中控辩双方没有争议证据的弱法律效力，在经过庭审的简单举证、质证后即可将相应证据的证明力"转正"，使之证明的案件事实得以成立。

在庭前会议中，审判人员可以对刑事附带民事纠纷进行调解，对于当事人、辩护人、诉讼代理人在庭前会议中达成的调解协议，除非有证据证实调解违反自愿和合法原则，审判人员在庭审中可以直接确认调解协议的效力，不允许当事人再反悔。

5. 庭前会议是为集中进行一审、二审或再审庭审所作的准备程序

我国《刑事诉讼法》第187条规定，人民法院决定开庭审判后，应当确定合议庭的组成人员，将人民检察院的起诉书副本至迟在开庭10日以前送达被告人及其辩护人。在开庭以前，审判人员可以召集公诉人、当事人和辩护人、诉讼代理人，对回避、出庭证人名单、非法证据排除等与审判相关的问题，了解情况，听取意见。庭前会议制度是最高人民法院根据《刑事诉讼法》建立的制度，是审判人员在开庭以前，就可能妨碍开庭集中进行的与审判相关的问题了解情况，听取意见。庭前会议是刑事诉讼活动中为保障庭审集中进行的准备程序。

6. 庭前会议具有高效性

对于《解释》第228条规定的可能导致庭审中断的事项，人民法院依法作出处理，在开庭审理前告知处理决定，并说明理由。控辩双方没有新的理由，在庭审中再次提出有关申请或者异议的，法庭应当依法驳回。也即，对于《解释》第228条规定的可能导致庭审中断的事项，人民法院作出处理后，控辩双方没有新的理由给予改变的，相应的处理结果直接生效。

对于被告人在庭前会议前不认罪，在庭前会议中又认罪的案件，人民法院核实被告人认罪的自愿性和真实性后，可以依法适用速裁程序或者简易程序审理。

对于召开庭前会议的案件，在庭审中宣读起诉书后，法庭应当当庭宣布庭前会议报告的主要内容。有多起犯罪事实的案件，可以在有关犯罪事实的法庭调查开始之前，分别宣布庭前会议报告的相关内容。对庭前会议处理管辖权异议、申请回避、申请不公开审理等事项的，法庭可以在告知当事人诉讼权利后宣布庭前会议报告的相关内容。宣布庭前会议报告后，对于庭前会议中达成一致意见的事项，法庭向控辩双方核实后当庭予以确认。控辩双方在庭前会议中就有关事项达成一致意见，在庭审中反悔的，除有正当理由外，法庭一般不再进行处理。辩护人在庭前会议中与公诉人就有关事项达成一致意见应当慎重，人民法院通常会直接确认一致意见的法律效力。

二　庭前会议的理论基础

庭前会议制度的设立为庭审活动的集中、顺利、高效运行提供了保障。我国刑事诉讼制度进行了"以审判为中心"的改革，在这场改革中，庭前会议制度发挥了关键作用，庭前会议制度的设立提高了刑事诉讼的效率，是庭审实质化和以审判为中心改革的必要前置程序。可以说，庭前会议制度成功与否关系到庭审实质化和以审判为中心的改革能否达到效果。我们对庭前会议制度进行分析，可以发现其有以下理论基础。

（一）刑事庭审实质化理论

刑事庭审实质化是"以审判为中心"诉讼制度改革的基本要求，其核心是被告人的刑事责任在审判阶段通过庭审方式解决。通过庭审解决被告人的刑事责任问题，要求根据庭审对证据的质证、对焦点问题的辩论，实现据以定罪量刑的事实都有确凿、充分的证据证实，确定了所定罪刑的唯一性，排除了一切合理怀疑。庭前会议制度的设立就是要保障庭审实质化目的的实现。庭前会议制度要求控辩双方在庭前会议中展示证据，辩方有权要求控方移送对定罪量刑重要但未移送法院的证据，可申请法院向有关单位和个人收集、调取证据材料，有权申请非法证据排除。通过收集、调取证据，移送证据，非法证据排除，证据展示，对于控辩双方没有争议的证据可以在庭审中简单举证、质证，对控辩双方有争议的证据，审判人员归纳争议焦点。通过庭前会议解决程序问题，并对在案证据的梳理准备，审判人员可以在庭审中对争议证据的有效、无效、瑕疵及补正等问题进行集中重点处理，可以说，庭前会议是庭审实质化的必要准备程序。

（二）集中审理原则

集中审理原则，又称不中断审理原则，是指法院开庭审理案件，应当在不更换审判人员的条件下连续进行，不得中断审理的诉讼原则。集中审理原则对庭审有以下要求。第一，审判庭成员不能更换。包括人民陪审员在内的审判庭成员在案件的审理中应全程在场，即使有审判庭成员因客观原因缺席审判，代替他的法官或者人民陪审员也必须是一直在场的法官和陪审员。这样做是为了保证参与判决的审判庭成员全程参与了审判程序，对案件的所有证据和法庭辩论都十分了解，以确保作出公正的判决。第二，案件进入法院审理，应当由同一审判庭不间断地进行审理。这样做的目的是确保审判庭全力以赴对同一案件在有翔实记忆的时候作出公正的判决。第三，在对证据集中调查和法庭辩论环节，只有在审判庭成员及控辩双方都在场的情况下才能对证据展开集中调查，证据的集中调查和法庭辩论都应当在法庭内集中进行。只有这样才能落实审判公开、控辩对等，才能实现审判公正。第四，庭审结束后，审判庭迅速作出裁判，这样不仅能确保审判庭成员在对证据和辩论内容有详细印象的时候，准确地进行裁判，也能提升诉讼效率。

设立庭前会议制度就是为了保障庭审的集中审理。在庭前会议中，审判员对妨碍庭审集中进行的程序问题先行处理，对非法证据排除、回避、管辖权异议、通知证人到庭、收集和调取新的证据、申请重新鉴定或勘验等导致庭审中断的问题提前解决，确保了庭审集中、连续、顺利地进行。庭前会议制度通过证据展示，对控辩双方没有争议的证据，在庭审中简化举证质证，对庭前会议有争议的证据，审判人员可以归纳争议焦点，在庭审中就争议较大的部分展开辩论。庭前会议是庭审前重要的准备程序，是落实刑事诉讼集中审理原则的重要保障。

（三）实现控辩对等的价值目标

我国刑事诉讼的构造是"控审分离，审判居中，控辩对等"，其中最为重要的是控辩双方的对等关系。而这种对等关系要求控辩双方的权利和义务双向对等，而不是单向的义务。庭前会议制度是实现控辩对等的重要途径。由于控方拥有强大的侦查权作为保障，控方拥有收集罪证方面的天然优势，而辩方处于收集无罪或罪轻证据的弱势地位。为了确保控辩双方的对等，通过庭前会议辩方可以全面了解控方的证据及其证明目的，并有权对那些违法收集的证据提出非法证据排除申请，启动非法证据排除程序，达到排除非法证据的效果。庭前会议制度使律师能进行有效辩护，律师能行使完整的、独立的辩护权，通过高质量的、尽职的辩护工作，让被告的合法权益得到保护，使其获得公正的判决结果或者司法处遇措施。另外，辩方在庭前会议中也要承担证据开示的义务。我国在 2012 年修正《刑事诉讼法》时，已经将犯罪嫌疑人不在犯罪现场作为"无罪证据"的情形写入了《刑事诉讼法》中，辩护律师很有可能通过调查，收集到犯罪嫌疑人（被告人）无罪或罪轻的证据。辩护律师在庭审中采取

"证据突袭"之类的"刑辩技巧",会降低审判机关和公诉人在审理中发现案件事实的可能性,也会带给受害人程序不公正的结果。庭前会议要求辩护人承担证据开示的义务,也是对辩护人在诉讼中履责的要求。庭前会议制度的设置,是实现控辩双方对等价值目标的重要途径。

三 庭前会议的功能

庭前会议制度的功能,是指庭前会议发挥的有益作用以及产生的良好效果。庭前会议制度设立的初衷是保障审判的集中进行而做的准备,但是,根据庭前会议解决的问题,其具有程序问题解决功能和实体问题整理、解决功能。

(一)庭前会议具有解决妨碍集中庭审的程序问题的功能

庭前会议解决的程序问题主要包括管辖权异议问题、回避问题、排除非法证据的问题、证据的展示问题、关于新证据的收集和调取问题。这些程序问题在庭前会议中得到解决,可以消除导致庭审中断和拖延的障碍,保障庭审集中进行。

(二)庭前会议具有整理证据材料和调解刑事附带民事纠纷的功能

第一,庭前会议对刑事实体问题具有整理功能,但不解决刑事实体问题。在庭前会议中,控辩双方在审判人员的主持下,就起诉书指控的罪名和事实举证、质证,对庭前会议中无争议的证据,在庭审中可以简化举证和质证;对控辩双方有争议的证据,审判人员进行整理,归纳争议焦点,如此可在庭审中集中对争议的重点、焦点问题进行审理。庭前会议不能解决控辩双方的争议,但是,控辩双方可以提出各自的观点,审判人员将控辩双方意见一致的证据记录在案,对没有达成实质性一致意见的争议问题进行归纳整理,在庭审中围绕重点、焦点问题进行举证、质证、辩论。

庭前会议是庭审程序的准备程序,其重点在于保障庭审的集中进行,不应在庭前会议中解决刑事实体问题,可靠的刑事诉讼结果只能产生于有公正的庭审程序保障的充分质证、辩论基础上，一切刑事实体问题只能在公正的庭审程序中解决，庭前会议不能解决实体问题。

第二，在司法实践中，人民法院在庭审前对刑事附带民事诉讼进行调解的做法存在已久，实践证明在庭审之前对刑事附带民事进行调解有利于缓和当事人之间的矛盾，缓解被害人经济困难，了解被告人认罪悔罪的态度。2012 年修正的《刑事诉讼法》增加了刑事附带民事诉讼可以调解的规定。《解释》吸收实践经验，第 228 条将开展民事调解规定为庭前会议的一项重要内容。

庭前会议对民事纠纷进行调解仍要遵循自愿、合法的原则，法院对附带民事纠纷的调解是否产生结果，要看双方当事人是否自愿就赔偿数额达成一致意见。调解不是审判，没有强制力。在庭前会议中，经审判人员调解刑事被告人与被害人就赔偿问题达成调解协议，只要当事人没有证据证明调解协议违反自愿和合法原则，法院一般不允许当事人反悔，会在裁定中确认调解协议的法律效力。此时，法院在庭前会议中对刑事附带民事纠纷的调解就变成了解决民事纠纷的方式。如果在庭前会议中，审判人员的居中调解不能使双方当事人达成和解协议，或者虽然达成和解协议但被证明违反自愿原则而归于无效，则庭前会议的调解不能解决刑事附带民事问题，只能在刑事附带民事诉讼程序中以裁判的方式解决附带民事问题。法院能否在庭前会议中以调解方式解决刑事附带民事纠纷，关键要看能否使当事人达成合法有效的调解协议。

四　庭前会议的法律效力

2021 年 1 月 26 日公布的自 2021 年 3 月 1 日实施的《解释》增加了第 233 条规定："对召开庭前会议的案件，可以在开庭时告知庭前会议情况。对庭前会议中达成一致意见的事项，法庭在向控辩双方核实后，可以当庭予以确认；未达成一致意见的事项，法庭可以归纳控辩双方争议焦点，听取控辩双方意见，依法作出处理。控辩双方在庭前会议中就有关事项达成一致意见，在庭审中反悔的，除有正当理由外，法庭一般不再进行处理。"《解释》的该条规定确认了庭前会议的法律效力。在这里，我们有必要对庭前会议的效力进行说明，根据《解释》的规定，庭前会议对程序问题具有约束力，而对控辩双方展示的证据应当没有法律效力。

根据"程序性裁判优先原则"，法院在庭审程序中对被告人刑事责任问题的审理和裁判必须以程序性裁判结论为法律前提。只有在庭前会议中解决程序问题才能保证庭审集中解决实体性内容。程序问题不同于对被告人定罪量刑的实体问题，在庭前会议中，法官组织控辩双方充分地沟通、交涉，先行解决程序问题，避免庭审程序的中断和拖延，保障集中庭审，庭前会议解决程序问题具有理论上的正当性和实践上的必要性。根据《解释》第233条的规定，庭前会议处理程序问题的法律效力来源于两种情形：一是审判庭对庭前会议中控辩双方达成一致意见事项的确认；二是审判庭对控辩双方争议事项作出的裁定。审判庭一旦对争议的程序事项作出裁定，一般情况下即产生法律效力，对于可能导致庭审中断的程序性事项，人民法院应当依法作出处理，在开庭审理前告知处理决定，并说明理由。控辩双方没有新的理由，在庭审中再次提出申请或者异议的，法庭应当依法予以驳回。据此，如果当事人对一审法院就程序事项的裁定有异议，也只能在二审程序中申请解决。

庭前会议对控辩双方展示的证据没有效力。在庭前会议中对控辩双方展示的证据，只要控辩双方意见一致，在庭审时可以简化举证、质证，有人据此认为庭前会议对控辩双方意见一致的证据具有一定效力，这是一种误解。据以定罪量刑的全部证据材料只能通过庭审程序的举证、质证，才能确定其效力，庭前会议作为庭审程序前的准备程序，只是对定罪量刑的全部证据材料进行整理，为庭审集中进行做好准备，对控辩双方意见一致的证据材料在庭审中简化处理，对控辩双方有争议的证据进行梳理，归纳争议焦点，在庭审中重点进行审理。

五　庭前会议的辩护活动

庭前会议丰富了辩护人的辩护内容，根据我国《刑事诉讼法》《解释》《规程》和相关的法律规定，辩护人可以在庭前会议中进行如下辩护活动。

（一）进行证据展示，就全部在案证据发表质证意见

根据《规程》第 19 条的规定，召开庭前会议前，人民检察院应当将全部证据材料移送人民法院。被告人及其辩护人也应当将证明被告人无罪或者不负刑事责任的全部证据材料提交人民法院。人民法院收到控辩双方移送或者提交的证据材料后，应当通知对方查阅、摘抄、复制。根据《解释》第 229 条、《规程》第 20 条的规定，对于控辩双方决定在庭审中出示的证据，人民法院可以组织展示有关证据，询问并听取控辩双方对在案证据的意见，梳理存在争议的证据。无论是人民检察院移送的全部证据材料，还是被告人及其辩护人提交的新的证据材料，人民法院都应当组织进行展示。

1. 展示证据的范围

只要是在法庭中出示，用于证明案件事实的证据都应当在庭前会议中展示，这些证据既包括人民检察院移送到法院的全部证据，也包括被告人及其辩护人提交到人民法院的证据。在司法实践中，如果被告人及其辩护人在庭前会议前申请排除非法证据，并依法提供了相关线索或者证据材料，人民检察院就需要证明证据收集的合法性、具有证据资格，就应当向法院提交证明证据具有证据资格的证据，即旁系证据，并进行展示。

2. 辩护人发表对展示证据的意见

人民法院组织控辩双方展示证据，就是要控辩双方发表对双方移送或者提交的全部证据的意见，控辩双方对展示证据达成一致意见自不必言，如对对方的证据有意见，应当围绕证据的"三性"，即合法性、真实性和关联性发表意见。作为辩护人，应当注意对证据相关意见的细分要素，不能泛泛而谈。比如，辩护人对证据的合法性提出异议意见，应当指出证据不合法的细分要素，诸如被告人供述系刑讯逼供形成、侦查人员无搜查证进行搜查、没有鉴定资格的人员作出的鉴定意见。辩护人为了充分发表对在案全部证据的质证意见，在庭前会议前对在案全部证据进行深入研究是非常必要的。

3. 辩护人要重视公诉人对证据发表的意见

在庭前会议中，审判人员并不确认展示证据的效力，无论控辩双方对

展示证据是否达成一致意见，展示的全部证据的效力都得在正式庭审程序中得到确认。在庭前会议中，辩护人对公诉人展示的证据提出意见，公诉人发表应对意见，对被告人或者辩护人提交的证据，公诉人有时也会发表异议意见。对公诉人发表的意见，辩护人应当给予重视，认真记录，深入思考，只有这样才能在庭审程序中有针对性地发表辩护意见。

（二）就被告人认罪认罚的问题提出辩护意见

关于被告人认罪认罚的问题，辩护人在庭前会议中的工作主要有四项，即对被告人在侦查和审查起诉阶段的认罪认罚提出异议、对检察院起诉的罪名提出异议、对检察院提出的量刑建议提出意见、对被告人认罪认罚提出建议。律师在侦查阶段接受犯罪嫌疑人或者其近亲属的刑事辩护委托的，应当及时会见犯罪嫌疑人，应当向其了解涉嫌的罪名和案件事实。在审查起诉阶段接受委托的，应当及时到人民检察院复制案卷材料，对全部案卷证据材料进行认真审查研究。对于犯罪嫌疑人（被告人）在侦查阶段或审查起诉阶段已经认罪认罚的情形，辩护律师要精研细判，如果犯罪嫌疑人（被告人）有不构成犯罪或不应当按犯罪处理的情形，辩护人在征得犯罪嫌疑人（被告人）同意的情况下，可以在庭前会议中向法院提出认罪认罚错误应当按无罪处理的意见。当然，对犯罪嫌疑人（被告人）确有犯罪事实可能判处刑罚的案件，辩护人应当向其解释认罪认罚的法律规定，向犯罪嫌疑人（被告人）提出认罪认罚的建议。

根据《解释》第352条的规定，对认罪认罚案件，人民检察院起诉指控的事实清楚，但指控的罪名与人民法院审理认定的罪名不一致的，人民法院应当听取人民检察院、被告人和辩护人对审理认定罪名的意见，依法作出判决。关于在庭前会议中，辩方能否对检察院指控的罪名提出异议，笔者认为被告人和辩护人均有权提出。根据《规程》第19条的规定，被告人和辩护人有权向人民法院申请调取公安机关、人民检察院在侦查、审查起诉期间收集但未随案移送的证明被告人无罪或者罪轻的证据材料，并有权查阅、摘抄、复制，在庭前会议中都可以展示相关证据材料并发表质证意见，辩护人当然可以发表存在相关证据证明被告人无罪的意见。

对于认罪认罚案件，人民检察院在起诉时会提出量刑建议。辩护人应当根据在案证据材料对人民检察院的量刑建议进行研究分析,如果建议的量刑偏重,辩护人在庭前会议展示证据的过程中可以就被告人罪轻、量刑建议不当发表质证意见,辩护人完全可以在庭前会议中根据在案全部证据证明的事实就量刑建议发表意见。

律师在审判阶段接受犯罪嫌疑人(被告人)或其近亲属委托进行辩护的,应当及时向犯罪嫌疑人(被告人)了解案情,认真研究全部在案证据材料,尽可能地收集犯罪嫌疑人(被告人)无罪、罪轻的证据材料,就是否认罪认罚征求犯罪嫌疑人(被告人)的意见,对犯罪事实清楚,证据确凿、充分的案件,向犯罪嫌疑人(被告人)提出认罪认罚的建议。

(三) 申请管辖权异议

辩护人需要写一份管辖权异议申请书,列明申请人的身份情况,提出管辖权异议的具体请求,并写明异议请求所根据的具体事实和理由,主要包括:第一,犯罪地点处于哪个地域、实际管辖地区;第二,犯罪嫌疑人或者被告人的居住地在什么地方。《刑事诉讼法》第25条规定,刑事案件由犯罪地的人民法院管辖。如果由被告人居住地的人民法院审判更为适宜的,可以由被告人居住地的人民法院管辖。《解释》第2条规定,犯罪地包括犯罪行为地和犯罪结果地。《解释》第3条规定,被告人的户籍地为其居住地。经常居住地与户籍地不一致的,经常居住地为其居住地。

(四) 申请非法证据排除

有许多律师作为刑事被告人的辩护人不重视庭前会议的辩护价值,这是一种错误的认识。根据《解释》第232条、《规程》第23条之规定,人民法院在庭前会议听取控辩双方对案件事实、证据材料的意见后,对明显事实不清、证据不足的案件,可以建议人民检察院补充材料或者撤回起诉。建议撤回起诉的案件,人民检察院不同意的,开庭审理后,没有新的事实和理由的,一般不准许撤回起诉。也就是说,辩护人在庭前会议前应当对案件的证据材料精分细研,在庭前会议中对在案的证据材料充分发表意见,只要在案证据不足,或者证据不能清楚证明案件事实,人民法院即可建议人民检察院补充材料或者撤回起诉，这能够达到非常好的辩护效果。在庭前会议中向人民法院提出非法证据排除的申请，并提供线索和材料，经查证属实的，对辩护成功非常重要。

非法证据排除规则最早产生于美国，是指在刑事诉讼中，以非法手段取得的证据，不得被采纳为认定被告人有罪的根据。根据我国《刑事诉讼法》第56条第1款的规定，非法手段取得的证据有两类：一是采用非法方法收集的犯罪嫌疑人、被告人供述和采用暴力、威胁等非法方法收集的证人证言、被害人陈述等言词证据；二是收集物证、书证不符合法定程序，可能严重影响司法公正的，应当予以补正或者作出合理解释，而不能补正或者作出合理解释的书证、物证。《解释》第123~125条较为详细地规定了应当排除的非法言词证据；第126条规定了应当排除的非法书证、物证。

非法证据之所以要排除，是基于两个方面的原因：一是非法证据是通过非法方法获得的，极有可能是不真实的，严重影响案件的实体公正，导致冤假错案的发生，因此必须排除；二是非法证据是通过非法手段获得的，这种非法手段会侵犯犯罪嫌疑人、被告人、证人、被害人的人权，为保障人权、维护司法的纯洁，惩治利用公权侵害人权的违法犯罪，非法证据必须排除。根据《规程》第15条、《最高人民法院、最高人民检察院、公安部、国家安全部、司法部〈办理刑事案件排除非法证据规程〉》（以下简称《排除非法证据规程》）第8条，犯罪嫌疑人、被告人及其辩护人申请排除非法证据的，应当提供相关线索或者材料。《排除非法证据规程》第10条规定，被告人及其辩护人申请排除非法证据，应当在开庭审理前提出，但在庭审期间发现相关线索或者材料等情形除外。《排除非法证据规程》第11条规定，被告人及其辩护人申请排除非法证据，且提供相关线索或者材料的，人民法院应当召开庭前会议，并在召开庭前会议三日前将申请书和相关线索或者材料的复制件送交人民检察院。被告人及其辩护人申请排除非法证据，未提供相关线索或者材料的，人民法院应当告知其补充提交。辩护人或者被告人依照规定提供相关线索或者材料的，人民法院在庭前会议中按照《规程》第14条规定的步骤进行审查。人民检察院应当在庭前会议中通过展示证据的方式，有针对性地对收集证据的合法性作出说明。人民法院可以对有关证据材料进行核实；经控辩双方申请，可以有针对性地播放讯问、询问录音录像。

辩护人申请非法证据排除,重点在于向人民法院提供非法方法收集言词证据和违反法定程序收集书证、物证的线索和材料。"线索"是指内容具体、指向明确的涉嫌非法取证的人员、时间、地点、方式等,比如侦查员没有搜查证进行的搜查,在搜查需要有见证人在场的情况下却没有见证人。辩护人为了能够在庭前会议中实现非法证据排除的辩护目的,应当提前会见犯罪嫌疑人(被告人),向其详细询问侦查人员在讯问等侦查过程中有没有刑讯逼供、威胁、引诱、变相肉刑等非法收集证据的情形,并如实记录涉嫌非法取证的有关线索。"材料"是指能够反映非法取证的伤情照片、体检记录、医院病历、讯问笔录、讯问同步录音录像、同监室人员的证言等证据。

证据搜集合法性的举证责任由人民检察院承担。对人民检察院移交人民法院证明证据合法的旁系证据,辩护人在得到法院通知查阅、摘抄、复制的情况下,应当及时取得相关证据。在庭前会议中,辩护人应当根据《排除非法证据规程》第14~16条的规定,说明申请排除哪些证据并说明理由,对自己提交的证据材料进行充分展示和说明,对人民检察院移交的证据材料充分发表质证意见。

(五) 申请不公开审理

有些案件事实涉及被告人或者被害人个人隐私和商业秘密,根据《刑事诉讼法》第188条的规定,辩护人可以向法院申请不公开审理。律师申请不公开审理应当以书面方式提出,写明申请事项及事实理由。

(六) 申请提供新的证据材料

庭前会议是庭审前的准备程序,目的是保障庭审的集中进行,提高审判效率。控辩双方凡是准备在庭审中出示的证据都应当在庭前会议中展示,这样可以防止辩方在庭审中的"证据突袭",维持控辩双方对等。根据《规程》第19条之规定,召开庭前会议前,人民检察院应当将全部证据材料移送人民法院。被告人及其辩护人也应当将收集的有关被告人不在犯罪现场、未达到刑事责任年龄、属于依法不负刑事责任的精神病人等证明被告人无罪或者依法不负刑事责任的全部证据材料提交人民法院。人民法院收到控辩双方移送或者提交的证据材料后，应当通知对方查阅、摘抄、复制。

根据《解释》第 228 条、《规程》第 11 条的规定，主持庭前会议的审判人员可以向控辩双方了解是否提供新的证据材料，并听取意见。辩护人应当根据审判人员的要求将收集的关于被告人罪轻、无罪的证据材料提交法院，向公诉人展示相关证据材料。可以说，辩护人在庭前会议中向法院提交收集到的新的证据材料是对公诉人负有的义务，召开庭前会议前，控方已经向法院移送了全部案卷证据材料，辩护人能够掌握控方的全部证据材料，如果允许辩护人不提前将收集的新的证据材料提交法院提供给公诉人，则会破坏控辩双方对等的原则，在庭审中突然出示新的证据属于"证据突袭"行为，也会导致庭审中断，不利于庭审的集中审理，辩护人应当将收集到的新的证据材料在庭前会议中向控方展示。

至于证明被告人有罪、罪重的证据材料，除了涉及国家安全和公共安全的情形外，辩护人向被告人负有保密义务，以不提交有关证据材料为原则。

（七）申请重新鉴定或者勘验

1. 提出重新鉴定的申请

《规程》第 16、17 条规定，控辩双方申请重新鉴定或者勘验，应当说明理由。人民法院经审查认为理由成立，有关证据材料可能影响定罪量刑且不能补正的，应当允许。刑事诉讼中的鉴定意见是指国家专门机关就案件中的专门问题，指派或聘请具有专门知识的人进行鉴定后作出的判断性意见。鉴定主要有以下几种：一是法医类鉴定，包括法医病理鉴定、法医临床鉴定、法医精神病鉴定、法医物证鉴定和法医毒物鉴定；二是物证鉴定，包括文书鉴定、痕迹鉴定和微量鉴定；三是声像资料鉴定，包括对录音带、录像带、磁盘、光盘、图片等载体上记录的声音、图像信息的真实性、完整性及对其所反映的情况过程进行鉴定，对这些载体上记录的声音、图像中的语言、人体、物体作出种类或者同一性认定。

作为刑事诉讼中种类证据中的一种，鉴定意见只能对案件中的专门性问题作出结论，但不能对案件中的法律问题和案件事实作出结论。鉴定意见只是普通证据的一种，没有高于其他证据的效力，司法机关对鉴定意见能否采信，需要综合全案证据予以考量。但是，由于司法人员、被告人及其辩护人、被害人及其代理人很难具备鉴定问题的专业知识，在许多刑事案件中，鉴定意见往往成为定罪量刑中无法否认的证据。在庭前会议中，辩护人要申请重新鉴定，就需要在庭前会议之前熟悉有关的专业知识，对鉴定意见进行专业的审查，如有必要，辩护人可以向专业人员寻求帮助，只有在具备专业知识经验的情况下才能发现鉴定意见的错误，才能正确地提出重新鉴定的申请。

根据我国《刑事诉讼法》第 148 条之规定，侦查机关应当将用作证据的鉴定意见告知犯罪嫌疑人、被害人。如果犯罪嫌疑人、被害人提出申请，可以补充鉴定或者重新鉴定。在庭审中，鉴定意见应当当庭宣读，鉴定人一般应当出庭，对鉴定过程和内容、结论作出说明，接受质证。但是，犯罪嫌疑人通常缺乏专业知识，往往很难对侦查机关用作证据的鉴定意见提出有价值的意见。这就需要辩护人学习专业知识或积极寻求具有专门知识的专业人员帮助，全面正确认识鉴定意见，对鉴定意见错误或存在重大瑕疵的，依法在庭前会议中提出重新鉴定申请。《解释》第 98 条规定："鉴定意见具有下列情形之一的，不得作为定案依据：（一）鉴定机构不具备法定资质，或者鉴定事项超出该鉴定机构业务范围、技术条件的；（二）鉴定人不具备法定资质，不具有相关专业技术或者职称，或者违反回避规定的；（三）送检材料、样本来源不明，或者因污染不具备鉴定条件的；（四）鉴定对象与送检材料、样本不一致的；（五）鉴定程序违反规定的；（六）鉴定过程和方法不符合相关专业的规范要求的；（七）鉴定文书缺少签名、盖章的；（八）鉴定意见与案件事实没有关联的；（九）违反有关规定的其他情形。"辩护人对鉴定意见应当进行全面仔细的审查，一旦发现其存在《解释》第 98 条规定的情形之一，就应当在庭前会议中及时提出重新鉴定的申请。

由于辩护律师有时很难具备鉴定问题的专业知识，没有能力对鉴定意见提出有针对性的质证意见，这里有一个问题需要探讨，即辩护人能否申请具有专门知识的人出席庭前会议。根据《解释》第 228 条的规定，辩护人有权申请鉴定人和有专门知识的人出庭，但能否申请鉴定人和有专门知识的人参加庭前会议则没有法律规定。笔者认为，设立庭前会议制度的宗旨就是保障庭审集中进行，允许鉴定人和有专门知识的人参加庭前会议，有利于审判人员在庭审前认识到鉴定意见可能存在的问题，及控辩双方存在的争议焦点，能够更好地在庭审中对鉴定意见进行有的放矢的审理，保障庭审集中进行，有利于查明案件事实。辩护人在欠缺鉴定问题专业知识的情形下，应当根据庭前会议中辩护的需要向法院申请鉴定人和具有专门知识的人出席庭前会议，有专门知识的人可以就鉴定意见中存在的问题向鉴定人发问，并发表专业质证意见。

律师作为辩护人，既可以根据自己学习掌握的关于鉴定意见的专业知识在庭前会议中进行质证，并提出重新鉴定的申请，也可以根据专业人员发表的质证意见提出重新鉴定的申请。

2. 申请重新勘验

根据《解释》第228条第1款的规定，辩护人可以在庭前会议中申请重新鉴定或者勘验。勘验笔录与鉴定意见是两种性质不同的证据。在实践中，勘验和检查经常是公安司法人员同时进行的侦察活动，笔者认为应当对《解释》第228条规定的"勘验"作扩大解释，其应当包括"检查"。勘验、检查笔录是指公安司法人员对与犯罪有关的场所、物品、人身、尸体进行勘查、检查时，就所观察、测量的情况所作的实况记载。对与犯罪有关的场所、物品、尸体所作的观察、测量等形成的笔录是勘验笔录，包括现场勘验笔录、尸体检查笔录、物证检查笔录和侦查实验笔录。对活体的人身进行检查形成的笔录是检查笔录。勘验、检查笔录的记载方式主要有文字记录、现场绘图、现场拍照、摄像、制作模型等。

制作勘验、检查笔录的目的是固定和保全证据，且只能由刑事诉讼中的侦查人员、检察人员或者审判人员制作。辩护人在复制案卷材料的过程中，在对案卷材料进行审查时，应当根据案件性质注意勘验、检查笔录是否在案，是否缜密翔实，是否全面反映证据原貌。辩护人除了熟练掌握法律知识外，还应当做一名优秀的侦查员，要对勘验、检查笔录中可能存在的问题明察秋毫，发现勘验、检查笔录与案件现场、物品、尸体实际情况的偏差，对被告人有不利影响的，应当在庭前会议中申请重新勘验、检查。

（八）申请调取在侦查、审查起诉期间公安机关、人民检察院收集但未随案移送的证明被告人无罪或者罪轻的证据材料

辩护人发现公安机关、人民检察院在侦查、审查起诉期间收集到但未随案移送的证明被告人无罪或者罪轻的证据材料，是一个比较困难的事情。律师作为一名辩护人，除了拥有渊博深厚的法律知识，还应当在实践中积累丰富的经验，辩护律师会见犯罪嫌疑人，除了应当就常规的犯罪嫌疑人（被告人）无罪、罪轻的事项进行询问，比如不在犯罪现场、没有犯罪时间、投案自首、重大立功、被害人有重大过错、被胁从犯罪等，还应当根据案卷证据材料中的线索，凭借办案经验判断有无公安机关和人民检察院未随案移送的证据材料，并向犯罪嫌疑人了解情况。律师在公安机关、人民检察院侦查期间担任辩护人的，应当向公安机关或者人民检察院提出犯罪嫌疑人罪轻、无罪的辩护意见。在审查起诉阶段或者审判阶段，辩护律师查阅、复制了全部案卷材料后，可以据此判断人民检察院是否存在没有向法院移送的证据材料的情况。在庭前会议中，辩护律师可以向公诉人询问是否收集自己反映的证明被告人罪轻、无罪的证据，发现公安机关或者人民检察院没有向人民法院移送在侦查或者审查起诉期间收集的证明被告人无罪或者罪轻的证据材料的，辩护律师应当书面向人民法院申请调取这些证据材料，并向人民法院提供相关线索或者材料。

（九）申请向证人或有关单位、个人收集、调取证据材料

侦查机关在刑事立案后，应当就犯罪嫌疑人有罪无罪、罪轻罪重全面收集证据材料，但是，侦查人员有时存在有罪推定心理，侧重于收集犯罪嫌疑人有罪、罪重的证据材料，忽视了犯罪嫌疑人无罪、罪轻的证据材料。辩护律师应当向犯罪嫌疑人和有关人员全面了解案情，尽可能发现犯罪嫌疑人罪轻、无罪的证据材料和线索。《规程》第17条第2款规定，被告人及其辩护人申请向证人或有关单位、个人收集、调取证据材料，应当说明理由。人民法院经审查认为有关证据材料可能影响定罪量刑的，应当准许；认为有关证据材料与案件无关或者明显重复、没有必要的，可以不予允许。

在有的刑事案件中，向证人或者有关单位、个人收集、调取证据材料非常重要。为了能够全面收集犯罪嫌疑人无罪、罪轻的证据材料，辩护律师应做到以下几点。第一，律师在会见犯罪嫌疑人时，除了认真听取犯罪嫌疑人的陈述，还应当根据案情主动向其询问可能存在的对其有利的证据材料，帮助其仔细回忆过往情景，找到与书证、物证、电子资料、证人证言相关的地点、介质、人员等。第二，律师从案卷证据材料中推敲、寻找犯罪嫌疑人无罪、罪轻的线索。公安司法人员通常具有较高的侦察水平，但是，其也有可能遗漏案件的重要证据材料。律师从现有案卷证据材料中发现新证据材料的线索，既可自己依法收集相应证据材料，亦可在庭前会议中向法院申请收集、调取相关证据。鉴于律师伪证罪像悬在律师头顶的达摩克利斯之剑，对证人证言这样的主观性证据，律师应尽量申请公安司法人员去收集，律师在收集证据方面处于天然的弱势地位。如果律师自己收集证人证言，应当做好全程录音录像，严格依照法定程序收集证人证言证据。第三，律师根据办案经验推断可能存在的犯罪嫌疑人无罪、罪轻的证据材料，并对可能存在书证、物证的地点、单位，以及可能知情的人员进行调查。在庭前会议中，辩护律师申请法院向证人或有关单位、个人收集、调取证据材料，是庭前会议中辩护的重要内容。

（十）申请证人、鉴定人、侦查人员、有专门知识的人出庭，提出对出庭人员名单的异议

根据《解释》第 228 条、《规程》第 18 条之规定，辩护人在庭前会议中申请证人、鉴定人、侦查人员、有专门知识的人出庭是一项重要的辩护工作。在有些类型的刑事案件中，被告人及其辩护人申请证人、鉴定人、侦查人员、有专门知识的人出庭非常有必要。律师在庭前会议之前接受委托为犯罪嫌疑人（被告人）辩护，应当及时到人民检察院或人民法院查阅、复制案卷材料，认真仔细地对全部案卷证据材料进行研究分析，并做好以下工作。

1. 申请证人出庭

证人证言是一种主观性证据，受证人主观因素影响容易含有虚假成分。证人的虚假陈述包括证人无意形成的错证和证人故意提供的伪证。有

的证人与被害人存在亲属或友情关系，故意提供对犯罪嫌疑人（被告人）不利的证言；有的证人心存顾虑，不敢或不愿如实陈述；有的证人与犯罪嫌疑人（被告人）可能存在仇怨，陷害犯罪嫌疑人（被告人），虚构或夸大事实；有的证人可能被贿买而作伪证；有的证人受到感知、记忆、表达能力或者主观认识的影响，即使想着如实陈述，也可能提供错误的证言。鉴于证人证言的主观性特征，辩护律师在审查证人证言时应当着重审查以下内容：①证人证言是不是证人直接听到、看到的，是否为证人直接感知；②证人作证时是否处于正常精神状态，作证时的年龄是否属于限制或无行为能力，认知、记忆和表达能力是否适合作证；③证人与案件当事人、处理结果有无利害关系；④公安司法人员询问证人是否分别单独进行；⑤制作、询问笔录是否符合法律和有关规定，是否在笔录中载明询问的起止时间、地点，首次询问是否告知证人关于作证的权利义务和法律责任，询问证人结束时是否让证人核对确认；⑥询问未成年证人时是否通知其法定代理人或其他监护人到场，其法定代理人或其他监护人是否到场；⑦公安司法侦查人员有无以暴力、威胁等非法方法取得证人证言；⑧证人证言之间、证人证言与其他证据之间是否能相互印证，是否存在矛盾。辩护律师对证人证言进行审查后，发现其存在的问题，应当在庭前会议中向法院申请证人出庭，并向法院说明理由。

2. 申请鉴定人和具有专门知识的人出庭

辩护律师在取得了案卷材料后，在审查鉴定意见时，发现存在瑕疵或者无效的情形，应当申请鉴定人出庭。辩护律师为了解决欠缺专业知识的难题，可以聘请专业人员出庭，辅助完成对鉴定意见和专门性问题的质证。我国《刑事诉讼法》第148条规定，侦查机关应当将用作证据的鉴定意见告知犯罪嫌疑人、被害人。如果犯罪嫌疑人、被害人提出申请，可以补充鉴定或者重新鉴定。在庭审中，鉴定意见应当当庭宣读，鉴定人一般应当出庭，对鉴定过程、内容和结论作出说明，接受质证。由于犯罪嫌疑人通常没有关于鉴定的专业知识和经验，辩护律师接受委托当然可以代为申请鉴定人和具有专门知识的人出庭，辅助完成对鉴定意见的质证。在庭前会议中，辩护律师申请鉴定人和具有专门知识的人出庭，在某些类型的案件中是一项关键性工作，对辩护成功非常重要。

辩护律师应当在庭前会议之前写好鉴定人和具有专门知识的人出庭申请书，写明请求事项和事实理由。

3. 申请侦查人员出庭

刑事案件存在应当排除非法证据情形的，为了查明非法收集、严重违反程序收集证据的情形，辩护律师除了向法院申请调取讯问、询问和取证的同步录音录像外，还应当申请侦查人员出庭。根据我国《刑事诉讼法》第52、56条以及《解释》第123~126条的规定，应当排除的非法证据包括通过刑讯逼供等非法方法取得的言词证据和不符合程序收集的书证、物证。辩护律师复制取得案卷证据材料后，应当及时对这些证据进行审查，发现非法证据排除的线索，应当向人民检察院、人民法院申请排除非法证据。在庭前会议中，律师发现非法证据排除的线索，应当向人民法院申请侦查人员出庭，对收集证据的正当性、合法性进行质证。

当辩护律师发现人民检察院提交法院的勘验、检查、辨认、侦察实验笔录存在偏差、与事实不符、遗漏重要内容，取证程序违法，能否申请有关侦查人员出庭？笔者认为，只要相关证据对证明案件事实重要，对定罪量刑依据的事实起到证明作用，该证据就应当接受质证，查证属实。只要勘验、检查、辨认、侦察实验等笔录是案件的重要证据，并存在瑕疵或无效的可能，辩护律师即应当申请相关侦查人员出庭接受询问、质证。

总之，根据《规程》第18条的规定，在庭前会议中，辩护人为查明案件事实的需要，应当及时向法院申请证人、鉴定人、侦查人员、有专门知识的人出庭。如果公诉人在庭前会议中出示的出庭人员名单缺少辩护所需人员，或者辩护人认为有关人员对于查明案件事实非常重要，需要在庭审中向其发问有关问题，辩护人应当对出庭人员名单提出异议，要求有关人员出庭，并向法院说明理由。

（十一）申请司法人员及其他有关人员回避

根据《解释》第228条、《规程》第13条的规定，辩护人在庭前会议中申请司法人员及其他有关人员回避是一项重要的辩护内容。刑事诉讼中的回避，是指与案件有利害关系或者其他特殊关系的审判人员、检察人员和侦查人员等不得参与该案诉讼活动。回避制度是为了确保司法公正而确立的制度。

根据我国《刑事诉讼法》第 29 条和第 32 条的规定，适用回避的人员包括审判人员、检察人员、侦查人员、书记员、翻译人员和鉴定人。根据《解释》第 37 条的规定，审判人员包括人民法院院长、副院长、审判委员会委员、庭长、副庭长、审判员和人民陪审员。这里检察人员的范围包括人民检察院检察长、副检察长、检察委员会委员、检察员。侦查人员包括直接侦查本案的侦查人员（包括预审人员）、机关负责人和侦查部门负责人。书记员包括在起诉阶段和审判阶段中承担记录工作的书记员。翻译人员包括在侦查、审查起诉和审判三个阶段中受聘或者指派承担翻译工作的人员。鉴定人包括在任何诉讼阶段受聘或者指派承担鉴定工作的人员。

记录人和司法警察也属于应当回避的人员。记录人在刑事侦查过程中承担询问笔录、讯问笔录等侦查笔录的记录工作，记录人也适用回避制度。司法警察不是刑事诉讼的主体，是执行搜查、拘传、押解、警戒、强制执行以及维护法庭秩序的人员。但是，《人民检察院刑事诉讼规则》第 37 条规定，司法警察也适用回避制度。

在庭前会议中，辩护人对于上述适用回避制度的人员认为有需要回避的事由，应当及时向法院提出回避申请。辩护人提出回避申请应当制作回避申请书，明确提出某某司法人员或者其他人员回避的请求，并写明回避事由。我国《刑事诉讼法》第 29 条对审判人员、检察人员、侦查人员的回避理由作出了规定：①是本案的当事人或者是当事人的近亲属的；②本人或者他的近亲属和本案有利害关系的；③担任过本案证人、鉴定人、辩护人诉讼代理人的；④与本案当事人有其他关系，可能影响公正处理案件的。2011 年 4 月 11 日，最高人民法院通过了《关于审判人员在诉讼活动中执行回避制度若干问题的规定》，不但与当事人有近亲属关系的审判人员应当回避，与本案的诉讼代理人、辩护人有近亲属关系的也应当回避；审判人员未经批准私下会见一方当事人及其代理人、辩护人，为当事人推荐介绍代理人、辩护人，或者为律师、其他人员介绍案件，或者接受当事人及其委托的人的财物、宴请或者获取其他好处等，也应当回避。律师作为辩护人一旦了解到适用回避制度的人员有应当回避的理由，应当在庭前会议中向法院提出回避申请。

（十二）代理被告人积极参与附带民事和解，申请法院主持调解

根据《解释》第228条第2款、《规程》第3条的规定，人民法院在庭前会议中可以开展附带民事纠纷调解。在庭前会议中，审判人员主持对附带民事纠纷的调解，辩护律师代理刑事诉讼被告人参与附带民事活动的，应当尽力做好被告人及其近亲属与被害人及其法定代理人、近亲属的和解工作，取得被害人及其法定代理人、近亲属的谅解，促成法院主持的调解。这有利于充分展示被告人的认罪悔罪态度，争取法院对刑事被告人从宽处理。

根据我国《刑事诉讼法》第228条的规定，因民间纠纷引起，涉嫌刑法分则第四章、第五章规定的犯罪案件，可能判处三年有期徒刑以下刑罚的，除渎职犯罪以外的可能判处七年有期徒刑以下刑罚的过失犯罪案件，犯罪嫌疑人、被告人真诚悔罪，通过向被害人赔偿损失、赔礼道歉等方式获得被害人谅解，被害人自愿和解的，双方当事人可以和解。对于双方当事人和解的情况，公安机关、人民检察院、人民法院应当听取当事人和有关人员的意见，对和解的自愿性、合法性进行审查，主持制作和解协议书。和解协议是公安司法机关对犯罪嫌疑人、被告人从宽处理的依据。在和解程序之前，被害人及其法定代理人、近亲属已经提起附带民事诉讼的，双方当事人愿意和解的，人民法院可以主持调解。《解释》第595条规定，被害人或者其法定代理人、近亲属提起附带民事诉讼后，双方当事人愿意和解，但被告人不能即时履行全部赔偿义务的，人民法院应当制作附带民事调解书。

和解程序已经解决了对被害人的赔偿问题，而且当事人通过和解协议的赔偿范围不受附带民事诉讼的限制，因此被害人或者其法定代理人、近亲属没必要再提起附带民事诉讼。《解释》第594条规定，双方当事人选择和解程序后，除有证据证明和解协议违反自愿、合法原则的，被害人或者其法定代理人、近亲属不能再选择附带民事诉讼程序。

从上述法律规定我们可以看出，在侦查阶段、审查起诉阶段，犯罪嫌疑人（被告人）可以和被害人及其法定代理人、近亲属进行和解，只要不

违反自愿、合法原则，其和解即具有法律效力。在刑事审判阶段，刑事附带民事被告人（犯罪嫌疑人、刑事被告人）与附带民事原告人、法定代理人及其近亲属仍可以和解，并申请法院调解。犯罪嫌疑人（被告人）与被害人及其法定代理人、近亲属和解成功，或者在人民法院主持下调解成功，既是认罪悔罪的重要体现，也是从轻量刑的重要情节，还是律师辩护成功的重要支点。

在庭前会议中，辩护人作为刑事被告人附带民事的代理人，应当申请审判人员主持调解，尽力促成双方当事人和解，达成调解目的。为了促成刑事附带民事的和解、调解，笔者认为，律师作为刑事附带民事被告人的代理人应当注意以下问题。

第一，帮助附带民事双方当事人合理确定赔偿范围和赔偿数额，向犯罪嫌疑人（被告人）说明积极赔偿对量刑的作用。在刑事附带民事调解过程中，辩护人应当注意根据犯罪嫌疑人（被告人）给被害人造成的人身伤害和财产损失，结合犯罪嫌疑人（被告人）及其近亲属的经济负担能力，依法确定赔偿范围，合理确定赔偿数额。在刑事附带民事程序中，附带民事被告人（犯罪嫌疑人、刑事被告人）的心理通常是尽量少赔，而附带民事原告人（刑事被害人及其法定代理人、近亲属）的心理通常是尽量多要。对此情形，律师作为刑事附带民事被告人的代理人应当向双方当事人释明相关法律规定，合理确定赔偿范围和数额。《解释》第 192 条对刑事附带民事诉讼的赔偿范围作了规定。①犯罪行为造成人身伤害的，应当赔偿医疗费、护理费、交通费等为治疗和康复支出的合理费用，以及因误工减少的收入。造成被害人残疾的，还应当赔偿残疾生活辅助器具费等费用；造成被害人死亡的，还应当赔偿丧葬费等费用。②驾驶机动车致人伤亡或者造成公私财产重大损失，构成犯罪的，依照《道路交通安全法》第 76 条的规定确定赔偿责任。③附带民事诉讼当事人就民事赔偿问题达成调解、和解协议的，赔偿范围、数额不受上述规定的限制。根据《解释》第 200 条的规定，被告人或者其法定代理人、近亲属在刑事诉讼中未提起附带民事诉讼，另行提起民事诉讼的，人民法院可以进行调解，法定的赔偿范围与《解释》第 192 条的规定相同。律师作为辩护人，同时担当附带民事被告人的代理人，应当向双方当事人释明有关法律规定，降低附带民原告人及其法定代理人、近亲属过高的心理期望值，同时也劝告附带民事被告人认识到自己的犯罪行为给被害人造成的身心伤害和财产损失，根据自己的经济能力积极向附带民事原告人及其法定代理人、近亲属进行赔偿。合理确定附带民事赔偿范围和数额是附带民事双方当事人和解、调解成功的重要基础。

第二，辩护人应当努力对被害人及其法定代理人、其他近亲属进行劝慰，缓解被害人一方对被告人的愤恨情绪。刑事被害人及其法定代理人、其他近亲属受到犯罪嫌疑人或者刑事被告人的侵犯，身心和财产遭受巨大损害，其愤怒心理可想而知。律师作为刑事辩护人，即使需要向审判人员讲清被害人一方亦存有过错，也应当先向被害人一方表达应有的善意，努力平复受害一方愤怒的情绪，对被害人及其法定代理人、近亲属进行抚慰，不能使矛盾进一步激化。

在庭前会议中，辩护律师积极促成刑事附带民事双方当事人达成和解，申请人民法院主持调解，并协助法院调解成功，这不仅是律师尽职完成刑事附带民事代理工作，也是人民法院对刑事被告人从轻量刑的重要事实依据，辩护律师应当重视在庭前会议中的刑事附带民事代理工作。

综上所述，根据我国《刑事诉讼法》《解释》《规程》和相关法律的规定，律师应当重视并做好在庭前会议中的辩护工作，为辩护成功做好准备、打下坚实的基础。

结　语

为保障刑事庭审的集中进行，落实庭审实质化，《解释》和《规程》根据我国《刑事诉讼法》第187条第2项规定了庭前会议制度。该制度不仅解决了刑事诉讼中的程序问题，也对定罪量刑的实体问题具有重大影响，辩护律师应当重视在庭前会议中的辩护工作。笔者对庭前会议的基础理论作了阐述，将庭前会议中的辩护项目逐一列举，并结合相关法律条款进行了阐释、论述。受水平所限，本文不足甚或错误之处或许难免，敬请各位学者、律师不吝指正。

中 篇

庭审辩护技能

05 庭审发问的基本方法

庭审发问是法庭调查的主要环节之一，也是辩护律师展示自己水平的重要机会，不管被告人是否认罪，辩护人均不能回避发问。被告人不认罪的，说明侦查机关提供的证据和事实存在重大疑问，需要辩护人通过发问解开这些疑问。在被告人认罪的情况下，也需要通过发问查清被告人有哪些罪轻情节。实践中，不少律师已与被告人达成让其认罪的共识，因此不再在庭审中发问，希望通过不发问表明对公诉人提交的证据没有异议，这显然忽视了庭审发问的重要意义，该做法值得商榷。因此，有律师指出："律师在庭审中的正确发问是开展有效辩护的重要铺垫，这是律师施展辩护技能的重要一环。"[①] 还有律师指出："庭审发问可能影响一次法庭辩护的成功与否，也可能成为一场精彩辩护的画龙点睛之笔，更重要的是，律师在庭审中的发问，能为下一环节的法庭辩论埋下伏笔、奠定基础，从而前后呼应，产生完整良好的辩护效果，因此庭审发问是辩护律师应当研修的重要技能和具备的基本素养。"[②]

一 庭审发问的基本问题

（一）辩护律师在庭审中必须发问，因为庭审发问具有重要的意义

首先，这可以向委托人展示辩护律师的作用。辩护律师的很多工作

[①] 郑传本：《律师在庭审中的正确发问是开展有效辩护的重要铺垫》，载《中美刑事辩护技能与技巧研讨》，中国检察出版社，2007，第284页。

[②] 梁芳、尚伦生：《向被告人发问的技巧》，载《中美刑事辩护技能与技巧研讨》，中国检察出版社，2007，第282页。

是委托人根本看不到的，辩护律师出差的辛苦、阅卷的辛苦、庭前准备的辛苦和与司法人员沟通的辛苦，委托人基本一无所知，所以，实践中，在辩护律师会见犯罪嫌疑人和被告人时，委托人经常强烈要求陪同辩护律师一块去看守所，辩护律师明确告诉他，家属进不去，只能在看守所外面等候，委托人还是愿意陪律师一块去看守所，有个委托人陪同辩护律师去看守所 20 多次，辩护律师理解其愿意为家属付出的心情，但同样知道这是委托人对辩护律师工作的监督。因此，辩护律师在法庭上发问是难得的向委托人展示律师工作能力和敬业精神的机会，怎么能轻易放过呢？

其次，庭审发问可以用语言表达这种最直观的方式查明案件事实。公诉机关提供的单一证据不能简单地说明整个案件事实。例如，抓破案经过只能说明案发经过和被告人归案的过程，不能说明被告人犯罪的全部经过和被告人的主观罪过。公诉机关提供的全部证据同样未必能准确清晰地反映全部案件事实。公安机关重视收集被告人犯罪手段、犯罪时间、犯罪地点、犯罪对象、犯罪后果等犯罪过程中的证据，但往往忽视对其犯罪之前和犯罪之后证据的收集，如与被告人历史表现、自首、立功情节相关的证据。从实践来看，公安机关收集的部分证据中可能存在不客观不真实的现象。被告人罪轻的情节经常隐藏在各种证据之中，法庭举证质证不能把被告人的犯罪情节充分展示出来。有些案件事实在证据之外，公诉机关提供的证据只能证明部分事实，但是很多事实从证据中看不出来。例如，鉴定意见书只表明了鉴定人的粗略鉴定过程和鉴定结论，鉴定结论到底是如何得出的，鉴定人怎么具体勘查的现场、和哪些人联系的，在鉴定意见书中没有反映。另外，被告人供述的笔录也不能像同步录音录像一样反映审讯的全部过程。对被告人、鉴定人、证人的发问可以将证据中未说明的案件事实直接查明，也可以将证据中的违法、矛盾事实查明，还可以将被告人的从轻情节展示出来。例如，有证据证明被告人意图购买 10 克海洛因，但是被告人购买海洛因的目的是什么呢？是意图贩卖，还是自己吸食？还需要发问被告人才能查清。

最后，庭审发问对现有证据具有核对、纠正或者补充的作用。在实践中，很少有案件的所有证据都是正确无误、没有疏漏的，而庭审发问可以把这些证据的偏颇、错误之处找出来。例如，有一个过失致人死亡案件，一名电工擅自合闸致另一名电工死亡。公安机关在被告人村头把被告人抓获。辩护人与被告人之间有如下一场对话：

> 辩护人：你被公安机关抓获时准备去哪里？
>
> 被告人：准备去派出所。
>
> 辩护人：你为什么要去派出所？
>
> 被告人：我是村里的电工，发现家里停电以后，来到村配电室，发现电闸落下了，就把电闸合上了。后来听说村里的另一名电工正在电线杆上作业，因我合电闸被电死了。我想去派出所给公安机关说清楚。
>
> 辩护人：你准备去派出所的事告诉家人了吗？
>
> 被告人：我告诉媳妇了。

辩护人通过发问可以发现被告人并非被动归案，而是有自首情节。

（二）辩护律师必须准备庭审发问提纲

辩护人必须针对庭审发问设计好准备发问的各种问题，不宜在法庭上临时思考发问的问题。

第一，即使辩护律师提前有发问问题的腹稿，但难以在极短的时间内用清晰的、通俗的语言进行发问。很多被告人文化程度较低，而律师专业水平使其习惯于专业性的发问，这让被告人无法回答。

第二，法庭不会给辩护人思考问题的时间。法庭的审理时间是非常紧张的，在庭审发问中需要律师快速对发问对象进行发问，如果律师发问停顿，审判长会不断地督促其尽快发问。

第三，发问对象有时会故意隐瞒事实真相。例如，美国第 16 位总统、《解放黑奴宣言》的颁布者阿布拉罕·林肯曾担任一个叫阿姆斯特朗的青年的辩护律师，林肯研究了全部案卷之后，发现这个案子的关键就在证人福尔逊身上。因为他一口咬定，在 10 月 18 日的夜半月光下，他在一个草垛后面，清楚地看见阿姆斯特朗开枪把人打死了。

　　"福尔逊先生，"法庭上，林肯直接质问这位证人，"你敢当众发誓，说在 10 月 18 日的月光下看清的是阿姆斯特朗，而不是别人？"

　　"是的，我敢发誓！"福尔逊说。

　　"你站在什么地方？"林肯问。

　　"草堆后面。"

　　"阿姆斯特朗在什么地方？"

　　"是草堆西边的那棵大树？"

　　"是的。"

　　"你们两处相隔二三十米，你能认清吗？"

　　"看得很清楚，因为月光很亮，正照在他脸上，我看清了他的脸。"福尔逊说。

　　"你能肯定是十一点吗？"

　　"完全可以肯定。因为我回到屋里时看过时钟，是十一点一刻。"福尔逊说得毫不含糊。

　　林肯向法庭揭露了证人在撒谎："证人发誓赌咒，说他 10 月 18 日晚上在月光下看清了阿姆斯特朗的脸。可是，10 月 18 日那天应是上弦月，十一点时月亮已经落下去了，哪里还有什么月光？再退一百步讲，就算月亮还没有落下去，还在西天上，月光也应该从西往东照。而遮挡着福尔逊的草堆在东边，阿姆斯特朗站在西边的大树下，如果阿姆斯特朗的脸面向东边的草堆，也就是背对月亮，脸上就不可能照到月光；如果他不是面向草堆，证人又怎么能从二三十米远的地方看清被告人的脸呢？福尔逊不顾事实，说什么'月光很亮，正照在他脸上'，还不是一派谎言！"

　　第四，普通的发问可能根本无法让一些专业技术人员露出马脚。在实践中，很多鉴定意见书是存在问题的，但对具有专业理论知识和丰富出庭经验的鉴定人进行发问难度是最高的，不提前精心设计问题，对其发问肯定是一无所获。

（三）如何设计庭审发问提纲

1. 围绕庭审发问的目的设计发问提纲

庭审发问的目的之一是查明案件事实真相。所以要对被告人、证人了解的全部事实经过进行充分的发问。不少证据之间是存在矛盾的：一个被告人的供述之间可能是矛盾的，不同被告人的供述之间可能是矛盾的，被告人供述和受害人陈述、证人证言之间可能是矛盾的，现场勘查笔录和证人证言之间也可能是矛盾的。但事实真相只有一个，这就说明有些证据是不客观的。辩护人需要通过发问查明哪些证据是真实的，哪些证据是虚假的。

庭审发问的目的之二是核对证据的合法性。辩护人需要对审讯人员是否告知被告人权利义务，是否存在逼供、诱供、骗供的情形，被告人或者证人是否认真核对笔录，笔录是否与被告人、辩护人所说一致进行核实。另外，辩护人需要对证据的来源、证据是否符合相关法律规定进行核实。

庭审发问的目的之三是向法庭展示被告人无罪或者罪轻。在某被告人故意伤害案中，受害人在被被告人轻微击打后心脏病发作死亡。辩护人与被告人之间有如下问答：

　　辩护人：你知道受害人有心脏病吗？

　　被告人：不知道。

　　辩护人：你们平时关系怎样？

　　被告人：我们虽然是一个村的，但因两家有十几年的仇怨，所以基本上没有来往。

　　辩护人：你是否听他人说过受害人有心脏病？

　　被告人：没有，没有任何人告诉我他有心脏病。

　　辩护人：你们村里是否组织对村民的身体检查？

　　被告人：没有。

上述发问可以证明被告人对受害人患有心脏病的情况一无所知，没有伤害的犯罪故意。

2. 围绕辩护观点设计问题

辩护人在庭前已经形成了辩护思路和辩护方案，辩护人的所有发问都要围绕辩护观点来进行。如果辩护人要证明被告人未达到刑事责任年龄，就要围绕被告人的生日及相关证据来发问；如果辩护人要证明被告人不具有国家工作人员的身份，就要对被告人的单位性质、职务情况、任命机关的性质、职务的内容、从事公务的具体情况进行发问；如果要证明受害人存在过错，就要对被告人与受害人的关系、案发的起因等情况进行发问。

3. 设计的问题要全面细致

案件事实没有简单的，复杂的事实只能用全面细致的问题才能查清，简单、极少的问题不可能查清事实。

4. 复杂事实应用连续性的问题发问

对于复杂的事实可以让发问对象叙述其了解的案件事实，但其叙述事实往往不全是辩护人所要了解的，还要就其陈述的事实进行连续性的发问。

5. 围绕案件事实、证据设计问题

案件事实主要靠证据来证实，辩护人的发问就是要查清哪些证据是非法的、虚假的，其问题的设计要围绕存在问题的证据或者真实的证据进行设计，一方面揭示客观证据的真实性，另一方面揭示虚假证据的无效性。

6. 发问遵循合法、客观、相关的原则

辩护人发问也要遵守法庭的发问规则，如果对发问对象进行诱导性发问、逼迫性发问，会遭到公诉人的抗议和法庭的制止。

7. 问题要简洁，切忌冗长

辩护人的所有问题都要让发问对象听清楚，如果问题太长，发问对象不太好理解，更难回答。有律师指出，对被告人发问的问题应简洁明了，切忌烦琐，防止被告人听不清楚或者理解不透，从而作出错误回答。[①] 还有学者有同样的意见："法庭发问所提问题简明扼要，切忌长篇陈述。"[②]

8. 根据不同对象设计相应问题

发问对象是复杂多样的，大部分被告人文化程度较低，也有少数被告

---

① 梁芳、尚伦生：《向被告人发问的技巧》，载《中美刑事辩护技能与技巧研讨》，中国检察出版社，2007，第283页。

② 盛高璐主编《刑事辩护原理与实务》，中国政法大学出版社，2012，第98页。

人文化程度较高。对于文化程度低的发问对象要尽可能用通俗的语言发问。有些发问对象愿意如实回答问题，对其正常发问即可。有些发问对象不愿意如实回答问题，对其要精心设计问题。有些发问对象具有专业技术，对其发问要更加精心准备和设计。

9. 一个问题只问一个事实

辩护人设计的问题很简单，但要发问对象就问题表达清楚是不容易的。如果辩护人一个问题需要发问对象表达清楚几件事，其很难把事实表达清楚。

二　如何对不同的发问对象设计问题

辩护人在法庭上最常见的发问对象是被告人、鉴定人、证人、侦查人员、专业技术人员，这些发问对象各有其特点，辩护人的发问目的各不相同，发问目的不同于辩护目的，但与辩护目的又有密切的联系，对上述发问对象应进行不同的问题设计。

（一）对被告人的发问问题设计

对被告人的发问是辩护人展示律师形象、经验、水平的极好机会，更是查清案件事实的关键一环，绝不能忽视其价值和意义。对被告人不发问或者极为简单地发问都易导致辩护目的难以实现。同时，对被告人发问的方法应针对不同的对象、不同的案件灵活应变。

1. 对自己的辩护对象进行发问

辩护人对自己的辩护对象进行发问一般是比较顺利的，因为双方是利益共同体，被告人会非常配合辩护人的发问。但是，辩护人也要注意一些对被告人发问的基本技术要领。

一是注意要把所有对被告人有利的情节通过发问表达出来。对被告人有利的情节是多方面的，如历史表现良好、有坦白情节、是未成年人、自首或者犯罪预备形态等。

二是可能对被告人不利的问题不能发问。有些问题是关于被告人罪行的，辩护人的发问如果可能让被告人的回答加重其罪行，这样的问题是非常不合适的，会让委托人对辩护人的水平产生怀疑，甚至心生仇怨，会让公诉人看低辩护人，会让法官轻视辩护人，会让其他律师耻笑辩护人。例如，在某被告人故意伤害案中，公诉人问被告人："你刺了受害人几刀？"被告人答："我不是刺，只是划拉了一下。"辩护人问被告人："你刺了受害人两刀还是三刀？你还记得清吗？"辩护人这样的发问就是没有必要的。

三是围绕案件辩论焦点设计问题。每个案件都有其最关键的辩护焦点，辩护人对其他问题可以少问，但对于辩护焦点一定要细致重点发问。例如，在某县农业局局长滥用职权案中，辩护人为了证明起诉书指控的滥用职权造成的损失并没有那么多，与被告人之间进行了如下问答：

　　辩护人：被告人，你是何时到某县农业局担任局长的？

　　被告人：我是 2015 年 12 月到任，到案发时任职 2 年。

　　辩护人：你到任时，农业局账上有多少钱？

　　被告人：农业局账上有 35 万元。

　　辩护人：农业局的小账是谁建的？

　　被告人：小账是上任局长建的。

　　辩护人：你到任之后是如何管理农业局农业项目资金和小账的？

　　被告人：农业局的所有财政花费都是党委会集体决定的，不是我一人决定的。具体经济开支一般都是延续农业局的惯常做法。

　　辩护人：有些项目作账外支出你是否召开过党组会研究决定？

　　被告人：召开过，我提出建议，党委会成员都一致同意。

　　辩护人：每个项目资金具体是怎么花费的？

　　被告人：部分资金用于弥补申请用的支出、部分资金用于单位的公务开支、部分资金用于补发工资、部分资金用于项目支出。

　　辩护人：你们单位的公务开支为什么要用上级拨发的项目资金？

　　被告人：我们农业局有员工 38 人，但是县财政每年只拨给资金 5 万元，远远无法满足单位公务开支的需要，所以临时挪用了一些项目资金。

接下来，辩护人就农业局的详细项目开支花费情况进行了发问，包括申请项目费、验收项目费、设计费、施工补助费、管护费、化肥费、犁地费、农药费、地膜费、印刷费、办公用品费、验收时必要的招待费、交通费、栽植费、浇水费、年终奖（奖惩费）、临时工工资、事业编人员补发工资、下乡补助等名目具体花费多少，是不是起诉书指控的滥用职权损失数额部分的支出。通过辩护人的发问，查明了被告人的滥用职权损失数额并非起诉书指控的 680 万元，应减去被告人单位公务开支的 590 万元，最后，法庭采纳了辩护律师的意见，认定被告人构成滥用职权罪但免予刑事处罚。

四是针对被告人的特殊性设计问题。设计的问题要适应被告人的文化程度和教育水平。有的被告人文化程度较低，对一些概念难以理解，辩护人觉得很简单的一些概念，被告人都理解不了，如"房间""工具""工作"等。在有些案件中，辩护律师问被告人："你作案用的什么工具？"被告人反问："啥是工具？听不明白。"还有的辩护律师问被告人："你的工作是什么？"被告人问："什么是工作？听不懂。"所以，辩护人起码要用被告人听得懂的语言设计问题。

2. 对其他被告人的发问

实践中，不少案件是共同犯罪案件，辩护人还需要对其他被告人进行发问。但是，其他被告人的回答可能不利于自己的辩护对象，因为共同犯罪的被告人虽然在反驳指控上立场是一致的，但在犯罪责任的分配上两者利益又是冲突的，被告人之间经常相互推诿责任。因此，对其他被告人的发问必须注意以下问题。

一是一定让其他被告人的回答有利于自己的辩护对象。辩护人可以通过设计问题预定被告人的答案，保证其他被告人的回答有利于自己的辩护对象，这完全是可行的。

二是在共同犯罪人责任分配问题上尽量不要提问其他被告人，只发问自己的辩护对象。

三是可以就共同犯罪人的共同有利情节进行发问。

四是可以就其他被告人在公安机关已供述的对辩护对象有利的事实进行发问。被告人在公安机关已作的有利供述一般是比较客观的，在法庭上也一般不会改变，辩护人可以大胆发问。

（二） 对证人的发问问题设计

1. 对辩方证人的问题设计

辩方证人是辩护人申请出庭作证的证人，辩护人已经查明其了解的事实是有利于被告人的，而且证人愿意出庭作证。辩护人设计的问题只要让辩方证人把对被告人有利的情节充分表述出来即可。

2. 对控方证人的问题设计

控方证人是在侦查阶段或者在法庭上对被告人作不利证言的证人，其动机可能是多样的，有的出于尊重客观事实和追求正义的动机，有的出于维护受害人利益的动机，有的出于推卸责任以免惹火烧身的动机，有的出于工作单位的要求指控被告人构成犯罪，有的出于维护朋友利益的动机。总而言之，控方证人的证言既对被告人不利，又可能夹杂了其他因素，未必一定是客观真实的。因此，即使辩护人在法庭上对控方证人发问，控方证人一般还是坚持在侦查阶段的证言，或者回避辩护人的问题，回答"不知道、不清楚"。因此，辩护人在对控方证人发问之前需要认真对待，精心准备，促使控方证人说出案件实情。

一是根据其证言与其他证据的矛盾之处设计问题。例如，在山东某法院审理的被告人故意杀人案中，一名证人说被告人杀人后往南逃跑了，另一名证人说被告人杀人后往北逃跑了。这显然是不可能的，肯定有一名证人在撒谎。

二是根据其证人证言的自相矛盾之处设计问题。例如，在一个交通肇事案件中，一名证人作证说被被告人撞昏了，但他又作证说看到被告人撞他后驾车往北逃逸了。这显然是矛盾的。

三是根据证人证言中的不符合常理之处设计问题。如一名出庭的会计师声称其制作的审计报告为其本人制作，但该报告上的签名并非其本人所签，该报告的底稿不能确定是其本人的。这显然不符合常理，如果是其本人制作的审计报告，底稿必然是其本人的，多次修改的痕迹必然存在，签名依法也应该是其本人签名。

四是对控方证人的发问不要轻易暴露意图。控方证人一般会警惕辩护人的发问，以免回答出现错误或者与先前证言不一致的情况。所以，辩护人要从小处入手、从证人证言的矛盾之处入手，使其猝不及防，使其暴露证言的虚假之处。

五是要正确拟定问题的顺序。辩护人不仅要制作发问提纲，还要对问题进行排序，将重要的问题隐藏起来，放到后面提问。

六是对作为证人的公安人员的发问要精心设计问题。公安人员有时也是证人，例如，在妨害公务案件中，被告人的行为对象很多是公安人员，执行公务的可能是正式在编的民警，也可能是协警，还有些是实习人员，但协警与实习人员不能独立执行公务。公安人员和一般的证人不同，他们具有一定的法律知识和出庭经验，出庭时会竭力维护以前的证言，所以，辩护人对其发问的问题要和对侦查人员的发问明显区别开来，问题不同、重点不同、问题顺序不同。

（三）对鉴定人或者有专门知识的人的发问问题设计

鉴定意见书可能存在疏漏错误及违法之处，在司法实践中，辩护人或者被告人申请鉴定人或者有专门知识的人出庭的情况是十分常见的，甚至可以让鉴定人和有专门知识的人在法庭上辩论。但由于鉴定意见书鉴定的内容往往是辩护人并不熟悉的专业技术知识，因此，对鉴定人和有专门知识的人的发问必须提前咨询专业技术人员，熟悉相关专业技术知识，发问的问题应当具有专业性、技术性、边缘性、合理性。

1. 要围绕鉴定意见书的合法与否设计问题

鉴定意见书的合法与否主要与鉴定过程、鉴定材料、鉴定机构的资质、鉴定人的资格等密切相关，应围绕这些方面设计问题。

2. 要围绕鉴定过程的真实与否设计问题

这是辩护人擅长的内容，而且是鉴定人的弱点所在，很多鉴定意见书背后的鉴定过程都是不规范的，这是鉴定意见书的客观性、合法性受到考验的重要方面。

3. 要围绕鉴定结论的确定与否设计问题

不少鉴定结论内容是不太明确的，例如，在某被告人故意伤害案中，受害人死亡原因鉴定意见为："受害人因患有严重冠状动脉狭窄、器质性心脏病、情绪激动、外伤等综合因素导致死亡，外伤系诱因。"该结论中外伤致受害人死亡的作用力大小是不明的。

4. 要围绕鉴定结论与其他证据的矛盾之处设计问题

某鉴定意见书结论之一是：在肇事车辆底部螺栓上检测出人体组织。但是其他所有证据都未说明该人体组织是人体的哪一部分，是谁的人体组织，没有 DNA 鉴定。该鉴定结论显然缺乏其他证据支持。

5. 要根据专家意见设计问题

对鉴定结论的客观合理性进行检查，必须获得专家技术人员的支持和帮助，辩护律师作为门外汉，很难发现鉴定结论的不客观、不合理之处。

6. 对鉴定人发问的问题应进行精深的设计

鉴定人不仅有深厚的专业理论知识，还具有丰富的出庭经验，辩护人对其发问必须提前对问题精心设计。

三　如何在庭审中对被告人发问

庭审中对被告人的发问是法庭调查的第一步，是决定辩护效果有效性的重要环节，是展示律师辩护水平的重要机会，是控辩双方进行对抗的开始。

（一）对被告人的发问顺序

根据庭审发问的顺序安排，对被告人的发问顺序依次是公诉人、附带民事原告人及代理人、辩护人、合议庭成员。

第一，审判长先询问被告人：公诉人宣读的起诉书和被告人收到的起诉书是否一致？被告人对起诉书指控的犯罪事实有无意见？

第二，在被告人回答一致和发表对起诉书的意见后，审判长宣布先由公诉人对被告人发问，公诉人就起诉书指控的犯罪事实进行发问。公诉人会询问其在公安机关的供述是否真实，被告人在公安机关是否核对笔录或者签字确认。然后，公诉人会根据犯罪的定罪和量刑分两个阶段进行发问。在定罪阶段公诉人会就其犯罪客观事实和犯罪主观罪过进行发问，在量刑阶段公诉人会发问被告人如何归案，是否有检举揭发犯罪的情况，进入看守所羁押之前是否对被告人的身体进行检查。

　　第三，辩护人对被告人进行发问。如果有数名被告人，先按照起诉书顺序由被告人的辩护人逐一发问，从第一被告人开始，第一辩护人先发问，其他辩护人依次发问。

　　第四，在控辩双方发问结束后，合议庭成员可以对被告人发问。

　　第五，在合议庭对被告人的发问结束后，发问基本结束。但是，如果辩护人还有问题需要补充发问，应及时向审判长提出请求。

（二）辩护律师对辩护对象的发问

　　一是查清对被告人有利的犯罪事实。一个犯罪事实蕴含大量信息和情节，绝对不是三五个问题能够发问清楚的，可能需要数十个甚至上百个问题才能让被告人向法庭表达清楚。还有的起诉书指控被告人有数个犯罪事实，所以发问的问题比较多。

　　有一个交通肇事罪的案件，受害人被撞身亡，但是被告人不承认撞过死者，也不承认肇事。辩护人针对被告人有没有肇事主要进行了如下发问：

　　　　辩护人：被告人赵某某，你开了几年出租车？

　　　　被告人：我开了八年了。

　　　　辩护人：案发当天，你开的是谁的出租车？

　　　　被告人：我开的是李某某的出租车。

　　　　辩护人：你和李某某是否提前约定了要开他的出租车？

　　　　被告人：是的，我一直开他的车，他白天开，我晚上开。

　　　　辩护人：案发当天，你的睡眠是否充足？

　　　　被告人：我睡得很好，白天睡了六七个小时。

　　　　辩护人：案发当天，你是否喝酒或者吸毒？

　　　　被告人：我没有喝酒，从不吸毒。

　　　　辩护人：你讲一下你案发当天的行车路线？

　　　　被告人：我案发当天下午5点接的车，一直在县城里拉客，晚上10点半接了一个到双县的活，拉了两个客人送到双县七天宾馆，我就返回了河县，大约晚上11点45分进入县城，后来来到河县长途汽车站等客，在这和一个叫猴二的出租车司机聊了一会，然后开车往人民医院方向去拉客，在人民医院门口，我看到这里出了交通事故，交警的几辆警车拦住了过往车辆，一个人躺在地上，头南脚北，我没仔细看，开车过去了。凌晨1点多，我又开车经过事故现场一次，这时候，警察已经处理完了现场。到四五点钟，我就收车睡觉去了。

辩护人：你几次经过事故现场？

被告人：一共三次，10点多一次、12点多一次、凌晨1点多一次。

辩护人：你经过事故现场时的视线怎样？

被告人：当时路灯挺亮，视线很好。

辩护人：案发时你在什么地方？

被告人：我在长途汽车站等客。

辩护人：你有没有听说现场的血迹情况，有多少血？

被告人：我听说现场的血很多。

辩护人：你认为你出租车上的血迹是哪来的？

被告人：我没撞人，应该是路过现场时车轮碾压地面血迹迸溅到车体上形成的。

通过以上的发问，被告人向法庭说明了其在案发前后的行驶路线，且案发时被告人不在案发现场，而在长途汽车站。

二是根据公诉人发问的情况对自己的发问提纲进行必要的修正，主要是公诉人已经问过的问题不必重复发问。公诉人发问具有全面、细致的特点，对被告人的犯罪经过一般问得比较全面。辩护律师在法庭上经常提前准备几十个问题，但在公诉人讯问被告人之后，删除了十几个重复的问题，不再发问。

三是根据公诉人的发问进行纠正性的发问。很多时候，被告人对于公诉人的发问回答得不太清楚，或者回答的内容对自己不利。例如，公诉人宣读被告人在公安阶段的一段供述，然后问被告人："你以前的供述对吗？"被告人答："差不多。"被告人的回答说明其并未完全认可公诉人宣读的供述，但又未说明哪些内容不属实。因此，辩护人在发问中可以要求被告人指明公诉人刚才发问的哪些内容是真实的，哪些内容是不真实的。

再如，有一个被告人李某涉嫌贩卖毒品，但其只有3900元购买毒品，李某还找了一个同伙王某帮着砍价。在法庭上，公诉人再次宣读了一段供述，其中有一句话："我找同伙王某帮我一块往外卖。"公诉人问李某："上述供述对吗？"李某回答："差不多吧。"这样的回答对被告人是很不利的，因为按照李某的资金认定，他购买的毒品数量是很少的，但如果认定同伙一同贩卖，同伙的资金也要算上。所以，辩护人后来询问被告人李某："你有没有想让王某出资购买毒品？"被告人回答："没有，我只是自己想买。"辩护人再问："你让王某干什么？""我让他帮我砍价。"这样，就分清了李某和王某两人共同犯罪的分工，李某是实行犯，王某是帮助犯，李某以自己的资金为限购买毒品。

四是辩护人可以根据被告人一个犯罪事实的时间先后顺序进行发问，或者根据被告人数个犯罪事实逐一发问，或者根据辩护对象和其他被告人的联系情况进行发问。例如，某被告人刘某犯有聚众斗殴罪、寻衅滋事罪、非法持有枪支罪、故意伤害罪四个罪名，辩护人应当按照其罪名逐一发问，不能混淆在一起。

五是辩护人发问的声音要洪亮，能够让被告人、公诉人、法官、书记员、委托人、旁听群众听清楚。这是一项基本素养，因为法庭审理案件都要录音录像，如果辩护人声音太小，让其他人听不清楚，被告人无法回答，书记员无法记录，录音设备无法录音，法官会不断地提醒辩护人大声发问，给委托人留下辩护人业务不老练、不成熟的印象。

六是针对被告人听到问题的反应及时补正发问，如果被告人听了辩护人的发问比较茫然，露出没听明白的神态，辩护人可以重复自己刚才提出的问题；如果被告人听不懂辩护人的用词，辩护人需要变更发问的用词造句，用被告人能够听懂的语言再次发问。

七是辩护人需要根据被告人回答的情况，不断调整发问的问题，增加或者减少发问，直至把辩护方案的核心环节发问清楚。

八是对于一些理解能力特别差的被告人，假设性地提示发问是有必要的。可以这样发问："如果……，你认为……？"例如，对一名只有4000

元资金购买毒品的毒贩，出售毒品的毒贩送来 500 克海洛因。可以这样发问被告人："你认为你给对方 4000 元，对方会给你 500 克海洛因吗？"被告人肯定会回答"不会"。

九是对控方侵犯被告人合法权益的发问，要立即提出异议，请法庭制止。明显的错、较重的错可以提出抗议。例如，有的公诉人这样发问被告人："被告人，你看你实施的犯罪给受害人造成多大的危害，你还是个人吗？你还有一点点良知吗？"这样的发问侵犯了被告人的人格权，不属于法庭调查的内容，辩护人应当提出抗议。

十是在发问中控方要求制止辩护人发问或审判人员制止辩护人发问，辩护人应当听从审判长的指挥，表示"好的""对不起"，然后继续发问。

十一是辩护人对被告人发问结束后，可以就发问的情况进行总结：依照辩护思路和辩护观点就被告人回答的犯罪事实情况进行简要的概述。

（三）辩护人对其他被告人的发问

1. 根据其他被告人与辩护对象联系的多少进行发问

联系多的多问，联系少的少问，没有联系的简单问一下或者不问。

有一个贩卖毒品的案子，辩护律师的辩护对象王某是第五被告，王某与第一被告李某、第二被告张某、第三被告赵某有联系，但与张某联系最多，与第一被告、第三被告见过两次面，吃过两顿饭，联系不多。王某与第四被告和第六被告没有联系，也不认识。因此，辩护律师在法庭上对第四被告和第六被告只问了两个问题："你是否认识王某？是否和王某联系过？"两被告均答"没有"。辩护律师对其他三名被告进行了重点发问。

2. 不能认为其他被告人与自己无关，不予发问

共同犯罪的归责原理是部分行为、全部责任，所以，在实践中，不管其他被告人有没有辩护人，都要通过对其发问把共同犯罪的从轻情节表达出来。其他被告人罪轻了，自己的辩护对象罪也轻；其他被告人罪重了，自己的辩护对象罪也重。有时，其他被告人的家属没有聘请某一律师作为辩护人，该辩护律师应当发挥其辩护人的作用进行充分发问，甚至还可以代表其律师对公诉人的不当发问提出抗议。

3. 对各被告人之间的联系重点发问

对每一个被告人就各被告人的地位、分工、故意内容、犯意的提出、危害结果如何形成、犯罪后如何归案等进行发问，通过各被告人的陈述查清各被告人的地位与作用。

4. 对主犯特别是实行犯重点发问

实行犯与危害结果的联系最为密切，主犯在共同犯罪中起领导指挥或者主要作用，主犯对其他被告人的参与案件情况及其地位、作用都是非常熟悉的。对主犯发问不仅可以更准确地查明犯罪事实，还可以通过主犯描述的案情了解辩护对象的犯罪情况。

5. 对其他被告人了解的辩护对象的从轻情节进行重点发问

其他被告人作为共同被告人肯定了解不少辩护对象的从轻情节，通过发问让其在法庭上说出来，可以和辩护对象陈述的案件事实相互印证，从而使辩护观点更加有说服力。

6. 不要问其他被告人的回答可能对辩护对象不利的问题

被告人之间相互推诿的情况远多于把责任揽到自己身上的情况。

7. 在发问之前可以与其他辩护人沟通一下，了解一下其他被告人的认罪态度情况

其他被告人不认罪的，可能把刑事责任全推到辩护对象身上，可能对起诉书指控事实全盘否定，可能否认共同犯罪故意的存在，表示自己不知情、未参与共同犯罪，也可能表明自己的危害行为缺乏违法性、有责性。

四　如何在庭审中对证人发问

实践中，随着辩护权越来越受到司法机关的重视和保护，审判中心主义和直接言词原则不断得到贯彻落实，证人出庭的情况已经十分常见。在多数情况下，辩护人申请的证人会出庭作证。根据出庭的目的不同，证人可以分为控方证人和辩方证人。控方证人是出庭指控犯罪的证人，大多是指公诉方或者附带民事原告人向法庭申请出庭作证的证人。辩方证人是指出庭目的是证明被告人无罪或者罪轻的证人。

（一） 对控方证人的发问

1. 针对控方证人的特点进行发问

（1）控方证人身份的多样性

证人的身份情况多种多样，可能是侦查机关已经询问过的证人，对这样的证人肯定围绕其过去的证言进行发问。证人可能是附带民事原告人临时申请的新证人，对该证人要围绕其法庭上陈述的证言、与受害人的关系、与被告人的关系、与其他证据的矛盾发问。证人可能是公安人员、检察官，不能因为其身份就轻易相信其证言是真实的，还是要抱着质疑的态度发问，当然质疑不能是盲目的质疑，应该根据事实和其他证据合理质疑。证人可能是国家干部，国家干部比一般的证人更加谨慎，顾虑重重，很可能不愿吐露案件的真实情况，对其发问应当"打破砂锅问到底"，打消其顾虑。证人可能是服务员等普通从业人员，这种证人容易受感情或者利益关系的影响，不愿意讲述案件的真实情况，对该证人在法庭上发问是最有可能让其说实话的，结合其他证据对其进行质问可以促使其讲述案件实情。证人可能是未成年人，未成年人既有单纯的一面，又容易受到家人的影响而说假话，所以要在法庭上通过仔细讲解作伪证的法律责任，促使其讲真话。证人可能是少数民族人，发问时要尊重其少数民族的习惯，不要使用可能有侮辱性的词语。证人可能是精神不正常者，对其发问要有耐心，放慢语速，使用通俗语言，让其听明白发问的问题。证人可能是文化水平较低者，对其也要使用通俗语言，让其听明白律师发问的问题。

（2）控方证人和被告人的关系各异

有的控方证人和本案没有利害关系，有的控方证人和本案有利害关系。在一个故意伤害案件中，附带民事原告人申请与被告人有仇的证人出庭。证人是被告人的姐姐，但两人的关系几十年都不和睦，积怨很深。这样的证人先天具有偏向性，证言极不客观，或者夸大被告人的责任，或者减轻受害人的责任。对其发问要采用中立、有力的语言，既不引起证人的愤怒，发生与辩护律师争吵的情况，又通过对事实和证据逐步深入的引导性发问让其无法自圆其说。

（3）控方证人诉讼中的作用主要是发表对被告人不利的证言

对控方证人的发问一方面要慎重选择问题，控制证人回答的内容；另一方面要持质疑的态度发问，力图推翻证人证言的效力。

2. 针对控方证人的心理特点进行发问

（1）具有履行任务的心理特点

有些证人在公安机关已经作过证，到法庭上也就是把在公安机关叙述过的事实重新叙述一遍。对这种证人发问，辩护律师显然不能重复侦查人员的问题，而是要重新设计问题，针对其以前证言的形成过程、证人身份、证言真伪等进行发问。

（2）自认为是叙述客观事实的心理特点

有的证人和案件无任何利害关系，出庭就是把自己看到的、听到的或者认识到的在法庭上表达出来。这种证人在发言时经常把自己的认识作为事实来表达。如证人说："我认为被告人是故意开车撞人。"证人自认为是在描述事实，实际上很多内容加入了个人判断，证言具有很大的偏向性、主观性，应通过发问予以纠正，让其认识到其证言的不客观之处。

（3）隐瞒事实真相的特点

有的证人和受害人关系密切，但和被告人关系疏远，其证言经常隐瞒对受害人不利的情节，增加对被告人不利的情节。针对这种心理，可以通过发问引导其讲出真话。辩护律师还可以通过精心设计问题，利用其他证据说明的事实质问证人。

（4）警惕辩护人发问的心理

有的证人担心自己的证言会有漏洞，对辩护人的发问十分小心，谨慎回答。辩护律师要迂回发问，让证人放松警惕，寻找其证言缺陷所在。

（5）回避回答的心理

对于辩护人提出的不好回答的问题，证人往往以不清楚、记不住、不知道等回避回答。辩护律师可以反复发问同一问题、质问式发问，要求证人回答。

（6）陷害被告人的心理

有些控方证人本身就是真正的犯罪人，栽赃嫁祸给被告人，出庭作证就是要置被告人于死地。对这种证人的证言要仔细研究，精心设计问题，使其露出马脚。

3. 围绕发问目的对控方证人发问

（1）查清案件事实真相

把证人证言中虚假的叙述找出来，并当庭予以揭穿，寻找事实真相。

（2）发现证人证言中的不合理之处，降低证人证言的证明效力

例如，辩护人对某个交通肇事罪的目击证人进行了如下发问："对汽车熟悉吗？能迅速判断看到的汽车品牌吗？出租车有几种车型？案发当时视线如何？第一辆肇事车什么颜色？什么车型？路灯情况？第一次事故时视线如何？第二次事故时视线如何？为什么光线好的时候看不清车型，光线不好的时候反而能看清车型？有没有看见车牌的一个数字或字母？"

（3）发现排除被告人犯罪的事实

有的证人证言无法印证被告人就是唯一的犯罪嫌疑人，可能存在合理怀疑。例如，辩护人对排查嫌疑车辆的侦查人员进行了如下发问："排查事故车辆的经过？用了多长时间才排查完毕？为什么有些出租车几天后才到交警队接受排查？你觉得肇事车在完全清理后再排查，你们是否能够发现？有没有排查外省地市或县的地车辆？有没有到所有汽车维修点去排查维修清理事故车辆？每天具体排查几辆车？有没有发现出租车有清洗或维修的痕迹？你怎么知道没有清洗或维修？有没有排查的每一辆出租车照片？"

4. 对控方证人发问的注意事项

第一，对履行任务的证人发问其了解的案件事实全部经过，通过发问揭示其证言的证明效力不高。

第二，对叙述客观事实的证人发问其了解的案件事实全部经过，通过发问揭示其证言的证明效力不高。

第三，对隐瞒事实真相的证人发问。辩护人需要根据证人证言中的自相矛盾之处、违背生活常理之处或者与其他证据矛盾之处揭示其证言的错误、荒谬，让法庭不予采纳。在这种情况下，特别注意要准备充分，掩饰自己问话的目的，正确拟定提问顺序，以达到询问目的。

例如，对于某个声称亲眼看到被告人开车故意撞击自己后逃跑的证人，辩护人对其进行了如下发问：

辩护人：你看到被告人开车撞你了吗？

证人：我看到了。

辩护人：你被撞后身体受伤了？

证人：受伤了。

辩护人：伤得严重吗？

证人：非常严重。

辩护人：严重到什么程度？

证人：我立即昏了过去。

辩护人：你昏过去怎么还能看到被告人逃跑？

证人：（沉默，不回答）。

第四，在发问中遇到证人无故拒绝回答、刁难或故生枝节，要以理驳斥并力求得到审判人员的支持。在这种情况下，审判长一般会支持辩护人的意见，要求证人配合律师的发问。

第五，有的证人在法庭上装疯卖傻，对于辩护人的发问装作听不懂："我没文化，不懂法，听不懂，啥也不懂。"此时，辩护人可以请求法官对证人进行批评，对其开展法治教育，让证人端正态度，明白如实作证的法律义务，以及不如实作证的法律责任，客观真实地发表证言。

（二）对辩方证人的发问

辩方证人是指辩护人或者被告人申请出庭作证的人，辩方证人了解的事实能够证明被告人无罪或者罪轻。辩护人申请新的证人出庭，可以就其了解的案件事实进行发问。一般来说，证人同意给被告人作证，是支持辩护人的主张的，但对辩方证人的发问也要注意以下问题。

第一，态度要温和，不要过于严厉。辩方证人很可能在法庭上改变了以前在公安机关的证言，辩护律师不要因此认为证人在作伪证，因为证人敢站在法庭上说话，敢签下承诺书，其证言的真实性远大于在侦查阶段所作的证言。辩护律师应高度赞扬和鼓励证人大胆说话，反映在发问的态度和语气上就是亲切、温和。如果辩护律师为了撇清自己和证人改变证言的关系，用极为生硬、粗暴的态度发问证人，可能造成证人高度紧张，无法叙述清楚案件事实。

第二，发问要全面细致，让证人充分表述案件事实。例如，有个被告人被起诉犯受贿罪，但被告人的不少钱款是用于公务开支，某个证人可以证明这一点，因此，辩护人对该证人作了如下发问：

> 辩护人：你和被告人认识吗？
>
> 证人：认识，有很多年了。
>
> 辩护人：被告人在前几年是否让你代买过一些东西？
>
> 证人：买过。
>
> 辩护人：被告人都让你买过什么东西？
>
> 证人：买的香烟、茶叶、水果等。
>
> 辩护人：被告人委托你买了多少次？
>
> 证人：十几次。
>
> 辩护人：这十几次一共花了多少钱？
>
> 证人：有两三万元，具体记不清楚了。
>
> 辩护人：买了之后送到哪里？
>
> 证人：多数是送到被告人的办公室、会议室，有时送到其家里。
>
> 辩护人：你认为被告人购买这些东西的用途是什么？
>
> 证人：我认为他是公务招待用，否则的话个人根本没必要买这么多。

第三，对于证人在法庭上纠正其以前证言的，让其解释以哪次证言为准，理由是什么。实践中，有些侦查机关在取证时未能真实取证，证人未说的话记在笔录里，证人说的话却不予记录。要让证人向法庭说明以其在侦查阶段的证言为准还是以法庭上的证言为准。

第四，对于证人在法庭上纠正其以前证言的，询问其以前侦查机关是否有取证录像，以前的证言和录像是否一致，对于证言与录像不一致的，可以请求法庭予以核对录音录像。

第五，对于证人在法庭上纠正其以前证言的，询问侦查机关取证时是否合法取证，是否告知其权利与义务，是否让证人仔细认真核对，是否签字确认，侦查人员是否对其有威胁、引诱、骗取证言的情况。在一个妨害公务案件中，侦查人员在对一名目击证人进行取证时，威胁证人作证，否则就要对其丈夫采取一定的措施。这样获得的证言显然是不真实且违法的。

五　如何在庭审中对鉴定人发问

辩护人在认为鉴定结论存在问题或者鉴定过程违法的情况下，可以申请鉴定人出庭，根据《刑事诉讼法》的规定，如果鉴定人在接到法院的通知后拒绝出庭，其鉴定意见书将不得作为证据使用。因此，我国实际上确立了鉴定人强制出庭制度，鉴定人不出庭将面临诸多的负面法律后果，我国鉴定法规规定了对鉴定人拒绝出庭的惩戒制度。

在鉴定人出庭的情况下，控辩双方仍是对其交替发问。但是，鉴定人不同于被告人，鉴定人具有丰富的应对庭审发问的经验，而且经常出庭接受质问。实践中，由于辩护律师申请鉴定人出庭的情况十分常见，鉴定人经历过辩护律师的各种发问，维护鉴定意见书准确性的对策多种多样，有其固定的套路和模式。所以，如何在庭审中对鉴定人发问非常值得研究。

（一）根据鉴定人的特点进行发问

1. 鉴定人在心理上十分自信

鉴定人的鉴定结论在技术上一般是符合国家鉴定标准的，鉴定人对于其技术是非常自信的，不相信辩护律师能从技术上驳倒自己。但是，鉴定技术理论经常存在争议，鉴定依据也可能不充分，辩护律师可以针对鉴定人过于自信的心理寻找其鉴定的不真实或者违法之处，围绕其疏忽之处发问。例如，某公安局物证鉴定所法医学人体损伤程度鉴定书第二部分记载："检验所见，神清，左小腿背侧见 7cm×2.5cm 皮下出血。"第三部分论证说："伤者小腿软组织挫伤，依据《人体损伤程度鉴定标准》第 5.11.4a 之规定，评定为轻微伤。"但是根据伤者在公安机关的询问笔录，该证人说："那天我们的船被撞后，领导带我们登上对方的船，我应该是第四个登上那条船的，登上之后就有一个穿黑衣服戴眼镜的男子拿木棍打我，对着我的腿部直接横扫过来的，打到我右腿了，当时挺疼的，但是也没顾忌那么多就直接上去夺他的棍子，后来将他控制住了，后来走路的时候也感觉挺疼的。"法医鉴定人对伤情的把握肯定是很专业的，但上述鉴定结论中的受伤部位和鉴定对象描述的受伤部位不一致，一个是左腿，另一个是右腿，辩护人可以就该鉴定问题对鉴定人发问，鉴定结论中的左小腿受伤是谁的左小腿？是不是鉴定对象的左小腿受伤？鉴定对象的右小腿是否有伤？

2. 出庭经验非常丰富

笔者在办理的一个案件中发现该案有两份鉴定意见书，一份鉴定意见书是初次鉴定，另一份鉴定意见书是重新鉴定，两份鉴定意见书是同一家鉴定机构出具的，鉴定人不同，但是鉴定的内容完全相同，除了鉴定人名字以外，其余连标点符号都完全一致。笔者认为后一份鉴定意见书抄袭了前一份鉴定意见书，或者初次鉴定的鉴定人参与了重新鉴定，笔者在庭审中对重新鉴定的鉴定人发问："为何你们作出的重新鉴定意见书与初次鉴定意见书内容完全一致？"两名出庭的重新鉴定的鉴定人一致回答："这是我们鉴定机构的固定工作模式决定的，并非初次鉴定的鉴定人参与的结果。"这显然是狡辩，如果再让其重新鉴定一次，不抄袭初次鉴定意见书的话，绝对不可能达成这样的效果。因此，辩护人可以对其发问："你们的工作模式是什么样的？你能否在法庭上演示一下，让法庭见识一下什么样的工作模式能让两次鉴定书的内容完全相同，一字不差。"

3. 鉴定人之间相互沟通，就如何应对辩护人发问进行过谋划

绝大多数鉴定是两名以上的鉴定人共同作出鉴定结论，其中一人是主鉴定人，另一人是辅助鉴定人。两名鉴定人在收到法院开庭通知之后，会就开庭中辩护人要提的问题进行探讨，就如何应对辩护律师的发问作出预案。所以，辩护人的发问问题要多，要超出鉴定人的预案之外，让其防不胜防。

4. 鉴定人在专业技术上优于辩护律师

鉴定人不仅有深厚的技术鉴定的专业知识和理论功底，还有丰富的鉴定实践经验，在鉴定的专业技术上与辩护律师的水平不可同日而语。辩护律师当然不可能在专业技术上胜过鉴定人，但可以通过咨询专家、查阅资料达到在案件涉及的鉴定技术上不弱于鉴定人的程度，从而在鉴定专业知识的发问上可以与鉴定人据理力争。

（二）对鉴定人发问的技术要领

1. 出其不意、攻其不备

辩护人发问鉴定结论的突破口很多，比如鉴定依据、案情摘要、鉴定标准、论证、鉴定过程、鉴定结论、鉴定人和当事人的关系、其他鉴定意见书。

例如，有个案件，辩护人怀疑两名鉴定人没有勘查现场、检验车辆，进行了如下发问，揭穿了其曾经勘查现场的谎言：

> 辩护人：鉴定人张某某，捷达轿车底盘多高？
>
> 鉴定人：24厘米左右。
>
> 辩护人：你有没有检查车辆？
>
> 鉴定人：检查过。
>
> 辩护人：你有没有勘查现场？
>
> 鉴定人：勘查过。
>
> 辩护人：什么时间来的？
>
> 鉴定人：8月24日。
>
> 辩护人：你是怎么来的？
>
> 鉴定人：我们开车走高速来的。
>
> 辩护人：你自己来的还是和同事一块来的？
>
> 鉴定人：我和同事李某某一块来的。
>
> 辩护人：你们走高速的收费票据还有吗？
>
> 鉴定人：有，在鉴定中心财务办公室。

但是，在辩护人询问鉴定人李某某时，李某某回答不是走的高速，而是走的国道，没有什么票据。在这一细节问题上，两名鉴定人没有事先沟通，所以回答不一致，显然其声称一起来勘验过现场的证言属于撒谎。

2. 从小处入手

一些鉴定的辅助过程往往是鉴定人忽略的小问题。例如，针对鉴定人声称勘查过现场，可以发问如下问题：有没有勘查现场？事故现场地面情况如何？路面是平的还是不平的？有没有沟坎？马路哪边高哪边低？什么时间来的？有什么证据证明你检查了？是否拍摄照片？照片上是否有拍摄日期？用什么设备拍摄的？谁拍摄的？是否洗了照片？如果鉴定人没有勘察过现场、没有拍摄照片，很难准确回答这些问题。

3. 从关键环节揭穿鉴定人

鉴定结论的得出肯定有其关键的依据，如果这种依据不成立，那么鉴定结论就自然不成立了。例如，某鉴定意见书的结论是被告人交通肇事造成交通事故，不会存在被告人驾车路过现场碾压地面血迹形成车体痕迹的情形。因此，辩护人对鉴定人如何得出的鉴定结论进行了如下发问：

> 辩护人：鉴定人，事故现场的血积量有多少？
>
> 鉴定人：我们已经仔细审查了事故现场照片。
>
> 辩护人：现场的血迹有多宽、多厚？
>
> 鉴定人：不太厚。
>
> 辩护人：你怎么得出肇事车碾压地面血迹不能形成车体上的痕迹的结论？
>
> 鉴定人：受理鉴定后，我打电话咨询了处理交通事故的警察，他说事故现场的血都干了，所以得出这样的结论。
>
> 辩护人：你咨询的警察叫什么？
>
> 鉴定人：不知道，打的交警大队的电话。
>
> 辩护人：你连他姓名都不知道，怎么知道他去过事故现场？
>
> 鉴定人：他说他去过。

通过刚才的发问，法庭已经可以看出，鉴定人对案发后现场血迹的情况一无所知，仅仅在案发后过了几天询问一位不知道姓名的警察现场血迹的情况，就草率得出上述鉴定结论。这种结论显然是严重缺乏客观性、合理性的，完全无法让法庭信服。

4. 对于专业性问题的发问也要有专业性

真正能驳倒鉴定人意见的还是从专业技术角度进行的发问，从痕迹、录像、车辆照片、伤情形成原因、精神障碍的分析等，分析鉴定意见以外的其他可能性，这种专业的分析才有可能动摇法官本已先入为主的被告人有罪的观念。如果辩护律师发问的问题非常业余，让法庭认为其完全是一个门外汉，辩护律师的意见就不可能对法官具有说服力。

5. 发问有力量

发问要有力量，要能震撼到法官，让法官对鉴定意见书产生怀疑、否定的态度。例如，对交通事故的鉴定结论作如下发问：受害人怎么死的？汽车哪个部位和受害人身体有接触？怎么接触的？如与受害人接触会形成什么样的痕迹？汽车有没有这样的痕迹？头部粉碎性骨折会流多少血？这些专业的发问能反映鉴定人对案件事实、医学鉴定、案件现场的综合分析情况，可能让鉴定意见书证明效力大大降低。

6. 抓住重点问题

抓住重点问题，询问鉴定人鉴定结论得出的依据和过程，并不断地深入发问。鉴定人的结论得出的依据和过程并非仅仅对鉴定材料的分析和专业技术的运用，还涉及不少鉴定之外的因素，而鉴定人在法庭上的如实回答，可能暴露鉴定结论的缺陷和不合理、不客观之处。

7. 对鉴定人以前鉴定意见书法律效果的剖析

通过发问鉴定人以前未被法庭采纳的鉴定意见书数量、经历、原因，来削弱鉴定意见书的可信度和法律效力。

8. 通过其他鉴定意见书的结论发问鉴定人

实践中，经常有不同的鉴定机构对同一鉴定对象作出不同的鉴定结论。对于不利于被告人的鉴定结论，在申请鉴定人出庭后，可以对鉴定人发问其他鉴定人的结论有何错误、其他鉴定人如何得出的鉴定结论。

（三）对鉴定人发问时的常见问题及应对

第一，鉴定人以庭后提交材料来应对提问。辩护人要求鉴定人出示曾经勘查现场的证据，有的鉴定人以庭后提交材料来搪塞法庭辩护人，辩护人可以庭后继续向法庭索要证据材料。

第二，鉴定人通过出示照片证明勘查过现场。辩护人可以从照片的来源、拍摄日期、储存在何介质中等质疑发问，也可以从其勘察过程来发问。

第三，鉴定人从检验照片分析鉴定结论的合理性。辩护人可以从照片分析其结论的不合理性。

综上所述，辩护人对鉴定人的发问应注意深（深层次发问）、专（专业技术性发问）、边缘（从鉴定的辅助过程发问）、侧（从鉴定以外的角度发问）等发问技巧。

06 言词证据的审查质证要点

公安司法机关在办理刑事案件，对犯罪嫌疑人、被告人进行刑事追诉和审判的过程中，往往要依赖于大量的言词证据发挥证明作用，尤其在某些特定类型的刑事案件（如贪污贿赂类刑事案件）中更是如此。可以说，言词证据既存在于所有的刑事案件中，同时它也是在所有刑事案件的全部在案证据中影响和决定对犯罪嫌疑人、被告人的定罪量刑，从而影响和决定整个案件的最终走向和结果的证据。正是言词证据的重要性决定了在个案的刑事辩护中对其进行科学审查和有效质证的重要性。因此，刑辩律师应当熟练掌握有关言词证据审查质证的要点，不断提升言词证据审查质证的业务技能。

一 言词证据概述

（一）言词证据的概念和范围

与以实物形态（如物品、痕迹、文字、图画、符号等）为表现形式的证据即实物证据有所不同，言词证据是指以人的言词这一表现形式来反映有关案件事实的证据。除依法只能采取书面形式的言词证据（鉴定意见）之外，这里的"言词"，实际上既可以是人的书面言词，也可以是人的口头陈述。

从范围上看，在《中华人民共和国刑事诉讼法》（以下简称《刑事诉讼法》）第50条规定的"物证"、"书证"、"证人证言"、"被害人陈述"、"犯罪嫌疑人、被告人供述和辩解"、"鉴定意见"、"勘验、检查、辨认、侦查实验等笔录"以及"视听资料、电子数据"等八种形式的刑事诉讼证据中，无论是"证人证言"、"被害人陈述"、"犯罪嫌疑人、被告人供述和辩解"还是"鉴定意见"，均是以人的言词所包含的具体信息来证明案件事实的。[①] 因此，这些形式的证据均属于言词证据，而其他几种形式的证据则属于实物证据或者说广义上物证的范畴。

（二）言词证据的主要特点

概括而言，言词证据具有以下特点。

1. 证明的直接性

言词证据是以人的言词陈述为表现形式的证据，因此，除了鉴定意见这一特殊的言词证据和少数不能证明案件主要事实的证人证言之外，言词证据往往能够直接和全面地反映案件事实。尤其是被害人陈述，犯罪嫌疑人、被告人供述和辩解等言词证据，通常能够反映案件的全貌，揭示案件的起因、经过、结果以及与所指控的犯罪有关的具体细节，从而对案件起到直接的证明作用。

2. 证明的动态性

言词证据在证明上的动态性源于人的言词陈述的动态性。具体而言，言词证据不仅能够动态地揭示案件事实的发生、发展过程，而且其本身也具有动态性。后者的主要表现为，言词证据的陈述人在一次或者多次陈述之后，随时可能因故向公安司法机关的办案人员或者辩护律师作出补充陈述，从而揭示自己在之前的陈述中没有反映的案件事实。

3. 证据的易失真性

人的言词陈述通常依赖于陈述人的意识，而容易受到诸多主客观因素的影响，比如，陈述人的感知能力、记忆能力和表达能力，陈述人与犯罪嫌疑人、被告人或者案件的处理结果有无利害关系，陈述人自身的情感因素、思想品质，以及陈述人感知案件事实时的环境条件等。因此，言词证据容易失真，其内容未必均真实可靠。

[①] 其中，鉴定意见是一种特殊的言词证据。它是具有专门知识和技能的人接受委托或者聘请，运用自己的专门知识和技能对案件中的某些专门性问题进行分析、判断后所作出的结论性意见。其作为"科学证据"，最终表现为鉴定人员对通过鉴定获得的各种信息进行主观分析后所作出的书面形式的判断和陈述。因此，鉴定意见也属于言词证据。

4. 证据的易变性

人的言词陈述往往掺杂了陈述人自身的思维活动，而陈述人的思维活动容易受到陈述时间、地点的变化，陈述人主观动机的变化，以及来自案外的压力和干扰（例如陈述人受到暴力、威胁等）等诸多主客观因素的影响，从而使言词证据也具有易变性。

二　言词证据的审查质证要点

从规范上看，诸多现行规范均集中或者分散性地对言词证据的审查质证问题作出了明确的规定。这些规范主要包括《刑事诉讼法》、《关于适用〈中华人民共和国刑事诉讼法〉的解释》、《关于办理死刑案件审查判断证据若干问题的规定》、《关于办理刑事案件排除非法证据若干问题的规定》、《最高人民检察院关于适用〈关于办理死刑案件审查判断证据若干问题的规定〉和〈关于办理刑事案件排除非法证据若干问题的规定〉的指导意见》、《人民检察院刑事诉讼规则》、《公安机关办理刑事案件程序规定》，以及由中华全国律师协会制定发布的行业规定《律师办理刑事案件规范》等。它们共同构成了言词证据质证的规范基础，为言词证据的审查质证提供了可靠的法律保障。

接下来，笔者便主要依据这些规范的规定和要求，并结合相关例证，从形式审查和实质审查两大角度解读对犯罪嫌疑人、被告人供述和辩解，证人证言以及被害人陈述等言词证据的审查质证要点。①

需要说明的是，鉴定意见问题在本书中另有专门解读，故相关部分在此不再赘述。这里仅就犯罪嫌疑人、被告人供述和辩解，证人证言以及被害人陈述这三种重要的言词证据的审查质证加以明确和指引。

（一）犯罪嫌疑人、被告人供述和辩解的审查质证要点

1. 形式审查

这里所称的形式审查，是指从讯问笔录格式要素的角度就笔录正文之

---

① 由于在我国的刑事诉讼中公安司法机关追诉犯罪时对于各言词证据均是以书面笔录的形式呈现的，这里对言词证据的审查质证也是针对相关笔录的形式和实质进行的。

外的部分对犯罪嫌疑人、被告人供述和辩解进行有效的审查质证。形式审查的具体内容主要包括以下几个方面。

（1）审查笔录上的具体名称

言词证据的笔录名称有询问笔录与讯问笔录之分。后者属于对犯罪嫌疑人、被告人适用的笔录，而前者则适用于被害人、证人或者尚未被刑事立案的犯罪嫌疑人、被告人。因此，在审查犯罪嫌疑人、被告人供述和辩解时，首先应依"外观主义"对最表象的笔录名称问题进行查看和区分。这种审查的重要意义在于，如果案件中针对犯罪嫌疑人、被告人的全部笔录既有讯问笔录又有询问笔录，且犯罪嫌疑人、被告人在询问笔录中已经如实陈述了其涉嫌犯罪的主要事实，那么，由于如实供述时所作的笔录是询问笔录，即此时相关犯罪尚未被刑事立案，犯罪嫌疑人、被告人尚未以犯罪嫌疑人的身份进入刑事诉讼，因此犯罪嫌疑人、被告人可满足"犯罪以后自动投案，如实供述自己的罪行"的条件而构成自首。而如果有了自首情节，辩护律师在作量刑辩护时就有了颇具威力的武器。

案例 1：马某某危险驾驶案 ［（2019）鲁 0902 刑初 662 号］

在该案的言词证据中，既有马某某的讯问笔录，也有马某某的询问笔录。辩护律师审查时发现，马某某于 2019 年 5 月 6 日所作的询问笔录显示，其在接受该次询问时就已经如实交代了自己的犯罪事实；而立案决定书证实，该案于同年 5 月 20 日才立案侦查。也就是说，马某某是在尚未受到讯问、未被采取强制措施之前就主动作了如实供述，其行为在客观上又具有自动投案的性质，符合我国刑法有关自首的规定，构成自首。

（2）审查笔录上的讯问次数

在犯罪嫌疑人属于自动投案且首次讯问时便能如实供述自己的主要犯罪事实的场合，犯罪嫌疑人构成自首自不待言。因此，这里所称的对讯问次数的审查主要指要比对案件证据材料中的讯问笔录在数量上与实际讯问犯罪嫌疑人、被告人的次数是否有出入、不一致。因此，这种审查下可能发现的问题无外乎两种情况。

一种情况是，在案讯问笔录的次数多于实际讯问的次数。多出的讯问笔录因缺少对应的讯问行为，不具有证据的合法性，证据的内容也是不真实的，应当予以排除。另一种情况则恰恰相反，表现为在案讯问笔录的次数少于实际讯问的次数。这意味着，犯罪嫌疑人、被告人的所有供述和辩解并未全部附卷移送。究其原因，或是办案人员工作疏忽，或是办案人员故意为之。无论是哪种原因导致的这种情况，辩护律师在结合提讯记录和犯罪嫌疑人、被告人供述等审查发现后都应当及时要求办案人员补充提供，尤其是对于那些未随案移送有利于犯罪嫌疑人、被告人的笔录更应如此。

案例 2：苏某某保险诈骗案 [（2015）肥刑初字第 70 号]

在该案中，随案移送的苏某某的讯问笔录在次数上与律师会见核实的对苏某某的讯问次数不一致，而是多出了一份苏某某于 2014 年 9 月 24 日所作的不利"供述"形成的讯问笔录。后辩护律师经调查取证，获得了取保中的苏某某在该次讯问当日并不在讯问地点（公安局派出所办案区）而是在异地采购货物的相关证据，证实了多出的这份讯问笔录实际上是由侦查人员自己伪造的，伪造的讯问笔录当然应予以排除。

（3）审查笔录上的讯问时间

审查笔录需要有"时间观念"。在讯问笔录的时间上，主要应当注意审查以下几个方面。

一是审查首次讯问的时间是否符合法律规定。根据相关法律的规定，传唤、拘传的时间在一般情况下不得超过 12 小时，在特殊情况下不得超过 24 小时。公安机关对被刑事拘留的人员，应当在拘留后的 24 小时内进行讯问。因此，如果不在看守所进行的首次讯问的时间超出了上述时间规定，则相关供述系以非法限制人身自由的方法收集的，应当予以排除。二是审查讯问的起止时间是否记载有误、不完整或者与提审时间存在矛盾。如果存在这些情况，则可能存在讯问人违法讯问现象。对此，不能补正或者作出合理解释的，相关笔录不得作为定案的根据。三是审查讯问的时长是否合理、讯问的时间段是否特殊。例如，有的案件中单次讯问的时长超过 8 小时且未保障被讯问人的休息权；有的案件中讯问人则违反规定进行"夜审"，趁被讯问人意识不清醒进行讯问以获取口供。这些均涉及违法疲劳审讯，根据有关规定，相关笔录也应当予以排除。四是审查讯问的时长与笔录的内容多寡是否严重不符且笔录内容本身对被讯问人（指犯罪嫌疑人、被告人，下同）不利。如果出现较长时间讯问却仅形成寥寥几页笔录，或者较短时间讯问却形成多页笔录，而笔录内容本身又对被讯问人不利的情况，则相关笔录内容的真实性就可能存在问题。对此，不能补正或者作出合理解释的，相关笔录应当予以排除。五是审查是否存在同一讯问人在同一段时间"串场"讯问不同的被讯问人的情况。"串场"讯问所形成的相关笔录，依法是不得作为定案根据的。六是审查讯问时间是否晚于在案的实物证据、证人证言等的取得时间。如果是，则意味着在供证关系上存在"先证后供"的情况。此时，只有在排除指供、诱供等非法取证，保证供述自愿性的基础上，才能保证相关供述的真实性。因此，辩护律师需要高度重视和警惕，要对这种"先证后供"的供述进一步作取证合法性的审查，以衡量相关笔录是否属于非法证据而应当依法予以排除。

案例 3：黄某某等非法集会、游行示威案〔（2015）揭普法刑初字第443 号〕

在该案中，审理法院对被告人黄某某的相关讯问笔录的证据效力所作的评判是：（1）对于侦查机关对黄某某制作的第一、第二份讯问笔录，第一份讯问笔录连续讯问时间长达 9 小时 39 分，第二份笔录连续讯问时间为1 小时 59 分，前后两份笔录中间相隔仅 1 小时 23 分，鉴于侦查机关连续长时间对黄某某进行讯问，不能排除以疲劳审讯手段非法取证的合理怀疑，故对该两份讯问笔录依法予以排除；（2）侦查机关于 2015 年 4 月 7 日对黄某某制作的笔录，该笔录没有记录讯问起止时间，存在一定的瑕疵，但侦查机关提供了提讯证并对讯问起止时间作了补正说明，故对该份笔录可以依法采用。

（4）审查笔录上的讯问地点

现行法律对于讯问地点是有限制性要求的。例如，根据我国《刑事诉讼法》的相关规定，公安机关对需要拘留、逮捕的犯罪嫌疑人，在犯罪嫌疑人被送交看守所之前可以在公安机关进行讯问，在犯罪嫌疑人被送交看守所之后只能在看守所内进行讯问；对不需要拘留、逮捕的犯罪嫌疑人，则可以传唤到犯罪嫌疑人所在市、县内的指定地点或者到他的住处进行讯问。如果辩护律师在审查中发现讯问笔录上的讯问地点违反了上述规定，尤其是存在讯问人将已经被拘留、逮捕并送交看守所羁押的犯罪嫌疑人、被告人带离看守所进行讯问的情形，就可以对这种程序违法行为提出异议和投诉，要求依法排除相关笔录；还可以对由此涉嫌非法拘禁等犯罪的讯问人提起刑事控告来追究其刑事责任。

案例4：范某诈骗案 ［（2014）宿中刑终字第00194号］

在该案中，审理法院对范某于2013年4月16日22时30分至次日0时52分所作的供述未予采纳。理由是：2013年4月16日22时30分至次日0时52分对范某的讯问地点是砀山县公安局刑警大队，而砀山县公安局拘留证载明，范某于2013年4月16日被宣布拘留，当日23时收入砀山县看守所。讯问笔录载明的讯问时间和地点与拘留证记载的时间和关押场所不一致。

（5）审查笔录上的讯问人

根据法律规定，讯问人须具有公安机关或者检察院的侦查人员、监察委调查人员、海关及国家安全部门的调查人员的身份，且讯问时讯问人不得少于两人。然而，在司法实践中，由于法治意识不强、办案人员不足等主客观原因，在实际参与讯问的讯问人的身份、人数问题上违反法律规定的情形时有发生。例如，有的案件讯问时采用"混搭"方式，由一名适格的讯问人和一名不适格的讯问人共同讯问被讯问人；或者仅由一名适格的讯问人单独对被讯问人进行讯问，而由该讯问人同时在笔录上代签根本未实际参与讯问的另一名适格的讯问人的姓名等。显然，这种由一名适格的讯问人主持讯问所形成的讯问笔录不具有合法性，同时也难以保证供述的真实性，不得作为定案的根据。另外，讯问人没有签名的，相关讯问笔录属于瑕疵证据，不能补正或者作出合理解释的，不得作为定案的根据。

案例5：李某某诈骗案 ［（2020）粤0604刑初199号］

在该案中，李某某的辩护人提出，同案犯李某2017年12月14日的讯问笔录只有一名侦查人员讯问，不能作为定案证据。审理法院经审查发现，同案犯李某2017年12月14日的讯问笔录上的确只有一名侦查人员签名，可能存在只有一名侦查人员讯问的问题。因此，采纳了辩护人的意见，对该份证据未予采信。

（6）审查笔录上的被讯问人

这里主要是指对笔录上记载的被讯问人年龄信息的审查。从实体法上看，犯罪嫌疑人、被告人的年龄大小直接关系到其刑事处遇。例如，是否应负刑事责任；能否从宽处罚；是否构成累犯；能否适用死刑；以及是否应当宣告缓刑；等等。从程序法上看，则是要集中关注讯问未成年犯罪嫌疑人、被告人是否遵守了相应的保障性程序问题，即关注讯问未成年犯罪嫌疑人、被告人时，如不存在无法通知、法定代理人不能到场或者法定代理人是共犯的特殊情形，讯问时有没有依法通知被讯问人的法定代理人到场。法定代理人到场，是保证未成年犯罪嫌疑人、被告人能够理解讯问语言的正确含义，从而保证口供的真实性的需要。如果应当通知法定代理人到场而未通知，则无法保障口供的真实性，相关供述不能作为定案的根据。当然，讯问未成年人时，在无法通知、法定代理人不能到场或者法定代理人是共犯的特殊情形下，被讯问人的成年亲属、所在学校的代表等合适成年人不在场的（讯问女性未成年人时，还要看有没有女性工作人员在场），相关供述同样不能作为定案的根据。

案例 6：胡某某敲诈勒索案 [（2013）沪刑终字第 85 号]

在该案二审期间，出庭检察人员当庭出示 2013 年 6 月 21 日的未成年嫌疑人胡某某供述。由于胡某某系未成年人，检察机关在讯问时未通知其法定代理人到场，搜集程序不合法，审理法院对该供述未予采纳。

（7）审查笔录的核对确认情况

根据法律的规定，讯问笔录应当交被讯问人核对，对于没有阅读能力的，还应当向被讯问人宣读。如果记载有遗漏或者差错，被讯问人可以提出补充或者改正。被讯问人承认笔录没有错误后，应当签名和盖章（捺指印）。讯问人员和翻译人员等讯问辅助人员也应在笔录上签名。法律设置这种核对确认程序的目的在于保障笔录内容的真实性。因此，如果一份讯问笔录未经被讯问人作出笔录内容与其陈述相符的核对确认，则这样的笔录因不具备证据的真实性、合法性而不得作为定案的根据。

案例 7：陈某某故意伤害案 [（2015）济刑初字第 147 号]

关于辩护人辩称 2014 年 12 月 5 日讯问笔录的签名并非被告人所签，应依法予以排除，陈某某对和解协议书的签订不知情，和解协议书不能作为定案依据的辩护意见，经查，2014 年 12 月 5 日讯问笔录上的签名非被告人所签，和解协议书系被告人的哥哥与被害人付某某所签，当时被告人羁押于济源市看守所，被告人表示不同意该和解协议，故该辩护意见审理法院予以采纳。

（8）审查笔录对应的同步录音录像

对于依法应当对讯问过程进行录音录像的案件（如可能判处无期徒刑、死刑的案件或者其他重大犯罪案件），或者虽然不属于此类案件，却在讯问时制作了同步录音录像的案件，须加强对相关笔录对应的同步录音录像的审查。审查的内容主要有以下两点。

一是审查相关录音录像是否随案移送。如未随案移送，必要时辩护律师可申请办案机关及时移送并申请调取复制。根据法律规定，未移送同步录音录像，导致不能排除属于以非法方法收集证据情形的，对有关证据应当依法排除；导致有关证据的真实性无法确认的，不得作为定案的根据。二是审查同步录音录像本身的内容，即审查录音录像中讯问人的行为举止和被讯问人的精神状态，录音录像的时间与相关讯问笔录上填写的讯问时间是否一致，录音录像是否存在选择性地录制、剪接、删改等情况，以及存在选择性地录制、剪接、删改等情况的录音录像中被讯问人的陈述内容与讯问笔录上的陈述内容是否有出入等。据此，可以帮助辩护律师发现讯问人员有无以刑讯逼供、疲劳审讯以及按需对讯问笔录作不利于被讯问人的虚假记录等非法方法收集口供的情形，这种审查对于辩护的积极意义是不言而喻的。

案例 8：程某等强奸案 [（2015）彬刑初字第 00110 号]

在该案中，审理法院经审查，发现被告人程某、田某、王某等人的有罪供述和讯问光盘存在问题：侦查机关对部分讯问笔录制作了同步讯问光盘，但光盘记录与笔录记载的侦查人员、讯问地点及讯问时长严重不符，笔录记载与光盘记录中，被告人对事实的陈述部分在细节上有出入，且光盘没有完整记录讯问过程。因此，审理法院对上述相关证据均不予认定。

2. 实质审查

所谓实质审查，是指从犯罪嫌疑人、被告人对于讯问问题作答的具体内容上对犯罪嫌疑人、被告人供述和辩解进行有效的审查和质证。从讯问笔录上看，实质审查即指对笔录正文部分的审查。因此，就讯问笔录而言，实质审查的内容主要包括以下几个方面。

（1）审查被讯问人的权利告知情况

这是指对于第一次讯问的笔录，从笔录正文的内容审查上看，应当先审查笔录中有没有关于讯问人已告知被讯问人有关权利和法律规定（《犯罪嫌疑人诉讼权利义务告知书》）的记录并实际履行了告知义务。根据相关规定，如果首次讯问笔录没有记录告知被讯问人有关权利和法律规定，相关讯问笔录属于瑕疵证据，不能补正或者作出合理解释的，不得作为定案的根据。

（2）审查被讯问人的身份

根据《刑事诉讼法》的相关规定，讯问聋、哑的被讯问人，应当提供通晓聋、哑手势的人并且将这种情况记入笔录；讯问不通晓当地通用的语言、文字的被讯问人（例如被讯问人是不通晓当地通用的语言、文字的少数民族人员或者外国人），应当为他们提供翻译人员。否则，相关供述不得作为定案的根据。另外从实体法上看，对于被讯问人的身份，还涉及其是否具有国家工作人员等定罪身份和量刑身份问题。可见，犯罪嫌疑人、被告人是否具有上述特殊身份，往往关系到在诉讼权利上的保障性安排甚至定罪量刑问题。因此，对犯罪嫌疑人、被告人身份情况的审查就成为实质性审查的重要内容。

案例 9：杨某某、王某某贩卖毒品案 [（2015）库刑初字第 36 号]

在该案中，审理法院认为，讯问被告人杨某某时未提供翻译人员，且被告人杨某某在法庭上称不通晓汉语，故被告人杨某某在公安机关的讯问笔录不作为该案的证据。

（3）审查被讯问人的回答内容

实质审查在狭义上即指对讯问笔录中记录的被讯问人的回答内容的审查，它也是实质审查的核心。这种审查主要集中于如下几个方面。

其一，要审查笔录中记录的被讯问人的回答内容是不是被讯问人本人的真实意思表示。为此，要看记录的被讯问人的语言表达是否超出了其文化程度和实际表达能力；被讯问人的回答内容是否符合逻辑常识和常情常理；本次被讯问人的回答内容是否未经实际讯问，而是由讯问人采取"拿来主义"，从被讯问人先前的询问或者讯问笔录、他人的询问或者讯问笔录中直接复制粘贴的产物；讯问人有没有对被讯问人的回答内容作有选择性的记录，为符合"办案需要"而作偏离被讯问人原意的人为加工，甚至直接记录被讯问人完全未曾提及的内容；在有同步录音录像的案件中，笔录中记录的被讯问人的回答内容与同步录音录像中的回答内容是否一致。换言之，如果笔录中记录的被讯问人的回答内容不具有真实性，则相关供述不得作为定案的根据。

其二，要审查笔录中记录的被讯问人的回答内容是否反映出其在案件中具有哪些有利的量刑情节。例如，从被讯问人供述的案件起因事实上看，案件是否属于因恋爱、婚姻、家庭、邻里纠纷等民间矛盾激化引发的犯罪；被害人在案件的发生发展过程中有无过错；被讯问人是否属于自动投案后在第一次被讯问时就能够如实地供述自己的主要犯罪事实，而且其后的多次供述都比较稳定从而具有自首情节；被讯问人是否存在立功情节（如同案犯在其劝说下投案自首等）；或者被讯问人是否构成坦白，是否认罪悔罪，是否已退赃退赔，以及是否属于初犯偶犯；等等。这些法定或者酌定的从宽量刑情节在被讯问人的一次或者多次回答内容中往往会有所体现和揭示。

案例 10：熊某某盗窃案〔（2017）赣 0102 刑初字第 558 号〕

在该案中，经审查，审理法院对被告人熊某某的相关讯问笔录作出了如下评判：与公安机关提供的讯问同步录音录像对照，讯问笔录存在漏记被告人无罪供述的情形，笔录不真实。因此，第一次讯问笔录中记载的被告人对于盗窃犯罪供认不讳不可采信。后续的讯问笔录中被告人对于盗窃犯罪供述内容、标点符号与第一份笔录供认完全一致，再结合被告人当庭供述 2017 年 2 月 11 日早上给一叠材料签字，2 月 11 日下午警察没有做过讯问笔录，可以认定 2 月 11 日下午的讯问笔录是电脑复制而来，不是被告人熊某某的真实供述记录。因此，后续记载被告人对于盗窃犯罪供认不讳的讯问笔录也不能采信。

（4）审查被讯问人的回答背景

对被讯问人的回答的审查，不能仅着眼于被讯问人的回答内容本身，还要看该回答内容是在何种背景下作出的，被讯问人在被讯问的过程中有没有遭到讯问人非法取证。换言之，如果被讯问人的回答内容是讯问人为了获得自己想要的答案"坐实犯罪"而对被讯问人采取刑讯逼供、暴力、威胁、诱供、骗供、指供（指名问供、指事问供）等非法方式取证的结果，那么，即使被讯问人在这种背景下作出不利于自己的有罪供述，相关笔录作为非法证据也应当予以排除。

案例 11：王某、王某某贪污案 [（2015）北刑初字第 85 号]

在该案中，审理法院经审理认为，被告人王某除 2015 年 1 月 30 日的供述外的其他 5 次供述及被告人王某某的 6 次供述，是通过讯问人员指事问供、代替被告人供述、提示性发问等非法方法获得的，不得作为该案证据使用，依法应予以排除。

（5）审查被讯问人供述和辩解的印证性

刑事诉讼中的证据印证规则主要在三个领域发挥作用：一是用来确定自相矛盾的言词证据的证明力；二是用来审查案件是否达到法定证明标准；三是用来判断被告人供述是否得到补强。[①] 这里所说的供述和辩解的印证性，既指被讯问人的一次或者多次供述和辩解本身是否前后一致，也指被讯问人的供述和辩解能否得到在案的其他证据的印证和支撑说明。毋庸置疑，一般而言，被讯问人前后连贯、始终稳定的供述和辩解，往往更具有真实性、可信性。当然，这并不意味着自身存在矛盾或者事后翻供的供述和辩解就一定是不真实可靠的，而是要看被讯问人能否合理地说明矛盾或者翻供的原因，以及有无其他证据能够与被讯问人在矛盾的供述中明确认可的那次供述相互印证。同时，基于孤证不能定案这一刑事诉讼实践中的定律和共识，还必须跳出被讯问人的供述和辩解本身，而把相关讯问笔录放到整个刑事证据体系中考察，看被讯问人的有关供述和辩解能否与同案犯供述、证人证言、被害人陈述等其他言词证据以及在案的实物证据做到相互印证，以及印证到何种程度。因为从证明体系上看，在案证据只有能够相互印证地证明案件事实，才可能达到"证据确实、充分"的法定证明标准。

案例 12：阿某故意伤害案 [（2021）川 3435 刑初 41 号]

在该案中，审理法院认为，被告人阿某的 7 次供述前后自相矛盾，无法作出合理解释，也没有其他证据印证。特别是在被害人是如何受伤的问

---

① 陈瑞华：《论证据相互印证规则》，《法商研究》2012 年第 2 期。

题上，阿某第一次供述称，听到碰撞的声音，没有看到碰撞的具体位置，明确说和被害人追逐一圈后看到墙上和地上有血迹，继续追逐两圈后将被害人木某追上，且供述在追逐的过程中被害人没有摔倒；第二次供述称，其追上被害人时看到被害人撞在被告人家外面的台阶上，是亲眼看到被害人木某摔倒在台阶上碰伤额头的；第三次供述称，被害人木某是撞到被告人家大门后从台阶上滚下去受伤的；第四次直至庭审中均称被害人是撞到墙上后滚下台阶受伤的。被告人供述前后不一致且不能作出合理解释，也没有任何其他证据证明木某系自己撞伤而诬赖系阿某打伤。最后，现场客观情况更能与木某陈述相吻合，而与阿某供述相矛盾……因此，在案证据能够认定被告人阿某持硬物击伤被害人木某的事实。阿某的无罪辩解没有其他证据印证，也与常情常理相悖，不能成立，对其无罪辩解不予支持。

（二）证人证言、被害人陈述的审查质证要点

对于证人证言和被害人陈述，从整体上也可以区分为形式审查和实质审查两个方面。由于根据相关法律规定，对被害人陈述的审查与认定，可参照适用有关证人证言的审查与认定，同时，基于言词证据的共性，对证人证言的审查也与对犯罪嫌疑人、被告人供述和辩解的审查具有颇多类似之处。因此，以下仅对证人证言在形式审查和实质审查中涉及的个性问题加以概括梳理和总结，而在诸如对询问次数、询问时间等的审查中涉及的共性内容则一笔带过不再赘述。

1. 形式审查

（1）审查询问次数和询问时间

关于询问次数的审查和处理，可径行参考前述对犯罪嫌疑人、被告人供述和辩解进行审查的相关部分。在询问时间的审查上，与对犯罪嫌疑人、被告人供述和辩解的审查类似，审查内容主要包括：询问的起止时间是否记载有误、不完整；询问的时长与笔录的内容多寡是否严重不符且笔录内容本身对犯罪嫌疑人、被告人不利；是否存在同一讯问人在同一段时间"串场"询问不同证人的情况，以及询问时间与犯罪嫌疑人、被告人供述和辩解的时间之间的先后关系；等等。特别是后者，办案人员在案件上是采用"先供后证"还是"先证后供"的证明模式，直

接关系到犯罪嫌疑人、被告人供述的真实性程度，应当予以重点审查和关注。

案例 13：薛某某走私、贩卖、运输、制造毒品案〔（2019）苏 0507 刑初 117 号〕

在该案中，经查，被告人薛某某对该起指控的犯罪事实仅有的一次有罪供述是在派出所深夜所供，证人王某某虽然多次证言较为稳定，但王某某的证言在先，被告人的供述在后，系先证后供，且公诉机关提供的证据未完全排除被告人的辩解，又未提供有罪供述的同步录音录像。因此，审理法院认为，根据刑法谦抑性原则和刑事案件定罪的证据要求，该起指控的犯罪事实尚难予以认定。

（2）审查询问地点和询问人员

根据相关法律规定，侦查人员询问证人，应当在现场、证人所在单位、住处或者证人提出的地点进行，在必要的时候，可以通知证人到人民检察院或者公安机关进行；询问证人应由两名以上的侦查人员进行；询问证人应当个别进行。因此，对证人证言的审查同样需要关注询问地点是否合法以及询问人是否适格问题。尤其是前者，实践中时常发生询问人对异地证人取证时采用"远程电话询问"的取证方式（非远程网络视频的方式）的问题。我们认为，这种取证方式既严重违反了上述有关取证地点的法定要求，同时也难保所形成的相关询问笔录内容的真实性，不是不能补正或者作出合理解释的不得作为定案的根据，而是直接应当予以排除。

（3）审查证人的年龄和笔录的核对确认情况

在笔录的核对确认上的审查处理规则与对犯罪嫌疑人、被告人供述的审查处理规则相同；需要注意的是，对证人的年龄的审查处理规则与对犯罪嫌疑人、被告人供述的审查处理规则存在质的差异，即讯问未成年犯罪嫌疑人、被告人，在其法定代理人或者合适成年人不在场的情况下，相关供述直接不得作为定案的根据；而询问未成年证人，在其法定代理人或者合适成年人不在场的情况下，当且仅当不能补正或者作出合理解释时才不得作为定案的根据。

2. 实质审查

（1）审查证人的权利义务和法律责任告知情况

询问笔录没有记录告知证人有关权利义务和法律责任的，在未经补正或者作出合理解释的情况下，相关证言不得作为定案的根据。

（2）审查证人是否适格

只有适格的主体才具有证人资格。根据相关法律规定，审查证人是否适格就是要审查被询问人是否属于因生理上、精神上有缺陷或者年幼而不能辨别是非、不能正确表达的人；① 是否处于明显醉酒、中毒或者麻醉等状态，不能正常感知或者正确表达的人；以及是否属于承办本案的侦查人员、鉴定人和翻译人员。如果辩护律师经审查发现证人不适格，可主张相关证言因证人不适格而不具备法律效力。

（3）审查证人的身份

这是要审查证人是否属于聋哑人，不通晓当地通用的语言、文字的少数民族人员或者外国人，以及是否属于与案件当事人、案件处理结果有利害关系的人。在这里，需要重点关注的是后者，即辩护律师要注意结合案件实际加强对证人的利害关系的审查。如果在审查中发现某证人是与犯罪嫌疑人、被告人、被害人等案件当事人有密切关系或者有利害冲突的人，或者是与案件处理结果有利害关系的人，则该证人所作的证言的真实性存疑、证明力较弱，应当慎重使用，只有在有其他证据印证的情形下方可采信；至于对聋哑人或者不通晓当地通用的语言、文字的证人的证言的审查质证规则，则与对此类犯罪嫌疑人、被告人的供述和辩解的审查质证规则相同。

案例 14：谢某某走私、贩卖、运输、制造毒品案 [（2019）粤 1224 刑初 47 号]

在该案中，经查，在案仅有证人莫某、莫某某的证言及辨认笔录、通话记录清单等证据，而证人莫某、莫某某之间的证言关于买毒的时间、数

---

① 注意，虽然生理上、精神上有缺陷或者年幼，但并非不能辨别是非、不能正确表达的人，而只是在对案件事实的认知和表达上存在一定的困难，尚能正确认知、表达，则仍然具有证人资格，只是对相关证言应当慎重使用，即只有在其他证据可资印证的情况下方可采信。

量以及阿某驾驶车辆的描述（莫某的证言称阿某驾驶男装摩托车、莫某某的证言称阿某驾驶女装摩托车）均不一致，且两个证人有利害关系（莫某提供毒品给莫某某吸食），所作的证言前后出现反复，通话记录清单亦无法印证，除此之外并无其他证据佐证，另外被告人谢某某从侦查阶段至审理阶段均否认其向莫某贩卖毒品。故此，审理法院认为，公诉机关指控该项事实不清、证据不足，不予认定。

（4）审查证人的回答内容和回答背景

证人证言主要通过证人对案件事实的直接感知而发挥证明作用。为此，证人证言的内容须是证人自己亲身感知的案件事实，需要具体和明确。如果证人的回答内容并非来源于证人的亲身感知和直接见闻，而是源于证人的猜测、评论、推断或道听途说，那么，对于前者，除非根据一般生活经验判断符合事实，否则该证人证言不得作为证据使用；对于后者，因相关证言属于传闻证据，在没有其他证据予以佐证的情形下，相关证言不得作为定案的根据。另外，参考前述对被讯问人的回答内容的审查，如果证人的回答内容因故并非证人本人的真实意思表示，则相关证言不得作为定案的根据。至于对证人的回答背景的审查质证规则，则可参考前述对被讯问人的回答背景的审查质证规则进行判断和明确。

案例 15：许某故意杀人案〔（2015）鲁刑三终字第 14 号〕

在该案的证人证言中，既有不少证人自认关于对被告人许某杀死江某的指证系出于主观猜测的证言，例如，根据王某于 2000 年 11 月 13 日所作的证言："问：你原来怎么说你见许某用刀扎王小甲和王小乙了？答：我估计是许某用刀扎的。问：你看见许某拿刀了吗？答：没有。"也有建立在道听途说基础上的证言，例如，根据许某某于 2000 年 11 月 12 日所作的证言："问：你侄许某怎么用刀子捅王某的四儿子的？答：我不知道。在送我侄儿走的路上，我侄儿光说是他用刀子捅的。"另外，刘某和江某等人的证言也均来源于犯罪嫌疑人许某的告知。显然，这类证言即使再多，依法也不得作为直接定案的根据或者因系同源间接证据而不能起到有效的证明作用。

（5）审查证人感知案件事实的能力、条件

证人对案件事实的感知情况，往往受到个人能力的限制（例如年龄大小，生理和精神状态差异，视力、听力、记忆力好坏，以及文化程度高低等）和环境条件的影响（例如案发时的天气好坏、光线强弱、证人距离案发现场的远近、案发时间与作证时间的间隔长短等），因而存在差异，影响相关证言的证明力。因此，审查证人证言时需要审查证人感知案件事实的能力、条件，以便对相关证言的证明力进行查验。例如，在某案件中证人王某陈述某日傍晚 7 时，其在二楼的家中听到楼下一声尖叫，就跑到阳台上向下看，看到一名男青年从楼下女厕所走出来，并陈述了该男青年的衣服颜色和身高情况。但是办案人员所做的侦查实验显示，当时处于傍晚时分，受光线和从二楼俯视的视角影响，该证人对衣服颜色和身高的感知认识产生了明显的偏差。[①] 据此，相关证言也不具有可信性。

（6）审查证人证言的印证性

在印证性的审查上，对证言印证性的审查实则与对犯罪嫌疑人、被告人供述和辩解的印证性的审查并无不同。印证性审查的本质是排除矛盾。为此，需要对某一证人的前后证言本身、不同的言词证据之间以及在案的实物证据之间进行比对分析，尤其是需要就案件中的单点事实和细节进行比对。换言之，相关证言只有在产生矛盾的原因能够得到合理解释，证言之间以及与其他证据之间能够相互印证地反映案件事实的情况下，才能作为定案的根据。

案例 16：彭某某抢劫案 [（2019）川 1025 刑初 221 号]

在该案中，被告人彭某某及其辩护人辩解彭某某与曾某发生的纠纷是一起民事纠纷，彭某某未到曾某家盗窃不构成抢劫罪。彭某某供述他去曾某家隔壁收账，听到屋内有很多人在说话，随后曾某从楼下上来见他站在那里，双方发生抓扯后，他挣脱跑了。经查，上述供述与证人张某 1、张某 2 证实案发时张某 1 家中无人，当天张某 1 全家人早上 10 点多到张某 2 家过年，直到晚上 8 点过后才回家的证言矛盾。而证人张某 1 与张某 2 的证言相互印证，可证实彭某某到该处收账，听到屋内有人讲话的辩解与客观事实不符。因此，审理法院对相关辩解未予采信。

[①]　宫毅、姚健：《实用刑事证据》，高等教育出版社，2007，第 123 页。

07 实物证据的审查质证方法

一 实物证据的审查质证方法

证据是法院用以作为审判依据，确定诉讼当事人之主张为真实的证明。实物证据是刑事案件中常见的证据类型。事实上，实物证据属于一种学理类型，由于此类证据特征统一，故而将之归入一类并类型化。关于实物证据的定义，来源于刑事证据的理论分类。根据不同的分类标准，刑事证据被划分为相应的证据类型。比如：根据证据载体的来源，刑事证据可以分为原始证据和传来证据；根据证据与案件主要事实的关系，刑事证据可以分为直接证据和间接证据；根据证据载体的表现形式，刑事证据可以划分为实物证据和言词证据。凡是以实物、文件等方式记载证据事实的证据，都是实物证据。在刑事证据中实物证据主要包括物证、书证、视听资料、电子数据。如在危险驾驶案中，呼气酒精检测单、犯罪嫌疑人血样等即为实物证据。

对实物证据和言词证据可以具体作如下区分。勘验笔录、检查笔录、辨认笔录、侦查实验笔录这四种笔录类证据，尽管都是以书面形式表现的，但是这几类证据从本质上是侦查人员对其侦查过程和相关证据线索的记录，体现了侦查人员的主观认识和判断，因此不被归入实物证据的范围，属于言词证据。以录音录像（视听资料）或者电子数据形式存在的实物证据，但是记录的是被告人的供述和辩解、证人证言、被害人陈述等言词内容的，仍应定义为言词证据。鉴定意见作为一种意见证据，通常都是以书面文件的形式记录的专家意见，但它仍属于鉴定人提供的一种主观判断材料，因此，鉴定意见应当被归入言词证据的范围。并且，法庭有可能根据案情需要，通知鉴定人出庭作证，让鉴定人就其鉴定意见作出解释和说明并回答控辩双方的询问，因此鉴定人当庭所作的专家证言也属于鉴定意见的组成部分，应当被归类为言词证据。[①]

因实物证据和言词证据在证据表现形式和形成机理上有实质性的差异，所以对这两类证据可以分别确立不同的证据审查方法。刑事诉讼活动可以限制、剥夺被追诉人的人身权、财产权等基本权利。因此，基于保障人权这一宪法基本理念，应当以正当程序等原则对刑事诉讼的运行加以规制。而实物证据一般直接来源于案件过程，具有较强的证明力，且数量较多，对确定案件事实以及裁判结果具有重要意义，必然要受正当程序原则的约束。而对是否符合正当程序的审查，即为辩护律师一项重要的工作。

在实践中常用的实物证据的审查方法系鉴真方法。我国刑事诉讼法对实物证据的审查判断确立了一系列证据规则，其中最重要的当属对无法鉴真的实物证据的排除规则，也就是说，对那些无法依法得到鉴真的实物证据，法院不得予以采纳，也不得将其作为定案依据。换言之，在刑事诉讼中，为了保证实物证据的同一性与初像性，法官需要对实物证据进行鉴真，而鉴真的具体方法就是考察证据保管链是否完整。若证据保管链出现断裂，则无法排除证据被调换或污染的可能，那么相关证据不能被采信为定案依据。[②]

回顾一个案例——快播案。在快播案中，最初社会公众更关注的可能是别人用自己开发的软件从事违法犯罪活动，技术人员是否构成犯罪的问题。但是在整个案件的诉讼过程中，我们发现争议焦点开始越来越多地转向对电子数据真实性的争论。在这个案件中，海淀文委扣押了大量的服务器、硬盘，从这些硬盘中查到的视频数量达上万条，而这些视频涉及色情内容。最终律师关注、质证的重点更多地集中在这些电子数据来源的可靠性上，这个案件也直接引发了"两高一部"《关于办理刑事案件收集提取和审查判断电子数据若干问题的规定》的出台。通过快播案可以看到实物证据的鉴真在实践中的重要作用。这里所说的实物证据不只是电子数据，

---

① 陈瑞华：《刑事证据法》，北京大学出版社，2012，第93页。
② 陈瑞华：《实物证据的鉴真问题》，《法学研究》2011年第5期。

也包括物证、书证、视听资料。①

结合《刑事诉讼法》及其他相关法律法规，可梳理关于对物证、书证、视听资料、电子数据分别确立的相关排除规则。第一，在勘验、检查、搜查过程中提取、扣押的物证、书证，未附有相关笔录或者清单，不能证明物证、书证来源的，不得作为定案的根据。总结：来源不明的物证、书证被排除了证据能力。第二，对物证、书证的来源、收集程序有疑问，不能作出合理解释的，该物证、书证不得作为定案的根据。总结：侦查人员在收集、提取物证、书证的程序方面存在瑕疵，对其真实性、同一性存在疑问的，公诉机关有责任作出解释，无法作出合理解释的，该物证、书证也被排除于定案根据之外。第三，对视听资料、电子数据的制作、提取时间、地点、方式存在疑问，不能提供必要证明或者合理解释的，该视听资料、电子数据不得作为定案的根据。第四，电子数据系篡改、伪造或者无法确定真伪，或者有增加、删除、修改等情形，影响电子数据真实性的，一律不得作为定案的根据。第五，电子数据没有以封存状态移送，笔录或者清单上没有侦查人员和电子数据持有人、见证人签名或盖章，或者电子数据的名称、类别、格式等注明不清的，公诉机关有责任对上述程序瑕疵作出补正或者作出合理解释，无法补正或者不能作出合理解释的，该电子数据不得作为定案的根据。第六，对于送检材料、样本来源不明，或者因污染不具备鉴定条件的，以这些材料和样本为检材所作的鉴定意见，一律不得作为定案的根据。据此，作为鉴定检材的实物证据一旦来源不明，无法得到鉴真的，对该检材所作的鉴定意见也被否定了证据能力。

根据上述总结的相关规定来看，我国法律确立了大量涉及实物证据审查判断问题的证据规则，这种就实物证据的来源和提取过程提出的要求，旨在鉴别证据真实性的审查方法，就是所谓的"鉴真方法"。

结合一起危险驾驶案，对实物证据的审查方法作出简要说明。2020年12月31日22时35分左右，被告人孙某周饮酒后驾驶鲁J×××××号小型轿车在342国道中石化加油站路段与于某勇驾驶冀D×××××号重型半挂牵引

---

① 刘品新：《电子证据的鉴真问题：基于快播案的反思》，《中外法学》2017年第1期。

车带冀D××××挂号重型仓栅式半挂车，发生道路交通事故。经认定：孙某周承担事故的同等责任。经公安局刑事科学技术研究所鉴定：孙某周上肢静脉血中检出乙醇成分，其含量为240.5mg/100ml，达到醉酒驾驶的标准。2021年7月9日，被告人孙某周被新泰市公安局电话传唤到案。公诉机关提交了呼气式酒精检测结果、血液检测报告、证人李某等人的证言、被告人孙某周的供述和辩解等证据，并申请证人史某雷（办案民警）、孙某（办案辅警）出庭作证。法院认定由于孙某周案发时处于严重醉酒状态，为此侦查人员先对孙某周抽血后对其进行呼吸检测，呼气检测及血液检测结果均合法有效，孙某周构成危险驾驶罪。但案件中存在诸多疑点：一是呼气酒精检测单无孙某周本人签名，为办案交警代签，且孙某周供述并未对其进行呼气酒精检测，侦查机关亦无法提供同步录音录像予以证明；二是血样提取、保存、送检程序违法，血样提取登记表无孙某周签字，侦查机关亦无法提供同步录音录像予以证明，无法排除送检血样污染变质致使乙醇含量变化的合理怀疑。

实际上，对于无法经由鉴真规则检验的实物证据，即说明其具有排他性，一般有两种情况，一是无法排除犯罪是否发生的可能性，二是无法排除其他人作案的可能性，即整体上无法"排除合理怀疑"。但是要注意的是，排除合理怀疑是一个主观性的标准，辩护律师应当有目的地在大量案例中概括、总结、提炼质证思路，而不是笼统地重复"这个案件事实不清、证据不足"。毕竟，证据法上的情理推断只具有参考作用，律师需要准确无误地运用具体的质证方法并展开论证。

鉴真方法就是对那些不具有独特性的实物证据，通过对其来源、收集、提取、保管、出示等诸多环节的确认，来验证其保管链条的完整性，对于那些具有独特性的实物证据，则通过辨认其独特性来验证其真实性和同一性。总结来看，实践中具体的鉴真方法可分为"独特性的确认"与"保管链条的证明"两种。"独特性的确认"，是指当实物证据具有独一无二的特征，或者具有特殊的标记时，可以据此作出确定性的证明。这里所说的独特特征，既可以是事物自带的，也可以是人为设置的。"保管链条的证明"，是指从实物证据被提取到在庭上出示的期间内，要形成对持有、接触、处置、保管、检验的全监管链条。这就需要该证物的收集人员、运送人员、保管人员、检验人员等所有接触者都填写证据标签。填写证据标签的通常做法是，任何接触该物证的人员都必须记录自己的姓名、机构、接触的日期，由此确保监管链条的完整无缺。① 受到大陆法系传统和实体正义思维的双重影响，我国刑事诉讼制度一直没有设立完整的实物证据保管链规则。但是，在实物证据的重要性日益彰显的当下，实践中对实物证据的鉴真规则已经有了相当程度的重视。

二　实物证据审查质证的实践展开

（一）物证、书证审查质证的实践展开

物证是以其外部特征、物理属性发挥证明作用的物品和痕迹。从载体上看，物证通常表现为物品和痕迹两大类，前者如刀、枪、石块、砖头、尸体、笔、毛发等，后者如汗迹、血迹、精斑、指纹、脚印等。书证是以其所表述的内容和思想来发挥证明作用的文件或者其他物品，如信件、文件、裁判文书、票据等。有时某些事物也可称为书证，比如某些写有符号、文字、图形的纺织物、金属物、石块、墙体等。所有书证都有一个共同的特点，就是以其所记载的内容或者所表达的思想来发挥证明作用。②

1. 物证、书证的鉴真

为有效地审查物证、书证的证据资格、证明力，辩护律师需要对物证、书证进行鉴真。作为对实物证据真实性、同一性进行审查的基本方法，对物证、书证的鉴真包含两种基本的方式：一是证据保管链条完整性的证明；二是证据独特性的验证。

比如，在某盗窃案庭审过程中，公诉人出示了一个物证：一枚过滤嘴的烟头。据侦查人员陈述，该烟头是在犯罪现场找到的，经对过滤嘴烟头残留的唾液进行 DNA 鉴定，证明为被告人高某所留。但辩护律师提出了一个观点：烟头来源不明，搜查笔录、扣押笔录、勘验笔录均没有记录烟头

---

① 白冰：《论实物证据的鉴真规则》，《当代法学》2018 年第 1 期。
② 陈瑞华：《刑事证据法》，北京大学出版社，2012，第 106 页。

的来源；没有照片也没有关于烟头提取经过的说明。根据刑事诉讼法司法解释，来源不明的物证、书证，没有勘验、检查、搜查扣押笔录清单证明其真实来源的，一律不得作为定案根据。由此，最终法院宣告被告人无罪。后检察院抗诉，二审维持原判。这也是实物证据质证审查方法的直接应用。

（1）对证据保管链条完整性的证明

物证、书证保管的要求为保管完善，辩护律师在办案时，要特别注意物证、书证在收集、保管及鉴定过程中是否受到破坏或者改变。

①对物证、书证来源的鉴真：来源可靠

为了对物证、书证的真实性、同一性进行有效的验证，司法工作人员首先需要审查的就是这两类证据的来源，这里包含两个要求：一是物证、书证是真实存在过的，而不是被伪造、变造出来的；二是物证、书证存在于特定场合，具有特定的方位和形态。具体来说：其一，在勘验、检查、搜查过程中提取、扣押的物证、书证，未附有勘验笔录、检查笔录、搜查笔录、提取笔录或扣押清单，不能证明物证、书证来源的，不能作为定案的根据；其二，对物证、书证的来源及收集过程有疑问，不能作出合理解释的，该物证、书证不能作为定案的根据。

例如，与案件事实有关联的血迹、体液、毛发、人体组织、指纹、足迹、字迹等生物样本、痕迹和物品，一旦被办案人员发现并加以提取，就可能成为案件的重要物证。但是对于这些物证，办案人员需要对其真实来源作出详细的书面记录，以说明这些证据确实存在过，并说明它们在何处存在过、何时被提取，它们在案发现场的方位和形态等。否则，这些证据就有可能因为来源不明而丧失证据能力。

在我国刑事诉讼制度中，关于对物证、书证来源的记录，通常与特定的侦查手段具有密切的联系。对于物证、书证，侦查人员如采取了勘验、检查、搜查、扣押、提取等侦查手段，通常应当制作相应的笔录证据，如勘验笔录、检查笔录、搜查笔录、扣押清单等。这些笔录和清单通常记录下侦查人员采取勘验、检查、搜查、提取、扣押证据的过程，并附有侦查人员、嫌疑人、被搜查人以及见证人的签字或盖章。当然，为了对某些关键的侦查过程作出准确的记录，侦查人员有时不仅制作书面的勘验笔录、检查笔录、搜查笔录、扣押清单或提取笔录，还有可能对勘验、检查、搜查、扣押、提取过程进行录像，从而以视听资料的方式记录这些侦查行为的过程。

实践中，辩护律师对物证、书证来源的鉴真，主要就是通过对勘验笔录、检查笔录、搜查笔录、扣押清单、提取笔录的验证进行的。

从形式上看，公诉机关欲证明物证、书证的真实性和同一性，就必须向法庭提交那些记录这些物证、书证搜集过程的勘验笔录、检查笔录、搜查笔录、扣押清单或者提取笔录，从而将这些笔录和清单作为证明物证、书证来源的证据。

从实质上看，辩护律师还应对公诉方提交的上述笔录和清单的内容进行全面的审查，将其与物证、书证进行全面的对比，以确定物证、书证的来源，侦查人员提取的时间、地点以及该物证、书证被提取的全部过程。

②对物证、书证收集过程的鉴真：收集规范

对于物证、书证收集提取过程的要求为收集规范。要审查物证、书证的收集程序、方式是否符合法律及有关规定；在勘验、检查、搜查过程中提取、扣押的物证、书证，是否附有相关笔录或者清单；笔录或者清单是否有侦查人员、物品持有人、见证人的签名，没有物品持有人签名的，是否注明原因；对物品的特征、数量、质量、名称等注明是否清楚。换言之，除了对证据来源的证明外，完整的证据保管链条还包括对证据提取和保管全过程的具体验证。结合我国相关刑事证据法律法规，对物证、书证提取过程的验证可以包括以下具体方法：一是审查物证、书证的收集过程是否符合法律要求，有无违反法律程序的情形；二是物证、书证是否附有相关的勘验、检查、搜查笔录，扣押清单等；三是有关笔录、清单是否有侦查人员、物品持有人、见证人的签名或者盖章，是否注明物品、文件的特征、数量、质量、名称等信息；四是对于物证、书证的复制品，要审查是否有复制的时间，是否有收集人、调取人的签名或盖章，还要审查是否有制作人关于制作过程及原物、原件存放地的说明。

（2）证据独特性的验证——"辨认"

对于某些具有鲜明特殊性的物证、书证，司法工作人员除了要对其证据保管链条的完整性进行验证外，还要组织辨认程序。所谓辨认，是指那些了解案件事实的人对某一物证、书证是否与原来出现在某一场所的物证、书证具有同一性所进行的辨别和指认活动。通过这种辨认活动，辨认者会将物证、书证的独特性予以指出并加以强调，以帮助司法人员确认该物证、书证的真伪虚实。例如，办案人员会要求被告人、被害人、证人等对作案工具、枪械等进行辨认，以便确认它们就是原来被告人使用过的工具。

一般来说，对物证、书证的辨认有两个具有密切关联的程序环节：一是侦查人员组织嫌疑人、被害人、证人等对物证、书证进行辨认，并将这一辨认活动过程予以记录，制作辨认笔录；二是法院当庭重新组织上述辨认活动，请被告人、被害人、证人再次对物证、书证进行辨别，并且对公诉机关提交的侦查人员辨认笔录进行当庭验证。相对比之下，前一种辨认属于侦查活动的组成部分，后一种辨认则属于法院对辨认过程进行重新验证，也就是通过对物证、书证独特性的鉴别，达到对其进行鉴真的效果。

那么，司法工作人员在对侦查人员制作的辨认笔录进行验证时，如何验证辨认程序的完善性呢？其一，司法工作人员要审查辨认是否在侦查人员的主持下进行，主持辨认的侦查人员是否为两人以上；其二，在数名辨认人对同一物证、书证进行辨认时，需要审查侦查人员是否按照个别辨认的原则组织了辨认活动；其三，需要审查侦查人员组织辨认的具体过程，比如，是否将辨认对象混杂在特征相似的其他对象之中，提供辨认的物证、书证数量是否符合规定；其四，为了防止辨认活动被侦查人员操控，需要重点审查辨认人在辨认前是否见过作为辨认对象的物证、书证，侦查人员是否对辨认人进行了暗示，或者是否存在明显指认行为等。

2. 物证、书证的排除规则

我国刑事诉讼法在对物证、书证设定了相关审查判断规则的同时，还确立了一系列较为繁杂的排除性规则。系统总结这些关于物证、书证的排除性规则，法院对于符合排除规则的物证、书证，规定其"不得作为定案的根据"。而这些针对物证、书证的排除性规则，总结来说分为两类：一是证明力方面的排除规则（比如关于物证复制品、书证复印件的排除规则）；二是证据能力方面的排除规则（比如物证、书证在鉴真方面的排除规则）。

（1）证明力方面的排除规则

与物证的原物和书证的原件相比，物证的照片、录像、复制品都属于物证的传来证据形式，而书证的副本和复印件则属于书证的传来证据形式。原则上，这些传来证据形式都需要与原物、原件核对无误，并经过鉴定或其他方式确认为真实的，才可以作为定案的根据。但是，物证的照片、录像、复制品不能反映原物的外形和特征的，法院不得将其作为定案的根据；书证的更改或者更改迹象无法得到合理解释，或者书证的副本、复制件不能反映原件及其内容的，也不得作为定案的根据。上述对物证、书证的传来证据形式所作的排除性规则，并不属于对其证据能力（证据资格）的限制性规则，而更多地属于证明力方面的问题。

（2）证据能力方面的排除规则

①强制性排除规则

根据刑事诉讼法，侦查人员在勘验、检查、搜查过程中获取的物证、书证，公诉机关未附相关笔录、清单，不能证明物证、书证来源的，法院不得将其作为定案的根据。

对于无法证明物证、书证来源的缘由，要么是公诉机关没有将侦查人员制作的勘验笔录、检查笔录、搜查笔录、扣押清单移交法院，要么是侦查机关在进行勘验、检查、搜查、扣押等活动时根本没有制作相关的笔录或清单。面对这种无法验证其真实来源的物证、书证，法院既无法确认其真实存在过，也无法判断其与案件事实的相关性，因此对其真实性的鉴真也就无从谈起了。

对于没有附相关笔录或者清单，也无从确认其真实来源的物证、书证，法院一律要将其排除于法庭之外，既不承认法庭准入资格，也不得将其作为定案的根据。而且这一排除是绝对的，法院在是否排除方面不享有太大的自由裁量权；这一排除也是无条件的，法院不会将侦查人员违法取证的严重程度以及是否带来严重后果等作为对物证、书证适用排除规则的前提条件；这一排除还是不可补救的，法院不会给予公诉机关进行程序补正或者作出合理解释的机会。

在孙某周涉嫌危险驾驶罪案中，孙某周的呼气酒精检测单上没有孙某周的签名，孙某周多次供述也均否认事发时对其进行过呼气酒精检测并且该检测单中有办案民警史某雷的签名，但史某雷在出庭的证言中明确承认不在呼气酒精检测现场，亦无同步录音录像予以证明；孙某周的血样的提取、封装、保管程序严重违法，血样提取登记表无孙某周的签名，侦查机关补充提供的冰箱照片并非保存孙某周血样日期的照片，封装视频能看出仅有两个订书钉封装信封口，没有孙某周的签名和手印，也没有办案人员的签名，没有封装日期记载，血样提取、封装、保管均无同步录音录像。因此，该案中孙某周的呼气酒精检测单、孙某周的血样以及据此作出的血液检测报告属于无法证明来源的非法证据，法院应当适用强制性排除规则予以排除。

②裁量性排除规则

我国刑事诉讼法对物证、书证还确立了一种裁量性排除规则。对于侦查人员通过违反法律程序的方式收集的物证、书证，法院在同时具备两个条件的前提下，可以作出排除非法证据的决定：一是侦查人员取证程序严重违法，可能严重影响司法公正；二是公诉机关不能补正，也无法作出合理解释。

③可补正性排除规则

对于程序瑕疵，我国刑事诉讼法确立了可补正的排除规则。一般来说，这些程序瑕疵大多属于一些技术性或手续性的不规范取证行为，它们在形式上违反了刑事诉讼法的规定，但既没有侵犯重大的利益，也没有违反那些较为重要的程序规则，更不会造成较为严重的后果。

例如，勘验笔录、检查笔录、搜查笔录、扣押清单、提取笔录没有侦查人员、物品持有人、见证人签名，或者对物品的名称、特征、数量、质量等注明不详的，这属于笔录或者清单记录的疏忽。又如，物证的照片、录像、复制品，书证的副本、复制件未注明与原件核对无异，无复制时间，或者没有被提取人签名、盖章的，这属于物证、书证的传来证据在提取时缺乏相关的情况说明。再如，物证的照片、录像、复制品，书证的副本、复印件没有制作人关于制作过程和原物、原件存在地点的说明，或者说明中没有签名的，这属于物证、书证的传来证据形式存在提取过程中对原始证据记载上的失误。①

孙某周涉嫌危险驾驶罪案中存在立案告知书记载被告知人为于某勇

---

① 陈瑞华：《刑事证据法》，北京大学出版社，2012，第124~128页。

（交通事故的另一方当事人也为该案报警人），但实际签字人为孙某周的程序瑕疵情况，据此法院给予"被告人孙某周在该立案告知书上已签名予以确认，记载被告知人为于某勇不影响被告人孙某周对该案立案的知情"的答复。

3. 对物证、书证鉴真的实际应用

对于前文所涉及的孙某周涉嫌危险驾驶罪案中孙某周的呼气酒精检测单、孙某周的血样运用鉴真方法，可总结质证意见如下。

第一，该案中侦查机关提供了孙某周的呼气酒精检测单，该检测单中有办案民警史某雷的签名，但史某雷在出庭的证言中明确承认其不在呼气酒精检测现场。并且该检测单中没有孙某周的签名，孙某周多次供述也均否认事发时侦查机关工作人员曾对其进行呼气酒精检测，侦查机关也未提供事发现场的执法记录仪视频，无法证实呼气酒精检测单的真实性，不应作为定案依据。且虽法院以事发当时孙某周处于严重醉酒状态为由，认为侦查人员依照相关法律规定，可以对其先提取血样，后进行呼气酒精检测，但事发当时孙某周的实际醉酒状态均无直接证据可以证实，孙某周自始至终供述，其在事发当时处于清醒状态，现有证据无法证实孙某周对呼气酒精检测有异议或者不配合进行呼气检测，因此，侦查人员对孙某周先提取血样，后进行呼气酒精检测严重程序违法。

第二，该案中，首先，侦查机关对孙某周血样收集程序不合法，血样提取登记表无孙某周的签名，血样提取、封装、保管均无同步录音录像，无法排除采血人员对孙某周提取血液前的皮肤消毒试剂为含醇类的碘伏试剂，若为含醇类的碘伏试剂则违反了程序性规定。其次，无法证实采血人员对孙某周血液进行提取后存储密封的容器是否保持洁净，并有抗凝措施。再次，采血人员在对孙某周提取血样后，没有当场封装血样，而是直接将盛装血样的试管带走，不符合现场封装的法律规定。之后血样是否低温保存亦没有证据证实。最后，抽血地点存疑，现场勘查记录记载于现场抽血，但是血样提取登记表记载于事故一中队抽血，抽血地点矛盾。后续侦查机关补充提供的冰箱照片并非保存孙某周血样日期的照片，封装视频能看出仅有两个订书钉封装信封口，没有孙某周的签名和手印，也没有办案人员的签名，没有封装日期记载。因此无法排除不合法操作导致血样污染变质从而致使乙醇含量变化的合理怀疑。据此所作出的血液检测报告亦不应作为定案依据。

（二）视听资料与电子数据审查质证的实践展开

视听资料和电子数据在证据属性上应当属于实物证据。视听资料又称为"音像资料"，是指以录音、录像带、移动存储设备、电子磁盘等相关设备记载的声音、图像、活动画面。作为一种证据载体，视听资料通常表现为录音带、录像带、电影胶片等高科技材料，所要记录的主要是与案件事实有关的声音、图像、活动画面。视听资料所能证明的案件事实是多种多样的，既可以是直接证据，如被告人实施犯罪行为的全部过程；也可以是间接证据，如被告人与被害人发生争执的过程。侦查人员讯问犯罪嫌疑人的过程，也可以通过录音、录像的方式加以记录，从而被用来证明侦查程序的合法性，以便解决控辩双方就侦查行为合法性所发生的诉讼争议。电子数据是案件发生中形成的，以数据化形式存储、处理、传输的，能够证明案件待证事实的数据。最初，法学理论界将电子计算机所记录的资料都纳入视听资料的范畴，但随着对电子数据认识的逐步深入，也由于我国的两个证据规定率先将"电子证据"列为法定的证据种类，这类证据才逐渐被认为具有独立于视听资料的地位。对于这类证据，2012 年《刑事诉讼法》正式将其命名为"电子数据"。这类证据主要是指在网络传输、电子通信等过程中形成的信息或者电子文件。[①] 2016 年最高人民法院、最高人民检察院、公安部（以下简称"两高一部"）颁布的《关于办理刑事案件收集提取和审查判断电子数据若干问题的规定》将电子数据分为四大类：一是网络平台发布的信息，包括网页、博客、微博、朋友圈、贴吧、网盘等信息；二是网络应用服务的通信信息，包括手机短信、电子邮件、即时通信、通信群组等信息；三是其他网络信息，包括用户注册信息、身份认证信息、电子交易记录、通信记录、登录日志等信息；四是电子文件，包括文档、图片、音视频、数字证书、计算机程序等文件。

---

① 　陈瑞华：《刑事证据法》，北京大学出版社，2012，第 110 页。

1. 视听资料和电子数据的鉴真

同其他实物证据一样，视听资料、电子数据的同一性也需要经过鉴真程序的验证。而且这种鉴真必须包括外部载体的鉴真与内部载体的鉴真两个方面。作为实物证据中的重要类别，视听资料、电子数据的真实性经常受到诸多因素的影响。由于视听资料、电子数据要经历一连串制作、收集、提取、保全等诸多环节，而在每个环节上一旦面临控辩双方对其同一性的质疑，都会影响两类证据的适用。因此，对这两类证据的保管链条加以验证，就属于司法人员审查判断的主要内容。另外，由于视听资料、电子数据的形成、收集、存储等对一些高科技设备具有依赖性，而且在提取、剪辑等各个环节都有被伪造、变造的可能性，因此，对这两类证据进行专门的鉴真，就显得尤为必要。

（1）视听资料的鉴真

与一般物证、书证相似，视听资料的鉴真主要是对视听资料所记录的声音、图像、动态画面的真实性加以验证，以便确认这些声音、图像或画面没有发生实质的变化。例如，在庭审中，法官有时会当庭播放录音、录像或其他音像资料，以便让被告人、被害人、证人等当庭加以辨别。又如，法官会责令举证方对视听资料的来源、收集、提取、保管全过程和方式加以举证，以便证明视听资料的保管链条是完整的，也是不容置疑的。

我国刑事诉讼法对视听资料证据保管链条的验证也给予了充分的重视和强调，结合我国刑事诉讼法的相关规定，我们总结关于视听资料的鉴真需要着重审查以下几点。

第一，对视听资料的鉴真首先要审查该证据的真实来源，与物证、书证来源的验证方式相似，对视听资料的来源进行审查，也主要通过对相关笔录、清单的验证加以完成。例如，可以查看相关的勘验笔录、检查笔录、提取笔录、搜查笔录、扣押清单等，以便确认侦查人员对相关音像资料的提取过程，从而确定该视听资料究竟来源于何处，以及他们究竟是如何被提取的。

第二，对视听资料的鉴真还要审查复制件的制作和复制过程。对于视听资料的复制件，我们需要审查原件无法调取的原因，复制件的制作过程以及原件存放地点的说明。同时我们还要审查制作人、原视听资料持有人是否有签名或者盖章。通过这些审查，我们可以对视听资料复制件的制作过程以及其与原件的同一性作出判断。

第三，对视听资料的鉴真还需要对制作人、持有人的身份加以检验，并对制作该视听资料的时间、地点、条件和方法加以审查。以此来判定该视听资料在制作过程中是否存在错误录制的可能性。

除以上几点外，对视听资料的鉴真还涉及对该类证据内容和制作过程的验证，以便确认该证据是否存在剪辑、增加、删改等影响其真实性的情形。

（2）电子数据的鉴真

电子数据是实物证据的一种，电子数据在刑事诉讼中的使用，需要经过收集提取、封存保管、技术分析、当庭出示、审查判断等若干环节。其中任何一个环节出现问题或者瑕疵都有可能影响电子数据的真实性、完整性和关联性。因此，电子数据的鉴真尤为重要，有关电子数据鉴真的相关法律规定主要有"两高一部"《关于办理刑事案件收集提取和审查判断电子数据若干问题的规定》（2016）、公安部《公安机关办理刑事案件电子数据取证规则》（2018）。

互联网的迅猛发展将推动电子证据成为新时代的"证据之王"，电子证据将在中国刑事诉讼领域发挥前所未有的作用，扮演举足轻重的角色。电子证据鉴真作为电子证据重要的一部分，对其进行研究是时代的呼唤与要求。[①] 根据"两高一部"《关于办理刑事案件收集提取和审查判断电子数据若干问题的规定》，电子数据的鉴真关键在于保护电子数据的完整性，这主要通过以下几个环节来实现：一是扣押、封存电子数据的原始存储介质；二是电子数据的完整性校验值；三是制作、封存电子数据备份；四是冻结电子数据；五是对收集、提取电子数据的活动迹象录像。

具体来说，对电子数据进行鉴真，就是要保证电子数据外部载体和内部载体的真实性和同一性，避免电子数据的外部载体发生形态和数值上的变化，防止电子数据所记载的数据、信息、文件遭到破坏、篡改、删除、

---

① 谢登科、张赫：《电子数据区块链存证的理论反思》，《重庆大学学报》（社会科学版）2022 年 12 月 20 日。

增加，就需要在电子数据的收集、提取、移送、展示等各个环节，确立一些旨在保障电子数据完成性的规则。

①对电子数据的提取

对电子数据的提取，应以提取电子数据的原始存储介质为原则。只有在法定情形下无法扣押原始存储介质的，才可以直接提取电子数据。"原始存储介质"是指那些具备数据信息存储功能的电子设备、硬盘、光盘、记忆棒、存储卡、存储芯片等电子载体。在扣押电子数据的原始存储介质时，应当制作扣押笔录，并记录原始存储介质的封存状态。与此同时，在封存电子数据的原始存储介质时，应当保证在不解除封存状态的情况下，无法增加、删除、修改电子数据。封存后应当拍摄被封存原始存储介质的照片，清晰反映封口或者张贴封条处的状况。封存手机等具有无线通信功能的存储介质，应当采取信号屏蔽、信号阻断或者切断电源等措施。

法律规定在以下三种情况下允许直接提取电子数据，而不必扣押原始存储介质：一是原始存储介质不便封存的；二是提取计算机内部数据、网络传输数据等不是存储在存储介质上的电子数据的；三是原始存储介质位于境外的。

直接提取电子数据时，应当在提取笔录上注明无法扣押原始存储介质的原因、原始存储介质的存放地点或者电子数据的来源等情况并计算电子数据的"完整性校验值"。完整性校验值是使用散列函数等特定算法，对电子数据进行计算而得出的用于校验电子数据完整性的数值。电子数据的完整性是电子数据真实性的前提和基础，若缺乏完整性则意味着电子数据可能存在增减、破坏或丢失等情况，其真实性可能无法得到保障。在电子数据收集提取和审查认定中，通常使用完整性校验来保障电子数据的完整性，哈希值计算比对是最主要的完整性校验方法。哈希值是将任意长度的输入数据通过散列函数算法变换为固定长度的输出值，其主要有以下特征。其一，唯一性。不同数据经过哈希函数运算后得到的哈希值不同。其二，确定性。对同一数据输入或相同数据输入，无论经过多少次哈希函数运算，得到的哈希值都相同。其三，不可逆性。在仅有哈希值的情况下，无法逆向还原出哈希值所对应的原始输入数据。基于这些特征，任何一条电子数据，如文本文件、应用程序、音视频文件等，不管其存储量多大，有且仅有唯一的哈希值。若电子数据发生增减或修改，其哈希值也会发生变化。较为常见的哈希值算法包括 MD5、SHA（Secure Hash Algorithm），由于 SHA 算法的强度和安全性更高，其已成为目前主流的完整性校验方法。[①]

另外，收集、提取电子数据的过程，应尽量有符合条件的见证人参加，并尽量对收集、提取过程进行录像。另外，收集、提取电子数据，应当制作笔录。制作笔录应注明以下事项：一是案由，对象，内容，提取收集的时间、地点、方法和过程；二是电子数据清单，包括类别、文件格式、完整性校验值等；三是侦查人员、电子数据持有人签名或者盖章；四是见证人的签名或盖章。

②对电子数据的冻结

在法定情形下，对电子数据可以采取冻结措施：一是电子数据数量较大，无法或不便提取的；二是提取时间长，可能造成电子数据被篡改或者灭失的；三是通过网络应用可以更为直观地展示电子数据的。冻结电子数据的基本方法有：计算电子数据的完整性校验值；锁定网络应用账号；其他增加、删除、修改电子数据的措施。另外，冻结电子数据应当制作协助冻结通知书，注明电子数据的网络应用账号等信息，送交电子数据持有人、网络服务提供者等协助办理。

③对电子数据的移送与展示

在刑事诉讼活动中，对收集、提取的原始存储介质或者电子数据，应当以封存状态随案移送，并制作电子数据的备份一并移送。对于被冻结的电子数据，应当移送被冻结电子数据的清单，注明电子数据的类型、文件格式、冻结主体、证据要件、相关网络应用账号，并附上查看工具和方法的说明。控辩双方向法庭提交电子数据的，法庭应当通过以下方法进行展示：一是根据电子数据的类型，借助多媒体设备进行出示、播放或者演示；二是聘请具有专门知识的人进行操作，并就相关技术问题作出说明。如果需要对被告人的网络身份与现实身份的同一性进行认定，可以通过核查相关 IP 地址、网络活动记录、上网终端归属以及其他证据进行综合判断。

[①]　谢登科：《电子数据的技术性鉴真》，《法学研究》2022 年第 2 期。

④电子数据技术性鉴真

对于电子数据技术性鉴真规则,"两高一部"《关于办理刑事案件收集提取和审查判断电子数据若干问题的规定》和 2018 年公安部颁布的《公安机关办理刑事案件电子数据取证规则》等规范性文件建立了以完整性校验为核心的体系。其一,在通过网络在线提取、冻结、调取、检查等方式收集电子数据时,侦查机关应计算电子数据的完整性校验值。其二,侦查机关在电子数据的收集取证中,需制作相关取证笔录,在取证笔录中应注明完整性校验值的类型、具体数值。其三,证据保管部门在接收电子数据时应审查比对其完整性校验值,将比对情况和结果记载于接收笔录中。其四,电子数据在保管、移送、检验等环节若发生修改,会导致其完整性校验值不一致,若完整性校验值经比对确认一致,则可初步认定电子数据的真实性。[①]

2. 视听资料和电子数据的排除

(1)证据资格方面的排除规则

根据司法解释的规定,无论是视听资料还是电子数据,经过审查无法确认其真伪的,法院一律不得将其作为定案的根据。对于那些无法保证真实性的电子数据,一律不得作为定案的根据。这里主要包括两种情形:一是在外部载体上存在被篡改、伪造的情形,或者无法确定真伪的电子数据;二是在内部载体上存在被增加、删除、修改等情形,影响其真实性的电子数据。

(2)证明力的排除规则

侦查机关、公诉机关在对电子数据的收集、提取、冻结、移送、展示、鉴定等各个环节,无法确保证据保管链条的完整性,难以证明电子数据外部载体和内部载体的同一性的,对于这种在鉴真方面存在缺陷或者瑕疵的电子数据,刑事诉讼法通常将其视为瑕疵证据,并确立了可补正的排除规则。

根据《最高人民法院关于适用〈中华人民共和国刑事诉讼法〉的解释》,无论是视听资料,还是电子数据,在制作、取得的时间、地点、方

---

① 谢登科:《电子数据的技术性鉴真》,《法学研究》2022 年第 2 期。

式等方面存有疑问，公诉机关无法提供必要证明或者无法作出合理解释的，法院不得将其作为定案的根据。而根据"两高一部"《关于办理刑事案件收集提取和审查判断电子数据若干问题的规定》，电子数据的收集、提取程序存在下列瑕疵，无法取证或者无法作出合理解释的，一律不得将其作为定案的根据：一是电子数据没有以封存状态移送的；二是笔录或者清单上没有侦查人员、电子数据持有人（或提供人）、见证人签名或者盖章的；三是对电子数据的名称、类别、格式等注明不清的；等等。

3. 对电子数据鉴真的实际应用

（1）朝阳区法院办理的某非法获取计算机信息系统数据、非法控制计算机信息系统案

2018 年，张三、李四、王五、赵六等人相继成立了以计算机软件开发、网络技术开发、手机软硬件开发等为主要经营范围的三家网络公司。被告人周甲、吴乙、郑丙分别在三家公司担任技术员，王丁任其中一家公司副总。2019 年底起，张三、李四、王五、赵六合谋，授意周甲、吴乙、郑丙、王丁研发"静默插件"，以刷机的形式将"静默插件"植入移动终端，该"静默插件"具有以下功能：在未获得用户授权，即在用户不知情的情况下，获取用户手机位置、探索用户手机网络状态、更改用户网络状态、删除用户手机内安装的 App、安装其他应用程序、通过手机网络访问互联网、强制关闭用户手机内正常运行的应用程序、获取用户手机内当前运行的应用列表、唤醒用户手机、读写用户存储卡等信息；以及在用户不知情时，上传手机收发短信、通话信息、通讯录、GPS 定位信息等隐私信息；并通过该"静默插件"的移动终端推送软件、广告等商业性电子信息。后经检察院指控，2021 年，被告人张三、李四、王五、赵六、周甲、王丁、祝某、杜某被抓获；同年，被告人郑丙、吴乙也落网。该案电子证据未经质证，不得作为证据适用。该案争议焦点在于未鉴真或当庭质证的电子数据是否能作为定案依据。

该案所涉证据为：三家网络公司服务器内大量用户移动终端内存储的信息，包括被获取 imsi（国际移动用户识别码）的移动终端有 206806 部，被获取手机型号的移动终端有 265970 部，被获取手机号码的移动终端有 44564 部，被获取地址信息的移动终端有 132168 部，被获取软件安装列表

的移动终端有 196733 部，被获取 imei（国际移动设备识别码）的移动终端有 265991 部，被获取通讯录的移动终端有 102368 部，被获取的通讯录共 19426523 条；还包括公安机关从被告人的住所及办公场所等地扣押的涉案手机、电脑、硬盘等物品，送检的光盘，QQ 聊天记录，网页邮件截图，网页浏览历史记录，等等。根据电子数据的概念可知，电子数据定义为以现代信息网络技术为依托并以各种电子设备为其外部载体的数据信息的集合，通常以无形化的电子形式形成、传输和储存，本质上是一种诉讼材料，且该诉讼材料能对待证事实起到证明作用。因此该案所涉证据为电子证据。

电子证据鉴真包括证据的形式真实和实质真实，形式真实是指电子证据保存链条完整，未被篡改或删除，实质真实是指案件所涉及的电子证据的内容能够证明被诉事实为真或为假。综合全案来看，首先分析电子证据的形式真实。对于涉案的以有形载体存在的电子证据，侦查部门主要是以现场勘查的形式进行固定的；对于存储于载体之上的各种信息、网址、聊天记录，以及静默推送的系列安装程序，则是通过复制进行固定的；对于涉及的网络数据库，则是通过勘验的方式进行固定的。可以看出，从目标电子证据载体的查封扣押以及承载于其载体之上的各类电子信息的保管链条来说，至少形式上保证了保管链条的完整性，保持了其形式真实。但基于电子证据的脆弱性和可更改性，并不能完全保证涉案的电子证据是完全没有被污染的。从现在的侦查工作和专业程度来说，这样的侦查过程是值得信赖的。但该案中补充送检的索尼 U 盘的真实性值得探索，如果是案件所需的证据，为何不一开始就一同送检；如果不是案件所需证据，那么为何又要补充送检；既然没有一同送检，现在又补充送检，那么如何证明其真实性，如何证明其没有受到污染。这些是在案件办理过程中应当密切关注的问题。

（2）某贩毒案及某非法控制计算机信息系统案

完整性校验是电子数据鉴真的重要方法，在电子数据取证中，是否计算完整性校验值，有时甚至直接影响能否对电子数据进行有效鉴真。在陈某贩卖毒品案中，公安机关从被告人处扣押手机后提取涉案电子数据，制作了勘验检查笔录，但该笔录没有持有人、见证人签章，也没有记载提取过程和内容，取证过程没有录像，也没有计算电子数据完整性校验值。法院认为该电子数据取证程序存在重大瑕疵，且不能作出合理解释，故对该电子数据予以排除。在占某、詹某等某非法控制计算机信息系统案中，辩护人提出，电子数据勘验检查笔录没有见证人签名且电子数据取证过程未全程录像，电子数据的真实性存疑。法院经审理后认为，因该案涉及异地办案，侦查人员众多，电子数据取证过程虽无见证人签名和全程录像，但已以截图形式保存，能客观反映勘验提取电子数据的真实性，被告人也认可软件源代码存储在相关存储介质中的事实；并且涉案电子数据均有完整性校验值，内容比对一致，电子数据具有完整性，故该电子数据可以作为定案依据。

在上述两个案例中，涉案电子数据因是否计算了完整性校验值而得到了不同的认定结果。在陈某贩卖毒品案中，侦查机关扣押手机后没有作封存处理，没有制作同步录像，取证笔录欠缺签章、要素不全，法院无法借助"证据保管链"方法对电子数据进行鉴真。该案取证中也没有计算电子数据完整性校验值，不能排除电子数据被增减、篡改的可能性。控方无法有效证明电子数据的真实性，无法对电子数据作有效鉴真，故法院对该电子数据予以排除。在占某、詹某等非法控制计算机信息系统案中，电子数据取证也欠缺见证人见证、同步录像，法院无法借助"证据保管链"方法进行鉴真。法院虽然主张依据"截图保存""被告人认可""完整性校验"来认定电子数据的真实性，但电子数据鉴真实际上主要依据完整性校验。这是因为"截图"的真实性有待审查确认，存储于相关存储介质的电子数据在被收集提取后是否存在增减、修改的情况也无法确认，而侦查机关提取电子数据后计算得出的完整性校验值具有确定性和唯一性，后经比对发现完整性校验值未发生变化，故法院确认了该电子数据的真实性。①

---

① 谢登科：《电子数据的技术性鉴真》，《法学研究》2022 年第 2 期。

08　非法证据排除程序的规则与操作方法

在刑事诉讼中，证据是认定事实的基础，其重要性不言而喻。随着《刑事诉讼法》的修订、刑事法治的不断完善及全面依法治国的推进，我们更加意识到，实质正义的实现不能以违背程序正义为前提。同时，保障人权也日益成为刑事法治建设最重要的要求。但在实践中，通过刑讯逼供等非法手段获取证据的行为依然屡禁不绝。基于此，2010 年最高人民法院、最高人民检察院、公安部、国家安全部和司法部（以下简称"两高三部"）联合发布了《关于办理刑事案件排除非法证据若干问题的规定》，2012 年《刑事诉讼法》确立了非法证据排除规则，并规定了对证据合法性的证明及排除非法证据的模式，但是在实践中仍然存在非法证据排除程序运行困难的问题，表现为在辩方履行启动非法证据排除的初步证明责任上证明方法有限、证明标准过高难以达到、排除程序操作困难、救济措施缺失等，进而导致无法启动非法证据排除程序。

因此，本文以刑事辩护的实践运用为视角，拟深入分析非法证据排除的启动程序、排除主体、证明责任和证明标准等关键问题，以及如何在辩护中充分、正确地运用这些规则，尤其是在实务中如何申请启动非法证据排除程序的实践经验与规律进行归纳总结，以助益于实现有效辩护及进一步的理论探讨与规则改进。

一　非法证据排除规则对刑事辩护的作用

（一）拓宽辩护渠道，有利于实现有效辩护

随着认罪认罚从宽制度、刑事辩护全覆盖制度等一系列刑事诉讼制度

改革的不断推进，刑事辩护制度不断转型发展，辩护权的涵盖阶段与关注重点也在不断扩展，逐步从审判阶段延伸至侦查阶段，而辩护形态也经历了从实体辩护到程序辩护的过程。[1] 由此也进一步加速了刑事辩护重心前移，即由以往只重视审判阶段的辩护转为也注重审前辩护。按照我国《刑事诉讼法》的规定，虽然律师在侦查阶段的辩护中可以行使调查取证权，但该项权利的局限性与风险性非常大，导致侦查阶段的辩护主要还是通过讲述犯罪构成要件及告知诉讼权利的方式协助犯罪嫌疑人应对侦查机关的侦查。非法证据排除规则确立后，除了上述辩护内容外，辩护律师还可以针对非法言词证据排除展开辩护，即当辩护律师发现侦查人员存在非法取证的情形时，就有权要求侦查机关将非法的言词证据予以排除。从司法实践看，非法的言词证据一般形成于公安机关的办案场所，也即侦查人员将犯罪嫌疑人带至公安机关的办案场所到送交看守所羁押前，所以在侦查阶段辩护人介入后也是非法证据排除的最佳时机。而到了此后的审查起诉与审判阶段，可能已经错失时机，因相关的证据线索随着时间的推移可能已灭失。

同时，在部分案件中，律师也能通过行使辩护权发现非法搜查、非法扣押与违反勘查、保管、移交、鉴定要求的线索和证据，进而对非法实物证据提出排除申请。因此，非法证据排除规则的确立，使辩护律师自侦查阶段的辩护之初即可开展有效的辩护，可以从审前辩护的角度全方位维护犯罪嫌疑人的权益。因此审前辩护中申请非法证据排除，将大大拓宽律师的辩护渠道。

（二）改变以实体辩护为主的辩护模式，拓展程序辩护的空间

传统的辩护主要集中在实体辩护，辩方主要针对犯罪构成要件，也即事实问题、法律适用问题而展开。随着非法证据排除规则在我国法律层面得以确立，并建立了体系的程序性规范，而且进一步明确了相关认定标准，律师程序辩护的阻力将大大减少，程序辩护的空间有效拓展。因非法证据排除规则解决的是特定证据的证据能力问题，排除非法证据虽并不意

---

[1]　朱桐辉：《辩护权的扩展与侦查辩护的独立价值》，《中国刑事法杂志》2009 年第 12 期。

味着一定要宣告无罪，案件最终如何处理还要取决于其他证据情况，但辩护律师可以有效地利用相关的证据线索申请启动排除非法证据，如果达到有效排非，则可能将控方的证据链条切断，从而影响案件事实的认定。任何一项诉讼权利，都需要经过激活才能转化为现实的利益。律师作为委托人的辩护人，更需要通过积极的申请，保证委托人的各项诉讼权利落到实处，从而推动刑事辩护的进程，影响刑事诉讼的格局。[①]

（三）形成战略威慑作用，实现量刑辩护

从刑事诉讼的本质上看，刑事辩护是赋予被指控犯罪的人法律上公平性、对等性的权利。[②] 但在司法实践中，启动非法证据排除程序并实现有效排除非法证据非常困难。尽管最高人民法院及最高人民检察院先后出台《关于办理刑事案件排除非法证据若干问题的规定》及《关于办理刑事案件严格排除非法证据若干问题的规定》等一系列规定，意在通过立法的方式细化非法证据的认定标准，以及加强贯彻非法证据排除规则的适用，但这未从根本上改变排非难的司法现状。虽然存在排非难的现状，但如果启动非法证据排除并达到有效排非，则会影响控方的证据体系，从而影响案件事实的认定。即使不能达到有效排非，如果启动非法证据排除，亦可形成威慑作用，可以削弱控方的指控，起到减轻量刑的积极作用。因此申请启动排非虽不能实现有效排除非法证据，但可以有效削弱控方的指控达到减轻量刑的目的。而减轻量刑能够进一步激发被告人寻求程序保护的动力。[③] 因此，申请非法证据排除也是一种良好的辩护策略。

（四）增强抗辩能力，减少被动性

在刑事诉讼中，辩护律师拥有较高的辩护技能和丰富的实务经验固然重要，但我国司法体制下的辩控双方力量在刑事诉讼结构中一直是失衡状

---

① 陈瑞华：《刑事辩护的艺术》，北京大学出版社，2018，第31页。

② 王嘉铭：《中国辩护律师权利研究》，博士学位论文，中国社会科学院大学，2020。

③ 吴宏耀、赵常成：《程序性违法的量刑补偿机制研究》，《国家检察官学院学报》2019年第3期。

态，辩护律师始终处于比较被动的地位，只能针对公诉方提交的证据、观点进行反驳，在刑事辩护中自然处于守势。而辩护方申请排除非法证据的这种程序性辩护，若取得成功，即说服法院否定了公诉方特定证据的证据能力，对公诉方的指控产生了削弱作用。① 因此，非法证据排除规则的确立显然有利于改变这种局势，使辩方掌握辩护的主动权。根据非法证据排除规则的证明责任分配，律师在审判阶段针对侦查机关取证违法问题提出之后，应该由公诉人负责举证证明侦查机关取证合法，如果公诉人不能举证证明侦查机关取证合法，或者举证不充分的，则必须由公诉人承担败诉的风险。因此，非法证据排除规则无疑有利于改善律师在刑事辩护中的被动局面，也有利于更好地维护被告人的合法权益和更大限度地促进司法公正。

二　非法证据排除的新契机与新进展

这里特别要论述的是，新《刑事诉讼法》将司法工作人员职务犯罪的侦查权划归给了检察机关，这是一个非常重要的新进展，也给启动非法证据排除带来了新契机。

（一）依职权启动排非程序的可能性将大幅增加

随着职务犯罪侦查权的划转，检察机关诉讼监督的效果难免受到削弱，但修改后的《刑事诉讼法》第19条第2款规定："人民检察院在对诉讼活动实行法律监督中发现的司法工作人员利用职权实施的非法拘禁、刑讯逼供、非法搜查等侵犯公民权利、损害司法公正的犯罪，可以由人民检察院立案侦查。对于公安机关管辖的国家机关工作人员利用职权实施的重大犯罪案件，需要由人民检察院直接受理的时候，经省级以上人民检察院决定，可以由人民检察院立案侦查。"这为检察机关部分罪名自行侦查权和机动侦查权的行使提供了法律依据。② 因此，检察机关为了其自身利益

---

① 陈瑞华：《程序性辩护的理论反思》，《法学家》2017年第1期。
② 陈国庆：《刑事诉讼法修改与刑事检察工作的新发展》，《国家检察官学院学报》2019年第1期。

会加大诉讼监督的力度。

由于检察机关侦办的这类司法工作人员职务犯罪侦查案件的线索均是在对诉讼活动的监督过程中发现的,即在通过纠正违法行为和错误决定时发现的线索及公诉案件办理中可以发现一些职务犯罪线索,因此,为了继续纠正违法行为、强化监督效果,他们会依职权启动侦查行为,一是纠正违法,二是获取案件线索,从而对司法工作人员利用职权实施的非法拘禁、刑讯逼供、非法搜查等侵犯公民权利、损害司法公正的犯罪行为实施侦查。从司法现状分析来看,检察机关依职权启动排非程序的可能性将大幅增加。

(二) 申请非法证据排除将会前移

如前所述,检察机关为了其自身利益会加大诉讼监督的力度,可能加大司法工作人员职务犯罪侦查的力度,获取更多的案件线索,因此,也会更多地受理排除非法证据的申请。但之前排除非法证据一般集中于审判阶段,随着《刑事诉讼法》的修改,司法工作人员职务犯罪侦查权划归检察机关,非法证据排除申请将更多地在审查起诉阶段就得到展开和受理。这样,申请排除非法证据将会前移,带来良好的契机及可预期的显著效果。

(三) 审判阶段启动排非程序及实现有效排非的比例可能增大

非法证据排除规则是一种通过排除非法证据遏制非法取证行为的程序性制裁措施,我国立法确立的程序性制裁机制在司法实践中难以发挥实效。①但随着《刑事诉讼法》的修改,如果检察机关依职权或依申请启动排除非法证据的案件比例增大,那么人民法院的审判理念也必然受检察机关司法理念改变的影响,同时也可能加大启动排非的力度。

更重要的是,根据新修改的《刑事诉讼法》的这一立案管辖规定,如果在一些应当排除非法证据的案件中,因审判人员的司法观念或者其他原因没有排除非法证据,严重影响司法公正,则该审判人员可能涉嫌司法工

---

① 吴宏耀、赵常成:《程序性违法的量刑补偿机制研究》,《国家检察官学院学报》2019年第3期。

作人员职务犯罪，将可能因此面临刑事法律风险。基于此，审判人员会更加客观地评判非法证据。因此，新修改的《刑事诉讼法》将司法工作人员职务犯罪侦查权划归检察机关后，审判阶段启动排非程序及实现有效排非的比例将可能显著增大。

三　非法证据排除规则中若干重要界定的理解

如何界定"非法证据"，学术界存在不同见解，有广义和狭义之分。如果使用广义和狭义的概念分析法，广义的非法证据是指因为证据形式、收集或者给出证据的主体以及过程、方式等不符合法律规定的证据材料，具体来说，其包括三种情况：形式上不合法的证据，收集证据的主体不合法的证据，收集方式、程序不合法的证据。狭义的非法证据指的是以非法方法获得的证据，自然而言前面所说的非法定主体取得的证据和非法定形式的证据不包含在讨论之列。①

《刑事诉讼法》第 56 条规定："采用刑讯逼供等非法方法收集的犯罪嫌疑人、被告人供述和采用暴力、威胁等非法方法收集的证人证言、被害人陈述，应当予以排除。收集物证、书证不符合法定程序，可能严重影响司法公正的，应当予以补正或者作出合理解释；不能补正或者作出合理解释的，对该证据应当予以排除。在侦查、审查起诉、审判时发现有应当排除的证据的，应当依法予以排除，不得作为起诉意见、起诉决定和判决的依据。"据此，我国《刑事诉讼法》规定和规制的非法证据主要是指上述狭义的非法证据，主要包括非法言词证据和非法实物证据。前者又包括非法的供述（采用刑讯逼供等非法方法收集的）和非法的证人证言和被害人陈述（采用暴力、威胁等非法方法收集的）。我国《刑事诉讼法》规定的非法证据仅指的是狭义的非法证据，该非法证据主要包括非法言词证据和非法实物证据。

---

① 刘玲、刘坤达：《非法证据排除规则的困境与完善》，《法制博览》2021 年第 20 期。

（一）非法言词证据

根据我国《刑事诉讼法》第 56 条的规定，采用刑讯逼供等非法方法收集的犯罪嫌疑人、被告人供述和采用暴力、威胁等非法方法收集的证人证言、被害人陈述，应当予以排除。收集物证、书证不符合法定程序，可能严重影响司法公正的，应当予以补正或者作出合理解释；不能补正或者作出合理解释的，对该证据应当予以排除。在侦查、审查起诉、审判时发现有应当排除的证据的，应当依法予以排除，不得作为起诉意见、起诉决定和判决的依据。因此，非法言词证据主要包括采用刑讯逼供等非法方法收集的犯罪嫌疑人、被告人供述和采用暴力、威胁等非法方法收集的证人证言、被害人陈述。[①]

1. 关于"采用刑讯逼供等非法方法收集的犯罪嫌疑人、被告人供述"

"两高三部"关于《关于办理刑事案件严格排除非法证据若干问题的规定》第 2 条规定："采取殴打、违法使用戒具等暴力方法或者变相肉刑的恶劣手段，使犯罪嫌疑人、被告人遭受难以忍受的痛苦而违背意愿作出的供述，应当予以排除。"从规定内容来看，对于司法实践中侦查人员故意采取上述手段违背被告人意志，造成其肉体上难以忍受的痛苦，或者对被告人身体造成损伤和严重后果的为非法证据，应当依法排除。

在司法实务中，关于重复性供述，也采用强制排除规则，但在适用时应注意以下两点。①适用范围：刑讯逼供方法受影响的重复性供述。②例外情形：一是（侦查阶段）主体变更的例外，即侦查期间，根据控告、举报或者自己发现等，侦查机关确认或者不能排除以非法方法收集证据而更换侦查人员，其他侦查人员再次讯问时告知诉讼权利和认罪的法律后果，犯罪嫌疑人自愿供述的；二是诉讼阶段变更的例外，即审查逮捕、审查起诉和审判期间，检察人员、审判人员讯问时告知诉讼权利和认罪的法律后果，犯罪嫌疑人、被告人自愿供述的。[②]

---

① 于同志：《【说刑·讲座】非法证据排除的实务操作》，"说刑品案"微信公众号，https://mp. weixin. qq. com/s/w5F8So04VjdgZNemg1vAFg，最后访问日期：2024 年 12 月 20 日。

② 戴长林：《非法证据排除规则司法适用疑难问题研究》，《人民司法》2013 年第 9 期。

2. 关于"采用暴力、威胁等非法方法收集的证人证言、被害人陈述"

"暴力"是指"殴打、违法使用戒具等暴力方法或者变相肉刑的恶劣手段";"威胁"是指"采用以严重损害本人及其近亲属合法权益等进行威胁的方法"。上述两种方法都足以使证人、被害人遭受难以忍受的痛苦而违背意愿作出证言和陈述。

这里的问题仍是如何理解"等非法方法"。《关于办理刑事案件严格排除非法证据若干问题的规定》对此未能作出解释,但是特别列举了"以及非法限制人身自由的非法方法"收集的证人证言、被害人陈述,应当予以排除,并且相关司法解释规定刑讯逼供不仅限于肉体上的暴力,还包括精神上的折磨。该条规定明确从立法上实现了保障人权的目的,但是中国对于非法言词证据是否采取绝对排除的态度?事实上答案并非肯定。需要注意,《关于办理死刑案件审查判断证据若干问题的规定》第 14 条规定:"证人证言的收集程序和方式有下列瑕疵,通过有关办案人员的补正或者作出合理解释的,可以采用:(一)没有填写询问人、记录人、法定代理人姓名或者询问的起止时间、地点的;(二)询问证人的地点不符合规定的;(三)询问笔录没有记录告知证人应当如实提供证言和有意作伪证或者隐匿罪证要负法律责任内容的;(四)询问笔录反映出在同一时间段内,同一询问人员询问不同证人的。"所以,应当对这里以及关于排除非法供述的《刑事诉讼法》中规定的"非法方法"作出进一步的准确理解。结合立法及司法解释体现的新理念和新方法,笔者认为,该规定中的"非法方法"是指取证的程序不合法并且侵犯了犯罪嫌疑人、被告人、证人等其他诉讼参加人的基本权利的讯问手段和方法。只有满足以上两个条件才会绝对排除。当然,若只是程序不合法,并未侵犯基本权利,可以对讯问程序中的非实质性瑕疵进行补正或者作出合乎情理的解释。这样规定的目的也正是兼顾打击犯罪和保障人权,平衡司法公正和司法效率。

(二)非法实物证据

我国的非法实物证据主要指的是物证和书证,不包括勘验、检查笔录和鉴定意见。因为非法证据排除规则的意义主要在于保护人权,刑事诉讼法的目的在于惩罚犯罪和保护人民,[①] 而物证、书证的收集通常采取搜查、扣押等侦查手段,如果这些手段违法,则可能侵犯犯罪嫌疑人和被告人的人身权、隐私权等基本人权,而勘验、检查笔录和鉴定意见的制作则不存在侵犯人权的问题,因而不属于非法实物证据排除规则的适用范围。[②] 也即,即使勘验、检查笔录和鉴定意见等出现违法性错误,影响的也只是案件的裁定,并不直接对犯罪嫌疑人和被告人的基本权利造成侵犯。因此,对其的效力评价以及排除没有纳入非法证据的范畴内。

我国《刑事诉讼法》对非法书证和非法物证的排除限定得较严格。具体而言,应当同时具备以下几个条件才能排除:①收集证据的程序不符合法律的规定;②可能严重影响司法公正;③对上述两方面不能作出补正或者合理解释。只有这三个条件同时具备,才能排除相关证据。

但问题是"可能严重影响司法公正"如何认定?2019年《人民检察院刑事诉讼规则》第70条规定:"收集物证、书证不符合法定程序,可能严重影响司法公正的,人民检察院应当及时要求公安机关补正或者作出书面解释;不能补正或者无法作出合理解释的,对该证据应当予以排除。对公安机关的补正或者解释,人民检察院应当予以审查。经补正或者作出合理解释的,可以作为批准或者决定逮捕、提起公诉的依据。"2021年《最高人民法院关于适用〈中华人民共和国刑事诉讼法〉的解释》第126条规定,认定"可能严重影响司法公正",应当综合考虑收集物证、书证违反法定程序以及所造成的后果的严重程度等情况。所谓"可能严重影响司法公正",应指收集物证、书证行为明显违法或者情节严重,如果允许办案人员以这种行为收集证据的话,可能对司法机关办案的公正性、权威性以及司法公信力产生严重的损害。

要善于利益权衡和价值衡量。由于立法上对"影响司法公正"有具体程度的限定,以非法方法收集的物证、书证是否排除,不仅要综合考虑案件性质及犯罪的严重程度、非法取证的严重程度、非法取证行为对社会造成的不良影响及对司法公正造成的危害程度和社会公共利益等方面的因

① 刘玲、刘坤达:《非法证据排除规则的困境与完善》,《法制博览》2021年第20期。
② 于同志:《刑事实务十堂课:刑事审判思路与方法》,法律出版社,2020。

素，还要结合案件的其他证据是否能够补正或者侦查机关能否作出合理解释等情况，最终决定是否予以排除。此外，侦查一个轻微刑事案件，是否以牺牲较大利益为代价，也是一个不容忽视的因素。因此，除了《刑事诉讼法》第56条明确应予排除的三类言词证据和两类实物证据外，对于非法收集的其他类型的证据以及以引诱、欺骗等非法方法收集的犯罪嫌疑人、被告人供述，以引诱、欺骗等非法方法收集的证人证言、被害人陈述等，立法未明确要求"应当予以排除"，则要在实践中根据案件实际情况综合判定，不能不加考量、简单地予以排除或不排除。但当前的立法趋势是完善证据制度，特别是要建立非法证据排除规则，减少刑讯逼供。[1]

四　非法证据排除的程序、证明及后果

非法证据排除程序相对比较复杂，俨然成为一种"程序中的程序"，因此被称为"诉中诉"、"案中案"或者"审判之中的审判"。[2] 对此，我国《刑事诉讼法》明确确立了审判环节申请非法证据排除的标准流程，根据我国《刑事诉讼法》及相关司法文件、司法解释，非法证据排除在诉讼各阶段都会出现，但其标准流程体现在审判环节。《刑事诉讼法》确立了七大具体规则：①申请时限；②申请方式；③申请条件；④初步审查；⑤控方举证；⑥双方质证；⑦法庭裁判。笔者现对其中的重点问题予以论述。

《刑事诉讼法》第58条规定："法庭审理过程中，审判人员认为可能存在本法第五十六条规定的以非法方法收集证据情形的，应当对证据收集的合法性进行法庭调查。当事人及其辩护人、诉讼代理人有权申请人民法院对以非法方法收集的证据依法予以排除。申请排除以非法方法收集的证据的，应当提供相关线索或者材料。"

据此，我国立法上规定的是依职权和依申请排除非法证据的并行模式。但据笔者的辩护经历和观察，由被告人及辩护人申请排除非法证据的占主要部分。因此，现结合《关于办理刑事案件严格排除非法证据若干问

---

① 黄太云：《刑诉法修改之九点展望》，《民主与法制时报》2010年11月22日，第2版。
② 陈瑞华：《程序性制裁理论》（第2版），中国法制出版社，2010，第23页。

题的规定》及《刑事诉讼法》着重分析依申请启动的操作方式。

第一，申请时限。《关于办理刑事案件严格排除非法证据若干问题的规定》第23条第2款规定："被告人及其辩护人申请排除非法证据，应当在开庭审理前提出，但在庭审期间发现相关线索或者材料等情形除外……"也就是说，申请一般在一审开庭前提出，但一审开庭前未申请、在法庭审理中申请的，说明理由后可以提出；在第一审程序中未申请、在第二审程序中申请的，应当说明理由。

第二，申请方式。《刑事诉讼法》未明确当事人以何种方式提起排非申请。在我国刑事案件审理期间，被告人大多数情况下处于被羁押状态，某些基本的权益受到比较大的影响和限制，自身提供非法证据线索的能力比较弱，大多数情况下需要依靠辩护律师的帮助。因此依照《关于办理刑事案件严格排除非法证据若干问题的规定》的规定，被告人及辩护人申请排非的，应向法院提交书面申请书。被告人没有辩护人且书写确有困难的，可以口头提出申请，上述情况应当记录在案，并由被告人签名或者捺印。

第三，申请条件。我国《刑事诉讼法》虽然规定由检察机关承担取证合法的证明责任，但还是给排非程序的启动规定了门槛条件与初步的举证责任：申请排除非法证据的，应当提供相关线索或者材料。当然，这并不意味着辩方承担存在刑讯逼供等非法取证的举证责任。为保证在刑事辩护中成功启动排除非法证据程序，应对申请方提供非法取证的相关线索或材料，并且如果做到在申请过程中能够科学合理地使用非法取证的线索，则更有助于该程序的启动。

至于相关"线索"，是指涉嫌非法取证的人员、时间、地点、方式等信息；相关"材料"是指能够反映非法取证的伤情照片、体检记录、医院病历、讯问笔录、讯问录音录像或同监室人员的证言等材料。[①]

第四，初步审查。排除非法证据的程序启动后，法庭应对辩方申请的事实进行审查。法庭对被告人在庭前供述取得的合法性没有疑问的，可以直接对指控的犯罪事实进行调查。对取得供述的合法性有疑问的，则由控方对取证的合法性举证。据此可以看出，我国实行依申请和依职权排除非

---

① 于同志：《刑事实务十堂课：刑事审判思路与方法》，法律出版社，2020。

法证据的模式：一种是诉权启动方式；另一种是职权启动方式。前者是指被告人及辩护人向法院提出非法证据排除的申请，后者则是法院在检察机关提起公诉后发现某一证据系侦查人员通过非法的方式获取的，依职权启动非法证据排除程序。① 在辩护实务中，辩护律师还需特别利用好这一阶段的庭前会议程序。《关于办理刑事案件严格排除非法证据若干问题的规定》已明确了应当召开庭前会议的情形，第25条规定："被告人及其辩护人在开庭审理前申请排除非法证据，按照法律规定提供相关线索或者材料的，人民法院应当召开庭前会议……"换言之，此时，召开庭前会议是一个必经程序，辩方可以充分主张这一程序权利，以取得排非的主动性。同时，《关于办理刑事案件严格排除非法证据若干问题的规定》还明确了这一程序中的检察机关的举证责任和举证方式："人民检察院应当通过出示有关证据材料等方式，有针对性地对证据收集的合法性作出说明。人民法院可以核实情况，听取意见。"辩护律师也可以充分利用这一规定，提升证据辩护的效果。

第五，控方证明。依据《刑事诉讼法》的规定，排除非法证据的程序启动后，控方应当向法庭提供讯问笔录、原始的讯问过程录音录像或者其他证据，提请法庭通知讯问时其他在场人员或者其他证人出庭作证，仍不能排除刑讯逼供嫌疑的，提请法庭通知讯问人员出庭作证，对该供述取得的合法性予以证明。

第六，双方质证。控方举证后，控辩双方可以就被告人审判前供述的取得是否合法的问题进行质证、辩论。此外，非法取证行为排除威慑及引导效果的充分发挥，不仅有赖于便利化的启动机制，也有赖于辩方对非法取证行为当庭控诉能力，所以有效排除的效果，也有赖于辩方当庭质证、辩论能力的支撑。

第七，法庭裁判。非法证据排除作为程序性裁判的一种，其有效运作的前提是程序合法性争点的具体化，争点的具体化包括审判对象的具体化和法庭认定的具体化。② 因此，法庭根据控方举证及控辩双方辩论的情况

---

① 陈瑞华：《刑事证据法》，北京大学出版社，2018。
② 孙远：《非法证据排除的裁判方法》，《当代法学》2021 年第 5 期。

对被告人庭前供述的合法性问题作出裁定。如果公诉人的证明达到确实、充分的程度，能够排除审前供述属于非法取得的，法庭可以确认该供述的合法性，准许当庭宣读、质证。否则，法庭应当对该供述予以排除，不作为定案根据。另外，值得注意的是，《关于办理刑事案件严格排除非法证据若干问题的规定》第 5 条确立了非法言词证据的先行调查原则，在审理犯罪事实的过程中，只要被告人及其辩护人提出了取证合法性问题，就要先行对该问题进行"审理"。①

第八，证明标准及排除的后果。证据的合法性裁判作为程序性裁判，在作出裁定时就涉及证明标准的问题，我国《刑事诉讼法》规定的证明标准是"案件事实清楚，证据确实、充分"，学术界和实务界通常将其视为"客观真实的证明标准"。该证明标准体现了对刑事证明的严格要求，符合刑事诉讼重视权利保障的宗旨，因而一直被肯定。②《关于办理刑事案件严格排除非法证据若干问题的规定》第 34 条规定："经法庭审理，确认存在本规定所规定的以非法方法收集证据情形的，对有关证据应当予以排除……"从立法表述上看，司法解释使用的是"确认存在"，而对定罪的证明标准立法表述却是经典的"案件事实清楚，证据确实、充分"，尽管二者在文字表述上有所不同，实质上并无太大区别。司法解释对"证据确实、充分"进行了详细的界定，解释的内涵其实就包含确认有罪和排除无罪的合理怀疑两个方面。因此，排除非法证据所要达到的证明标准，其实已经是最严格的证明标准。③

此外，关于程序性制裁的后果，也即排除后果，并非一种直接对证据予以审查和裁断的规则，尽管我们习惯于将该规则的适用过程称为"证据合法性调查程序"或"非法证据排除程序"，但此一程序其实不是直接针对证据展开的，其调查的核心无疑是公权力机关取得该证据的行为这一程序性事实，至于排除证据，则仅仅是对该事实的调查得出结论之后，一个可能产生的程序法后果。因此，作为一种程序性裁判的非法证据排除与实

---

① 于同志：《刑事实务十堂课：刑事审判思路与方法》，法律出版社，2020。
② 王敏远：《论我国刑事证据法的转变》，《法学家》2012 年第 3 期。
③ 陈鹏飞：《论非法证据排除程序中的证据规则若干问题》，《金陵法律评论》2016 年第 1 期。

体性裁判均为针对某一"行为"的裁判，只不过前者针对的是公权力机关的取证行为，而后者针对的则是被告人某一被指控犯罪的行为。[①] 所以，根据《关于办理刑事案件严格排除非法证据若干问题的规定》第 35 条的规定，非法证据排除规则解决的是特定证据的证据能力问题，排除非法证据并不意味着案件一定要宣告无罪，案件最终如何处理还取决于其他证据情况。实践中，被告人及其辩护人通常是对案件中部分证据的合法性提出争议，即使认定有关证据是非法证据，仍然要看其他在案证据是否足以认定犯罪事实。[②]

五 如何发现非法证据的线索及启动排非程序

在辩护实务中，笔者深刻地体会到，发现非法证据的线索并以之为基础申请排除非法证据，是启动这一程序并取得有效辩护的关键点，也是难点和痛点。因此，为保证非法证据排除程序的有效启动，需要不断地强化被告方的举证能力，促使其科学地提交相关的线索材料，积极、科学地提供能够证明和核实对方证据是非法取证的证据、线索，促使非法证据排除程序的规范、有效启动。对此，笔者恰恰有不少心得和方法。下面便针对不同类型的非法取证情形如何申请启动非法证据排除程序进行探讨。

（一）通过会见了解非法取证的线索

在我国刑事案件审理期间，被告人大多数情况下处于被羁押状态，某些基本的权益受到比较大的影响和限制，自身提供非法证据线索的能力比较弱，大多数情况下需要依靠辩护律师的帮助。[③] 对于如何精准地发现相关非法取证的线索，笔者认为，在辩护实务中律师可以通过会见犯罪嫌疑人了解控方非法取证的经过。一是辩护律师在会见犯罪嫌疑人时，应当向其询问是否遭受并详细了解所遭受刑讯逼供、疲劳审讯的具体时间、地点、人员，同时应当记录在案。会见后可将会见笔录向办案机关提交，或

---

① 孙远：《非法证据排除的裁判方法》，《当代法学》2021 年第 5 期。
② 于同志：《刑事实务十堂课：刑事审判思路与方法》，法律出版社，2020。
③ 谢秋杰：《基于刑事辩护的非法证据排除》，《法制博览》2021 年第 8 期。

在审判阶段的法庭调查结束之前向法院提交。二是通过向羁押场所或驻所检察官（重大案件侦查合法性审查询问）核实犯罪嫌疑人被提讯的具体时间，审查提讯证，寻找犯罪嫌疑人可能被刑讯逼供和违法取证的线索。

（二）通过阅卷发现非法取证的线索

一是留意侦查人员非法限制嫌疑人（被告人）人身自由的线索和痕迹。例如，是否存在无法律手续的羁押以及羁押法律手续超期的情况。

二是留意已被拘留的嫌疑人是否存在被转为监视居住，并由侦查人员看管，进而变相限制人身自由的情形。尤其注意审查对嫌疑人（被告人）采取、变更强制措施的手续，注意是否存在未向嫌疑人（被告人）送达传唤手续，甚至没有传唤手续，并由警车进行"接送"的情形。

需要注意的是，如果存在对有"固定住处"的嫌疑人进行"指定居所监视居住"的情形，很可能存在违法取证。这里需要特别当心的是，有些侦查人员可能采用一种变通的方式，如让嫌疑人离开有固定住处的城市，进而实现"合法"地适用指定居所监视居住：对那些嫌疑人在当地有固定住处的，依法本不应当适用"指定居所监视居住"，但有些侦查机关为了能继续变相羁押那些已不符合逮捕条件的嫌疑人，报请上级公安机关将案件指定到外地管辖，这样就可以名正言顺地指定监视居住的场所。

（三）围绕疲劳审讯的认定获得有力线索

实践中，在核实和认定疲劳审讯时极有可能获得有力的证据和材料证明案件存在非法取证，进而启动排非程序。其基本原理是，长时间审讯会使嫌疑人、被告人在肉体或精神上遭受痛苦，其违法程度和精神强迫程度达到与刑讯逼供的暴力、威胁相当的强度，并使他们违背真实意愿作出供述。因此，疲劳审讯也是需要规制的，其认定也应当成为辩护律师调查取证和积极辩护的重要目标。

在笔者办理的一个案件中，就存在疲劳审讯的可能。笔者搜集该案相关线索尤其是客观线索以认定疲劳审讯、启动排非程序时的具体做法，能给我们精准发现非法证据的线索提供有益借鉴。

对于这类案件，我们可以搜集和申请调取的客观证据材料包括出入看守所的监控视频、办案场所的监控视频等。

（四）非法证据排除程序的启动

首先，解读该种非法取证的方式如何获取相关线索。通过会见了解侦查人员非法取证的线索，又分为两种方式。一是向犯罪嫌疑人了解控方非法取证的经过。辩护律师在会见犯罪嫌疑人时，应当向其详细了解所遭受刑讯逼供、疲劳审讯的具体时间、地点、人员，同时应当记录在案。会见后可将会见笔录向办案机关提交，或在审判阶段法庭调查结束之前向法院提交。二是通过向羁押场所或驻所检察官核实犯罪嫌疑人被提讯的具体时间，审查提讯证，寻找犯罪嫌疑人可能被刑讯逼供和违法取证的线索。

其次，解读如何通过阅卷获取侦查人员非法取证的线索。一般情况下可以关注以下几点。

第一，已经被拘留的嫌疑人被转为监视居住。这种情况是非正常的出所，所以应引起重视。

第二，出所辨认、起获赃物。提讯证上记载的出所目的为出所辨认、起获赃物，但在被提出看守所后，出现了有罪供述，特别是在此之前未作有罪供述的案件更有存在非法取证的情形。

第三，采取、变更强制措施的手续。一般情况下，侦查机关依职权对嫌疑人变更强制措施的应尤为注意。

第四，传唤手续及送交看守所执行的手续。依照《公安机关办理刑事案件程序规定》第126条的规定，拘留后，应当立即将被拘留人送看守所羁押，至迟不得超过24小时。但在非法取证的案件中，侦查人员却违法将其关押在侦查机关的办案场所，其目的是便于采取直接肉刑或变相肉刑。因此传唤手续及送交看守所执行的手续可作为初查的线索。

第五，审查全程同步录音录像。根据《人民检察院刑事诉讼规则》第190条的规定，人民检察院办理直接受理侦查的案件，应当在每次讯问犯罪嫌疑人时，对讯问过程实行全程录音、录像，并在讯问笔录中注明。因此，辩方从控方讯问犯罪嫌疑人的全程同步录音录像中，也能找到控方非法取证的线索：

①审查录音录像是否有被剪辑的痕迹，是否全程具有连续性；

②审查录音录像的内容和讯问笔录的内容是否一致；

③录音录像起止时间与讯问笔录起止时间是否能够对应，即录音录像起止时间与讯问笔录起止时间是否一致；

④录音录像中被讯问人是否有精神疲劳、神志不清等情形；

⑤录音录像中被讯问人有无声称遭受刑讯或者变相肉刑的言语；

⑥录音录像中被讯问人有无反映侦查人员的指供、诱供、骗供的情形；

⑦录音录像中反映的手铐、审讯椅等械具使用是否合法，有无人为铐紧手铐压迫手腕、在审讯椅上设置束缚带的情形，以及反映出长时间将被讯问人束缚至审讯椅上的情形。

如前所述，对非法证据排除提出申请的主体为被告人或其辩护人，因此，在向法庭提交的证据线索中，为了达到成功启动的目的，辩护律师可以根据已发现的证据线索分类提交，即分为客观证据线索与主观证据线索进行分别提交。具体的操作方式如下。

（1）客观证据线索材料的搜集提交

①入监体检表。在被告人被采取刑事拘留前，身体是否有明显外伤，以印证前案被告人供述的真实性，即前案犯罪嫌疑人（被告人）在侦查机关的办案场所接受审讯是否被采取直接肉刑或变相肉刑。②看守所医护人员工作记录。在被告人被送至看守所羁押时，监管场所的医务人员会对其查体，因此入所时的查体表就是线索之一。③看守所医护室用药明细。如果其此前遭到刑讯逼供身体有伤，监管场所的医务人员会对其用药治疗，因此医护室用药明细就是线索之一。④出入看守所的监控视频。通过出入看守所的监控视频证实出看守所之前或回看守所时行走的姿态是否有变化，以证实是否遭受刑讯逼供。⑤办案场所监控视频。根据 2010 年 10 月 25 日公安部颁布的《公安机关执法办案场所设置规范》的规定，公安机关的办案区、办公区、生活区是严格分离的。该规范第 8 条规定，办案区主要用于讯问、询问、辨认违法犯罪嫌疑人等，包含候问室、讯问室、询问违法嫌疑人的询问室、辨认室、违法犯罪嫌疑人信息采集室。最大的特征是实现高度的监控化。目前全国公安机关采用"闭环"信息采集系统，即要求公安人员将讯问过程及时上传备案并长期保存，因此该同步录音录像就是线索之一。⑥医院诊断证明、病历资料。根据用药的治疗作用证实是否因外伤申

请用药，以进一步证实是否存在直接肉刑的情形。⑦伤情鉴定意见。

（2）主观线索材料的搜集提交

①犯罪嫌疑人（被告人）陈述。犯罪嫌疑人（被告人）陈述在刑事证据的分类上属于直接证据，本身证明力较高。②同监室在押人员的证言。③监管民警、医生的证言。

若辩方通过上述方式将证据线索分类提交给法庭，则进一步细化了对非法取证行为的证据指向，有利于法庭启动非法证据排除程序。如果成功启动非法证据排除程序，则由控方对取证的合法性进行举证。此时，控方向法庭提供的证据一般为讯问笔录、原始的讯问过程录音录像或者其他证据，提请法庭通知讯问时其他在场人员或者其他证人出庭作证，仍不能排除刑讯逼供嫌疑的，法庭应通知讯问人员出庭作证，对该供述取得的合法性予以证明。其后，控辩双方可以就被告人审判前供述的取得是否合法的问题进行质证、辩论。最后由法庭对证据的合法性作出裁判。如控方的证明达到确实、充分的程度，能够排除被告人审判前的供述属非法取得的，法庭应确认该供述的合法性，准许当庭宣读、质证。否则，法庭对该供述予以排除，不作为定案的根据。①

六　结语

实践表明，应当在实体性制裁之外建立并完善程序性制裁机制，以期通过排除非法证据的方式对违法取证行为产生更直接的威慑效果。非法证据排除规则作为程序性裁判的一种程序，在我国法律层面已经确立，并建立了成体系的程序性规范，进一步明确了启动程序、排除机关、证明责任和证明标准等。规则的建立不仅有助于扩大程序辩护的空间，还可以通过程序启动实现对证据合法性审查的实质化进而实现有效辩护。

因此，我们应当对其高度重视，在刑事辩护中善于发现和科学运用有关线索和材料，有效实现排除程序的启动，以促进对犯罪嫌疑人、被告人权益的保障。希望本文的总结和研究能对此工作有更多推动和助益。

_____

①　于同志：《刑事实务十堂课：刑事审判思路与方法》，法律出版社，2020。

09 法庭辩论的方法与技巧

刑事公诉案件一般经过立案、侦查、审查起诉、审判（一审程序、二审程序、审判监督程序、死刑复核程序）、执行五个阶段。一审普通程序又包括庭前审查、开庭前准备、法庭审理、法院判决等几个阶段。法庭辩论属于一审普通程序中法庭审理阶段的必经环节。法庭辩论的目的在于使控辩双方有机会充分表明己方观点，充分阐述理由和根据，从而从程序上保障当事人和诉讼参与人的合法权益，同时对于法庭查明案情、依法作出公正的裁决也具有重要意义。

一 法庭辩论概述

要成为一名优秀的刑辩律师，必须具备法律运用能力、逻辑思维能力、语言表达能力、应变调整能力、共情感染能力、抗压适应能力等，法庭辩论阶段可以集中体现这些能力。

（一）法庭辩论的概念和意义

1. 法庭辩论的概念

法庭辩论是指在法庭审理过程中，公诉人、被害人或其诉讼代理人、被告人、辩护人围绕犯罪事实能否认定，被告人是否实施了犯罪行为、是否应负刑事责任、应负什么样的刑事责任，涉案财物如何处理等问题，对在案证据和案件情况发表各自的意见，相互进行辩论，在法庭调查和各方充分发表自己对整个犯罪事实、情节、每个证据的证明力等的意见的基础上，对双方争论的焦点问题作进一步的辩论。法庭辩论是法庭审理的一个重要环节，通过控辩双方的辩论，进一步揭示案情，明确如何适用法律，为案件的正确裁判奠定基础。

从一定意义上讲，法庭辩论也是法庭调查的一种方式，不能把它们截然分开，否则很容易使法庭辩论流于形式。法庭审理的过程，是合议庭听取各方面意见，核实证据，查明案情，从而作出正确判决的诉讼过程。在这个过程中，调查和辩论是不能截然分开的。如在法庭调查阶段，当公诉人宣读完起诉书后，被告人、被害人可以就起诉书中指控的犯罪进行陈述，同时，公诉人、被害人、附带民事诉讼原告人和辩护人、诉讼代理人可以向被告人发问；证人提供证言，鉴定人提供鉴定结论后，公诉人、当事人和辩护人、诉讼代理人就可以对证人、鉴定人提出问题，对证言笔录、鉴定结论、勘验笔录和其他作为证据的文书，公诉人、当事人和辩护人、诉讼代理人都可发表意见；对在法庭上出示的物证，当事人要进行辨认，并发表辨认意见等，在这些过程中都有可能展开辩论。

法庭辩论的依据包括但不限于以下规定。2018 年修正的《中华人民共和国刑事诉讼法》（以下简称《刑事诉讼法》）第 198 条规定："法庭审理过程中，对与定罪、量刑有关的事实、证据都应当进行调查、辩论。经审判长许可，公诉人、当事人和辩护人、诉讼代理人可以对证据和案件情况发表意见并且可以互相辩论。审判长在宣布辩论终结后，被告人有最后陈述的权利。"《最高人民法院关于适用〈中华人民共和国刑事诉讼法〉的解释》（以下简称《刑事诉讼法解释》）第 280 条规定："合议庭认为案件事实已经调查清楚的，应当由审判长宣布法庭调查结束，开始就定罪、量刑、涉案财物处理的事实、证据、适用法律等问题进行法庭辩论。"第 283 条规定："对被告人认罪的案件，法庭辩论时，应当指引控辩双方主要围绕量刑和其他有争议的问题进行。对被告人不认罪或者辩护人作无罪辩护的案件，法庭辩论时，可以指引控辩双方先辩论定罪问题，后辩论量刑和其他问题。"

2. 法庭辩论的意义

法庭辩论无论对于律师还是法官来说，都有重要意义。

第一，从法律规定来看，法庭辩论是刑事诉讼普通程序的必经环节，通过控辩双方的争辩，明确案件争议焦点，有利于法官正确判断案件事实，正确作出判决。争辩的焦点问题，往往是罪与非罪、此罪与彼罪、罪重与罪轻的核心问题，法庭辩论的意义在此凸显出来。特别是在一些疑难案件的审理中，律师辩论意见对于揭露事实真相有重大意义。司法机关能够公正地解决案件并进而真正保护人权，在很大程度上正是依赖法庭审理程序的设计，尤其是控辩双方之间唇枪舌剑的辩论，有利于揭示案件真相，避免冤案的产生。除了事实方面的争议，法律条文含义的解释方面的争议也经常需要通过辩论来获得解决。

第二，对律师来讲，法庭审理阶段尤其是法庭辩论阶段是向当事人及其亲友展示自己专业水平、办案技术的最佳时机。律师的辩护活动从侦查阶段就开始了，绝大多数的辩护活动是在庭外进行的，如与公安人员、检察人员的沟通，提供的各种法律文书等，犯罪嫌疑人、被告人及其亲友往往看不到，也很难直接感受到律师的风采。但在法庭辩论阶段，律师针对案件事实、证据、法律适用等问题，慷慨陈词，对控方观点有理有据地反驳，这是直接展现在被告人及参加旁听的被告人亲友面前的，更能让他们留下深刻印象。

第三，法庭辩论是律师展示自己综合能力和风采的最佳场合。在法庭辩论中，律师不仅能展现自己的专业水平，如对法律知识的掌握程度、对案件证据的熟悉程度、对案件性质的把握情况等，也能展现自己的语言艺术、驾驭庭审的能力，如语言表达能力、逻辑思维能力、应变能力、共情能力等。

法庭辩论阶段是律师最容易出彩也最容易失败的时候，还是当事人最期盼的阶段。相比而言，法庭调查对当事人来说可能比较生硬、专业性太强，观点不能得到充分的表达。但是法庭辩论阶段相反，因此律师应当做好充分准备。

（二） 法庭辩论的顺序

根据《刑事诉讼法解释》第 281 条的规定，法庭辩论应当在审判长的主持下，按照下列程序进行。

①公诉人发表公诉词。公诉词是公诉人在法庭上公开发表的公诉意见。公诉词以起诉书内容为依据，加以口头的说明和发挥。内容一般包括以下几点：对法庭调查的简要概括；证据分析及对被告人罪行的评述；指出案情及其社会危害性；分析被告人的犯罪根源；通过法律论证阐明被告

人应负的法律责任。

②被害人或其诉讼代理人发言。被害人及其诉讼代理人可以发表案件定性、情节、量刑等方面的意见，配合公诉机关对被告人的指控，维护被害人的合法权益。

③被告人自行辩护。在委托了辩护律师的情况下，被告人进行自我辩护时，一般简单明了，不会过多进行自我辩解。辩护工作主要由律师来承担，辩护律师一般应提出较为完整的辩护意见，充分论述被告人无罪或罪轻的理由。

④辩护人辩护。辩护人发表辩护词或者即兴辩护。2018 年《刑事诉讼法》第 37 条规定："辩护人的责任是根据事实和法律，提出犯罪嫌疑人、被告人无罪、罪轻或者减轻、免除其刑事责任的材料和意见，维护犯罪嫌疑人、被告人的诉讼权利和其他合法权益。"所以在此阶段，辩护律师要围绕事实、证据、法律发表全面的辩护意见，既包括定性、量刑方面，也包括涉案财产处理方面；既包括实体方面，也包括程序方面、法律适用方面，维护被告人的全部合法权益。

⑤控辩双方对争论焦点进行辩论。前四项程序可以称为第一回合辩论，此阶段是交叉辩论回合，可以进行多个回合，反复辩论。经过几轮辩论，审判长认为控辩双方的发言中已经没有新的问题和意见提出，没有继续辩论必要的，即应终止双方发言，宣布辩论终结。在法庭辩论过程中，合议庭如果发现与定罪、量刑有关的新的事实，有必要调查的，审判长可以宣布恢复法庭调查，在对新的事实调查后，继续法庭辩论。

上述④⑤两个阶段是辩护律师发挥作用的主战场，辩护律师应该利用这一主战场，维护被告人的合法权益。

（三）法庭辩论阶段辩论的特点

广义的法庭辩论包括法庭调查阶段的辩论和其后的法庭辩论。在刑事审判举证和质证的过程中，控辩双方可对每一个证据充分发表意见，驳斥对方的观点，进行相互辩论。但是法庭辩论阶段中的辩论有其自身特点，表现在以下四个方面。

第一，法庭辩论阶段的辩论范围大于法庭调查阶段的辩论范围，并且侧重点不同。

在法庭调查阶段,主要围绕证据进行辩论,控辩双方针对证据的"三性"即客观性(真实性)、合法性、关联性及证明目的向法庭作出说明,侧重对单个证据的证据资格(证据能力)和证明力的辩论;法庭辩论阶段是对全案的事实、证据及法律适用进行辩论,侧重点是犯罪事实是否成立,应否追究刑事责任及如何追究刑事责任。

第二,法庭辩论是法庭调查的进一步深化。

法庭审理尽管有五个环节,但对辩护人来讲辩护最重要的环节其实只有两个:法庭调查与法庭辩论。我国刑事诉讼法实行的是职权主义和当事人主义相结合的诉讼模式,与英美对抗模式法庭辩护大量集中在法庭调查阶段不同,我国的法庭辩护集中在法庭辩论阶段,既可以针对全案进行辩护,也可以针对单个证据进行辩护,还可以弥补法庭调查阶段对证据辩护的不足之处。在法庭调查阶段没有机会说的话,没能举的证,都可以在这个阶段向法庭提出来。

第三,法庭辩论阶段的逻辑推导过程严密于法庭调查阶段。

法庭调查阶段对某一个证据只要证明其不具备"三性"之一,就可以推翻这个证据,但是法庭辩论阶段要证明被告人无罪或者罪轻,仅靠推翻某一证据并不能推翻整个案件,除非这一证据是关键证据。要证明被告人无罪或者罪轻,需要结合证据、法律进行全面论证。

第四,法庭辩论阶段控辩双方的对抗强于法庭调查阶段。

法庭调查阶段是针对证据进行辩论,只要质证证据"三性";法庭辩论阶段是针对控方指控的事实、证据、量刑、法律适用等全方位进行辩论,且还需要有针对性地进行第二轮、第三轮甚至更多轮的辩论,强度大于法庭调查阶段。

二 法庭辩论的内容

(一)法庭辩论内容概述

《刑事诉讼法解释》第 280 条规定:"合议庭认为案件事实已经调查清

楚的，应当由审判长宣布法庭调查结束，开始就定罪、量刑、涉案财物处理的事实、证据、适用法律等问题进行法庭辩论。"可见司法解释将辩论内容归纳为三项：定罪、量刑、涉案财物处理。

法庭辩论的内容有一个演化进展的过程。1979 年《刑事诉讼法》第118 条规定："法庭调查后，应当由公诉人发言，被害人发言，然后由被告人陈述和辩护，辩护人进行辩护，并且可以互相辩论。审判长在宣布辩论终结后，被告人有最后陈述的权利。"1996 年《刑事诉讼法》第 160 条规定："经审判长许可，公诉人、当事人和辩护人、诉讼代理人可以对证据和案件情况发表意见并且可以互相辩论。审判长在宣布辩论终结后，被告人有最后陈述的权利。"《刑事诉讼法》对法庭辩论的具体内容、种类并未作出规定。实践中，往往只注重定性辩论，忽视了量刑辩论，法庭审理过程中也没有单独的量刑辩论程序。这也与大陆法系的传统相关。按照大陆法系的传统，定罪与量刑在程序上是不可分离的，刑事法庭通过一个连续的审理程序，既解决被告人是否构成犯罪的问题，又解决有罪被告人的量刑问题。与英美法系不同的是，大陆法系国家不存在陪审团与法官在司法裁判上的分权机制，刑事法庭无论是由职业法官组成还是由法官与陪审员混合组成，都对事实问题和法律适用问题拥有完全相同的裁判权，这就使得定罪问题与量刑问题成为不可分离的裁判对象。在英美刑事诉讼制度中，定罪与量刑是完全独立的两种审判程序。在一般情况下，陪审团负责对公诉方指控的犯罪事实作出裁判，法官则在陪审团作出有罪裁断之后，在专门的"量刑听证程序"中负责裁决有罪被告人的量刑问题。[①]

量刑问题事关被告人的自由、财产、声誉乃至生命，事关被害人利益与社会和谐稳定，事关刑罚目的的实现，因而被誉为继定罪之后刑事司法正义的"另一半工程"，量刑公正也因此成为人们不懈追求的价值目标。为实现量刑公正，自进入 21 世纪以来，量刑规范化改革成为刑事司法改革的一项重要内容，最高人民法院 2005 年发布的《人民法院第二个五年改革纲要（2004—2008）》提出"健全和完善相对独立的量刑程序"，2008 年

---

① 《陈瑞华：定罪与量刑的程序关系模式》，中国诉讼法律网，http：∥www. proceduralaw. cn/info/1005/2279. htm，最后访问日期：2024 年 7 月 29 日。

中央新一轮司法改革意见提出"规范裁量权,将量刑纳入法庭审理程序",并确定最高人民法院为牵头单位,中央政法委、全国人大常委会法工委、最高人民检察院、公安部、国家安全部、司法部为协办单位。2009 年《人民法院第三个五年改革纲要(2009—2013)》提出"将量刑纳入法庭审理程序,研究制定《人民法院量刑程序指导意见》"。

在此之前,很多地方基层法院已经开展了量刑程序改革试验。2000 年,山东省淄博市淄川区人民法院开始尝试在案件审理中减少量刑偏差,总结量刑规则,2003 年成立了量刑规范化小组起草制定量刑细则,2004 年出台了实践中常见的 11 个罪名的量刑细则,此后扩大为 100 个。

2003 年,江苏省姜堰市人民法院开始探索规范化量刑的方法。2003 年 3 月 7 日通过《规范量刑指导意见》。2004 年 4 月和 5 月,泰州中院和江苏省高院先后出台了指导全市、全省的量刑指导规则。

2007 年 1 月,淄川区法院尝试在普通程序中设立相对独立的量刑法庭调查和量刑辩论程序。为进一步规范量刑活动,最高人民法院早在 2005 年就开始对量刑程序改革问题开展研究,并在广泛调研的基础上,起草了《量刑程序指南(草稿)》。此后,最高人民法院于 2007 年 8 月在山东省淄博市淄川区人民法院召开了"量刑规范化试点工作会议",初步指定东部、中部、西部各两个基层法院开展改革试点工作。2008 年 8 月,最高人民法院发布《人民法院量刑程序指导意见(试行)》,规定人民法院在审判过程中,在法庭调查、法庭辩论、被告人最后陈述以及评议等阶段,应当保证量刑活动的相对独立性。应当允许公诉人、当事人和辩护人、诉讼代理人就量刑事实和刑罚适用问题发表意见。2008 年 8 月,在中央的统一部署下,最高人民法院确定 4 个中级人民法院和 8 个基层人民法院进行试点,并于 2010 年 10 月 1 日起在全国法院试行,由此拉开了我国量刑规范化改革的大幕。法院量刑程序的改革,为律师进行量刑辩论奠定了基础。

2012 年《刑事诉讼法》第 193 条第 1 款规定:"法庭审理过程中,对与定罪、量刑有关的事实、证据都应当进行调查、辩论。"

2018 年《刑事诉讼法》第 198 条第 1 款延续了 2012 年《刑事诉讼法》的规定。

2020 年 11 月 25 日,最高人民法院、最高人民检察院、公安部、国家安全部、司法部联合发布《关于规范量刑程序若干问题的意见》，该意见第 14 条规定："适用普通程序审理的被告人认罪案件，在确认被告人了解起诉书指控的犯罪事实和罪名，自愿认罪且知悉认罪的法律后果后，法庭审理主要围绕量刑和其他有争议的问题进行，可以适当简化法庭调查、法庭辩论程序。"第 15 条规定："对于被告人不认罪或者辩护人做无罪辩护的案件，法庭调查和法庭辩论分别进行。在法庭调查阶段，应当在查明定罪事实的基础上，查明有关量刑事实，被告人及其辩护人可以出示证明被告人无罪或者罪轻的证据，当庭发表质证意见。在法庭辩论阶段，审判人员引导控辩双方先辩论定罪问题。在定罪辩论结束后，审判人员告知控辩双方可以围绕量刑问题进行辩论，发表量刑建议或者意见，并说明依据和理由。被告人及其辩护人参加量刑问题的调查的，不影响作无罪辩解或者辩护。"

在 2021 年"两高"《刑事诉讼法解释》出台以前，尽管有涉案财物处理的相关规定，但是并未纳入法庭辩论的内容中。如 2015 年 1 月 24 日，中共中央办公厅、国务院办公厅印发《关于进一步规范刑事诉讼涉案财物处置工作的意见》的通知，要求由公安机关、国家安全机关、人民检察院、人民法院指定本机关的一个部门或者专职人员统一保管涉案财物，探索建立跨部门的地方涉案财物集中管理信息平台。完善涉案财物先行处置程序，提高查询、冻结、划扣工作效率，完善违法所得追缴、执行工作机制，完善权利救济机制等，主要是公检法等部门的职责要求。2015 年 3 月 6 日，最高人民检察院发布《人民检察院刑事诉讼涉案财物管理规定》，贯彻落实中央关于规范刑事诉讼涉案财物处置工作的要求，进一步规范人民检察院刑事诉讼涉案财物管理工作，提高司法水平和办案质量，保护公民、法人和其他组织的合法权益。2015 年 7 月 22 日，公安部发布《公安机关涉案财物管理若干规定（2015 修订）》，主要规范的是公安机关对涉案财物的管理工作。2018 年《刑事诉讼法》也没有规定法庭辩论的内容包括涉案财产的处理。

2021 年 1 月 26 日发布的最高人民法院《刑事诉讼法解释》第 280 条规定："合议庭认为案件事实已经调查清楚的，应当由审判长宣布法庭调查结束，开始就定罪、量刑、涉案财物处理的事实、证据、适用法律等问题进行法庭辩论。"这一司法解释又增加了法庭辩论的新内容：涉案财物的处理。《刑法》第 64 条规定："犯罪分子违法所得的一切财物，应当予以追缴或者责令退赔；对被害人的合法财产，应当及时返还；违禁品和供犯罪所用的本人财物，应当予以没收。没收的财物和罚金，一律上缴国库，不得挪用和自行处理。"《刑法》分则中的很多犯罪规定了罚金、没收财产等刑罚，司法解释的这一规定为我们进行涉案财物处理的辩论提供了依据。

综合上述法律规定，可见法庭辩论的内容范围在逐渐扩大，从最初的定性（罪）辩论扩展到量刑辩论，再到涉案财物的处理。这三方面涉及的事实、证据及法律规定都在法庭辩论的范围之内。需要注意的是，《刑事诉讼法》特别强调了对定罪和量刑事实、证据的调查与辩论。《刑事诉讼法》第 198 条第 1 款规定："法庭审理过程中，对与定罪、量刑有关的事实、证据都应当进行调查、辩论。"

（二）定罪之辩

按照司法解释，法庭辩论围绕定罪、量刑、涉案财物处理的事实、证据、适用法律等问题进行。首要的辩论意见就是定罪辩论。

定罪辩论，也叫定性辩论，是围绕被告人是否构成犯罪，构成何罪所进行的辩论。定罪辩论又可以分为无罪辩护（论）和罪轻辩护（论）。

1. 无罪辩护

无罪辩护是辩护人根据事实和法律，针对有罪的指控或判决，依法向法院提供的证明被告人不构成犯罪的材料和意见。无罪辩护要求推翻公诉人的指控事实和证据，说服法官判决被告人无罪。张明楷教授说过，律师不要总想着作无罪辩护。① 因为一个案件经过了公安机关的侦查、检察机关的审查，无罪的可能性很低，因此无罪辩护也被誉为"刑事辩护皇冠上最亮丽的一颗明珠"。但是，司法实践中存在的错案冤案告诉我们，即使经过了公安机关、检察机关的过滤，案件也存在无罪的可能性，因此辩护律师经过阅卷、会见被告人等程序，确信被告人无罪的，可以在法庭上作无罪辩护。无罪辩护可以分为程序法上的无罪辩护和实体法上的无罪辩护。

---

① 《张明楷：不要总是做无罪辩护》，"法律小常识"微信公众号，https://mp.weixin.qq.com/s/dBJQaiWANIcpmMSW4eP80A，最后访问日期：2024 年 7 月 29 日。

（1）程序法上的无罪辩护

程序法上的无罪辩护，是指辩护律师根据诉讼证明的基本规则，证明案件没有达到法定证明标准，事实不清，证据不足，从而要求法院作出无罪判决的辩护活动。程序法上的无罪辩护有两种模式：一是律师挑战检察机关指控的事实和证据，论证其没有达到事实清楚、证据确实充分的标准，从而推翻指控；二是辩护律师自己构建新的案件事实，从而推翻检察机关的指控。

程序法上的无罪辩护事由有以下几种。

①被告人犯罪行为事实不清，证据不足

《刑事诉讼法》确定了无罪推定的原则。证据不能形成完整的证据链或证据链条脱节，将影响犯罪事实的认定，应该进行无罪辩护。《刑事诉讼法》第 200 条规定："在被告人最后陈述后，审判长宣布休庭，合议庭进行评议，根据已经查明的事实、证据和有关的法律规定，分别作出以下判决：……（三）证据不足，不能认定被告人有罪的，应当作出证据不足、指控的犯罪不能成立的无罪判决。"

【案例一】 王某故意杀人案（《刑事审判参考》2005 年第 343 号）

【基本案情】

被告人王某，男，1966 年 10 月 7 日出生，瑶族。因涉嫌故意杀人罪，于 2003 年 10 月 18 日被逮捕。被告人游某某，女，1967 年 7 月出生，瑶族。因涉嫌帮助毁灭证据罪，于 2003 年 10 月 18 日被逮捕。

某市人民检察院以被告人王某犯故意杀人罪、被告人游某某犯帮助毁灭证据罪，向某市中级人民法院提起公诉。

某市中级人民法院经公开审理查明，被告人王某与父亲王某某因家庭矛盾不和，两人多次发生争吵。2003 年 7 月 25 日，王某某用斧头将王某的手臂砍伤。同年 8 月 18 日晚 8 时许，被告人王某携带起子、木柄 U 形火叉潜入王某某住房楼上藏匿。当晚 11 时许，到村民家看电视的王某某回家入睡后，王某悄悄下楼，用火叉叉住王某某的颈部，用起子从王某某左耳处刺入大脑，致王某某当场死亡。王某随后将此事告知其妻游某某，并要求游某某帮助转移尸体。王某与游某某将王某某的尸体装入麻袋后，携带手电筒、铁线、胶钳等工具，用竹排、木艇将王某某尸体运至峻山水库，用铁线将麻袋口扎住，并把石头捆绑在麻袋上，后将尸体沉入水库。2003年9月8日，王某某的尸体从水底浮起，被村民发现。王某得知后，于次日晚再次移动尸体，并将尸体重新沉入水库。

上述事实，有公诉机关提供的下列证据证实：（略）

【辩护意见】

本案被告人及其辩护人提出证据不充分、无罪的辩护意见。

【处理结果】

某市中级人民法院认为本案证据充分，形成一条完整锁链。鉴于本案事出有因，被告人王某认罪态度好，可对其从轻处罚。依照《刑法》第232条、第57条第1款的规定，判决如下：1. 被告人王某犯故意杀人罪，判处无期徒刑，剥夺政治权利终身；2. 被告人游某某犯帮助毁灭证据罪，判处有期徒刑二年，缓刑三年。

宣判后，王某、游某某不服，提出上诉。某高级人民法院经审理认为，鉴于王某从公安侦查、检察审查起诉至法院两次开庭审理中均作有罪供述，王某之妻也对此有供述，二人供述在一定程度上有证据佐证。但是，原判认定王某杀死其父亲后沉尸灭迹，仍属事实不清，证据不足，不能形成完整的证据链条。表现在：王某虽有杀害其父亲，与其妻一起沉尸灭迹的嫌疑，但由于王某某的尸体至今未能发现，亦不能证明王某某确已死亡，更不能证明王某某的死亡原因和时间，这是本案事实不清、证据不足的关键所在。由于以上疑点无法排除，据以定案的间接证据不能形成完整的证据链条，不具有完全排他性，本案属于事实不清，证据不足，不能认定王某、游某某有罪。王某、游某某上诉和辩护理由有理，予以采纳。依照《刑事诉讼法》第46条和第162条第3项、《最高人民法院关于执行（中华人民共和国刑事诉讼法）若干问题的解释》第176条第4项的规定，判决如下：1. 撤销某市中级人民法院刑事判决；2. 王某无罪；3. 游某某无罪。

②办案机关程序违法

违反法定程序取得的证据难以保证其真实性与公正性，用以证明案件事实极有可能出现差错，排除非法证据以后，难以证明犯罪成立。

【案例二】杨某某故意杀人案（《刑事审判参考》第108集第1168号案例）

【基本案情】

被告人杨某某，男，1976 年 1 月 11 日出生。2005 年 12 月 28 日因犯收购赃物罪被判处罚金人民币 3000 元。2009 年 2 月 18 日因涉嫌故意杀人罪被逮捕。保定市人民检察院指控，被告人杨某某与被害人郭某某有不正当男女关系。2009 年 1 月 13 日 19 时许，杨某某因欲与前妻复婚，约郭某某到河北省定州市韩家庄村西砖窑西侧谈分手之事，二人因此发生争执，杨某某将郭某某打晕，后用刀将郭某某头颅割下，埋到附近小麦田里。

【辩护意见】

公安机关存在刑讯逼供，有罪供述不能作为定案的证据；事实不清，证据不足，现有证据不能形成完整证据链条，应当宣告杨某某无罪。

【处理结果】

河北省保定市中级人民法院审理保定市人民检察院指控被告人杨某某犯故意杀人罪一案，于 2010 年 8 月 30 日以故意杀人罪判处被告人杨某某无期徒刑，剥夺政治权利终身。宣判后，附带民事诉讼原告人提出上诉。河北省高级人民法院于 2010 年 12 月 15 日裁定撤销原判，发回重审。保定市中级人民法院依法重新审理后，于 2011 年 9 月 14 日以故意杀人罪判处被告人杨某某无期徒刑，剥夺政治权利终身。宣判后，附带民事诉讼原告人提出上诉。河北省高级人民法院于 2012 年 3 月 29 日再次裁定撤销原判，发回重审。保定市中级人民法院于 2013 年 1 月 30 日对该案依法重新审理。以故意杀人罪判处被告人杨某某无期徒刑，剥夺政治权利终身。一审宣判后，被告人杨某某不服，提出上诉。其上诉理由及其辩护人的辩护意见如下：原判认定事实不清，证据不足，现有证据不能形成完整证据链条；公安机关存在刑讯逼供，有罪供述不能作为定案的证据，应当宣告杨某某无罪。

【二审结果】

河北省高级人民法院经审理认为，原判据以定案的证据主要是上诉人杨某某的有罪供述，杨某某写的悔过书虽明确承认实施了犯罪，但悔过书从证据分类来看也属于被告人供述的一种方式。杨某某在侦查期间曾作有罪供述，但对检察机关推翻有罪供述，称有罪供述系侦查人员刑讯逼供取得，现公安机关讯问录像和指认现场录像均存在瑕疵，讯问录像不是同步录制，指认现场录像中显示指认过程也不完整，未能体现杨某某指示侦查人员寻找杀人现场和掩埋被害人头颅的地点，指认过程的客观性存疑。杨某某的有罪供述没有其他客观物证印证，间接证据也未能形成完整的证明体系，二审期间检察机关亦没有补充证明杨某某犯罪的新证据。原判认定杨某某于 2009 年 1 月 13 日杀害被害人郭某某的事实不清，证据不足，不能认定杨某某有罪。据此，依照《刑事诉讼法》第 225 条第 1 款第 3 项、第 233 条之规定，河北省高级人民法院判决撤销原判，宣告上诉人杨某某无罪。

【裁判理由】

（一）被告方申请排除非法证据的情形，应当由人民检察院承担证据收集合法性的证明责任，不能让被告人变相承担证明责任。

本案一审期间，被告人杨某某提出其有罪供述系侦查人员刑讯逼供所得，并提供了讯问人员的姓名、相关情况等线索。一审法院对证据收集的合法性启动了专门调查程序，但在某种程度上让被告方承担了证明侦查人员刑讯逼供的证明责任，这种做法并不符合法律规定由人民检察院证明取证合法性的要求，也不符合非法证据排除规则的基本原理。

被告人杨某某提出上诉后，再次提出有罪供述系侦查人员刑讯逼供取得，申请排除非法证据。二审法院经审查后，启动了证据收集合法性调查程序，要求检察机关提供证明取证合法性的证据材料。检察机关向法庭出示了讯问笔录、羁押记录、体检记录等材料，有针对性地播放了相关讯问过程的录音录像，提请法院通知侦查人员出庭说明证据收集的合法性。二审法院对证据收集的合法性进行调查过程中，上诉方和检察机关对供述取得的合法性问题进行了质证、辩论，经过法庭调查，发现取证工作存在以下问题。一是有关被告人供述的录音录像不完整。二是相关指认录像不完整。经审查，被告人杨某某对现场的指认录像未能完整还原指认经过，特别是缺失了杨某某对杀人现场和掩埋被害人头颅地点的指认细节，指认过程的客观性存疑，使得指认的证明价值大打折扣。三是被告人杨某某的健康检查笔录与相关讯问录像存在矛盾。四是取证工作存在其他违反法定程序的行为。例如，在提讯证上没有写明提讯的时间、事由，侦查人员也未签字。

基于上述问题，检察机关对供述合法性的证明未能达到证据确实、充分的证明标准，不能排除存在以非法方法收集证据的情形，上诉人杨某某的有罪供述应当予以排除，不得作为定案的根据。

（二）二审法院依法排除非法证据后，其他证据达不到法定证明标准的，应当坚持疑罪从无原则，依法宣告上诉人无罪。

③发现真正犯罪人或者"被害人"复活

很多被平反的冤案，是真正犯罪人出现后，或者所谓"被害人"没有死亡重新出现，而对原来错误判决的被告人进行了平反。如杜培武案、呼格案是真正犯罪人出现；佘祥林案、赵作海案是所谓"被害人"复活等。在聂树斌案中，尽管王书金自认是真凶，但再审并未认定王书金是真凶，而是以事实不清、证据不足为由改判聂树斌无罪。

律师进行无罪辩护时，也可以帮助侦查起诉机关查明真凶，从而证明被告人无罪。如律师通过法庭调查，发现证人才是真正的犯罪人，及时向法庭指证，让当事人脱罪。

【案例三】某企业家贪污案

【基本案情】

公诉机关指控某国有企业负责人多次让公司出纳员取款交给自己，共计16万元。公司出纳员证明说，这16万元是她分成若干次送给被告的，每次都是被告指示出纳员到银行取款，取款后不许让别人知道，单独交给被告。

【辩护意见】

辩护律师指出真正的犯罪人。在证词中辩护律师发现了出纳员作证的几处矛盾，根据这些疑点，辩护律师坚持要求法庭传这个出纳员出庭作证。法庭调查时，辩护律师穷追不舍地向出纳员发问，慌乱之中，出纳员破绽百出，无言以对，竟在法庭上哭了起来。此时辩护律师又抛出了一个关键性的反证：律师已经查明，这个出纳员最后一次取款的时间是在被告人被抓之后。辩护律师当即向法庭指出："很显然，作为证人的出纳员是不可能到看守所去送钱供被告贪污的。因此，贪污这笔钱的真正罪犯是谁，已经不言自明。"①

---

① 参见《田文昌：法庭辩论技巧》，"京都律师"微信公众号，https：∥mp．weixin．qq．com/s/2ZCzLJR_Lm0AhkoynAG_bg，最后访问日期：2024年7月29日。

【处理结果】

法院认定被告人无罪。作为证人的出纳员被逮捕。

此案中辩护律师通过既有证据，找出真正犯罪人，从而证明被告人无罪。

（2）实体法上的无罪辩护

实体法上的无罪辩护，是指根据罪刑法定原则和排除犯罪的事由所作的无罪辩护。具体包括：根据不符合犯罪构成，犯罪不成立所作的无罪辩护；根据《刑法》第13条但书部分"犯罪情节显著轻微，危害不大，不认为是犯罪"所作的无罪辩护；根据排除犯罪的法定事由所作的无罪辩护等。

①犯罪不成立的无罪辩护

成立犯罪，必须同时具备犯罪构成四要件，缺少一个都不构成指控的犯罪，有的甚至无罪，例如，行为人没有达到刑事责任年龄，不具备刑事责任能力；行为人不具有犯罪主观方面要求的故意或者过失；行为人不具备法律规定的犯罪目的；客观行为不符合犯罪构成要件；没有侵犯犯罪客体；等等。

【案例四】张某掩饰隐瞒犯罪所得、犯罪所得收益不起诉案

该案是笔者2022年辩护的案件，通过对犯罪构成要件的分析，指出犯罪嫌疑人主观上不明知，行为没有侵害该罪的客体，不符合掩饰隐瞒犯罪所得、犯罪所得收益罪的构成要件，应当绝对不起诉。

【基本案情】

内蒙古自治区乌兰察布公安局起诉意见书指控，犯罪嫌疑人张某为犯罪嫌疑人初某霞的姐夫，非"内蒙古×××科技发展有限公司"传销组织中的会员。2021年4月，犯罪嫌疑人初某霞指使张某在黑龙江省绥芬河市用自己的身份证办理了一张中国邮政储蓄银行卡并借给其使用。2021年6月，犯罪嫌疑人初某霞将该卡寄回给犯罪嫌疑人张某，同月，犯罪嫌疑人张某伙同其儿子张某立、连襟胡某业，三人先后分三次在哈尔滨、牡丹江、绥芬河三地将卡中的900万元全部取出，并在取款后将该银行卡注销，取出的赃款全部藏匿在张某立位于黑龙江省绥芬河市某小区家中。办案民警依法对该住所搜查时，共查获犯罪嫌疑人初某霞组织传销活动非法获利的赃款 1670 万元。

犯罪嫌疑人张某的行为造成了初某霞转移、藏匿该传销组织违法犯罪所得的结果，起到了帮助作用。其行为触犯了《刑法》第 312 条的规定，涉嫌掩饰、隐瞒犯罪所得、犯罪所得收益罪。

【辩护意见】

一、从主观方面来看，张某主观方面缺乏明知

根据《刑法》第 312 条第 1 款的规定，构成掩饰、隐瞒犯罪所得罪，主观方面必须"明知是犯罪所得"。"明知"包括明确知道和应当知道（推定明知）。本案没有证据证明张某明知 900 万元资金是犯罪所得，也不能推定张某明知。

（一）没有证据证明张某明知 900 万元是犯罪所得

1. 张某既非某公司成员，亦非该公司注册会员，也不知道该公司经营方式是什么，是否合法。张某只知道该公司经营保健品。从常识来看，一般人不会认为经营保健品是犯罪甚至违法行为。

2. 在案证据表明，初某霞让张某帮忙取钱，既没有告诉张某这笔钱的来历，张某自己也没问，帮忙取钱纯粹因为是亲戚关系。

（二）本案不能推定张某"明知是犯罪所得"

明知的推定必须以客观事实为根据，不能凭借主观臆断来推定，也就是说，推定结论的基础必须是客观行为与行为人心理状态的常态联系。推定方法只应在是否具有明知是赃物，并且没有直接证据加以证明是明知的情况下才可运用，不得一概以推定方法代替调查取证（参见葛为国等《掩饰、隐瞒犯罪所得罪中"明知"的理解与认定》，《检察前沿》2009 年第 3 期，第 24 页）。

司法解释中的"应当知道"（推定明知）属于法定化的"司法认定的明知"。但是，即使依照司法解释对"应当知道"进行认定，也仍然属于主观事实认定的问题，属于证据认定性质的事实推定，而不是简单地推论、推理。对基础事实必须有充分的证据证明，并且根据基础事实逻辑地推定出"明知"这一待证的主观事实。推定的基础事实必须严格依照"证据裁判原则"认定。最高人民法院、最高人民检察院、公安部、国家工商行政管理局联合发布的《关于依法查处盗窃、抢劫机动车案件的规定》第

17条，《最高人民法院关于审理洗钱等刑事案件具体应用法律若干问题的解释》（2024年8月19日废止，被新的解释取代）第1条第2款，最高人民法院、最高人民检察院《关于办理与盗窃、抢劫、诈骗、抢夺机动车相关刑事案件具体应用法律若干问题的解释》第6条所列举的基础事实，无疑都是应当通过证据证明的事实。如果基础事实的证据不充分，则不能证明基础事实成立，更不能由此推定出待证的主观明知事实的成立。在运用推定方法认定待证主观事实时，不能忽视对行为人是不是我们假设中的常人的审查，应充分注意行为人的年龄、受教育程度、生活环境、精神状态等个体实际情况。同时，应坚持对犯罪事实进行细致、客观的分析，坚持使用尽可能多的经验规则来进行推定，防止使用单一经验规则来进行简单判断（参见陆建红《刑法分则"明知"构成要件适用研究——以掩饰、隐瞒犯罪所得、犯罪所得收益罪为视角》，《法律适用》2016年第2期，第81~83页，作者时任最高人民法院刑事审判第四庭审判长，高级法官，第二届全国审判业务专家）。

2009年《最高人民法院关于审理洗钱等刑事案件具体应用法律若干问题的解释》第1条也强调："……'明知'，应当结合被告人的认知能力，接触他人犯罪所得及其收益的情况，犯罪所得及其收益的种类、数额，犯罪所得及其收益的转换、转移方式以及被告人的供述等主、客观因素进行认定。"本案当事人张某只有小学文化程度，且靠打零工谋生，又是替至亲（亲妻妹）来取款，不可能知道钱款来源是犯罪所得。且初某霞开公司，经营保健品，家庭经济状况好，这些基础事实客观存在，不能推定张某"明知是犯罪所得"。

二、本案达不到掩饰、隐瞒犯罪所得罪的入罪标准

掩饰、隐瞒犯罪所得罪属于《刑法》第六章第二节妨害司法罪，构成犯罪要求客体必须侵害了司法秩序。掩饰、隐瞒犯罪所得罪的构成要件行为是通过窝藏、转移、收购、代为销售等方式掩饰、隐瞒赃物。窝藏是指隐藏、保管等使司法机关不能或难以发现赃物的行为。转移是指改变赃物的存放地的行为。转移行为应达到足以妨害司法机关追缴赃物的程度。换言之，采用任何方法，使司法机关难以发现赃物、难以追缴赃物或者难以分辨赃物性质的，均有可能构成本罪（参见张明楷《刑法学（下）》，法

律出版社，2021，第 1447 页）。

2021 年修正后的最高人民法院《关于审理掩饰、隐瞒犯罪所得、犯罪所得收益刑事案件适用法律若干问题的解释》（以下简称《解释》）第 1 条列举了四项入罪标准："（一）一年内曾因掩饰、隐瞒犯罪所得及其产生的收益行为受过行政处罚，又实施掩饰、隐瞒犯罪所得及其产生的收益行为的；（二）掩饰、隐瞒的犯罪所得系电力设备、交通设施、广播电视设施、公用电信设施、军事设施或者救灾、抢险、防汛、优抚、扶贫、移民、救济款物的；（三）掩饰、隐瞒行为致使上游犯罪无法及时查处，并造成公私财物损失无法挽回的；（四）实施其他掩饰、隐瞒犯罪所得及其产生的收益行为，妨害司法机关对上游犯罪进行追究的。"本案不属于其中任何一种情况。

1. 当事人张某之前没有受过任何处罚，既没有刑事处罚，也没有行政处罚，不符合《解释》第一种情况。2. 该案涉案资金不属于电力设备、交通设施、广播电视设施、公用电信设施、军事设施或者救灾、抢险、防汛、优抚、扶贫、移民、救济款物。3. 本案也不属于"致使上游犯罪无法及时查处，并造成公私财物损失无法挽回的"情况。张某是与案件犯罪嫌疑人初某霞等人同日（2021 年 8 月 6 日）被拘留的，没有导致上游犯罪无法及时查处；2021 年 8 月 7 日，乌兰察布市公安局在黑龙江省绥芬河某小区搜查扣押涉案现金 1670 万元，其中包括从张某账号提取的 900 万元，同样也没有造成公私财物损失无法挽回的情况。只有致使上游犯罪无法及时查处和造成公私财物损失无法挽回的两种情况同时具备，才可能构成犯罪。本案任何一种情况都不具备。4. 本案同样也不属于第四种情况。其他掩饰隐瞒行为应当是指《解释》第 10 条第 2 款规定的："明知是犯罪所得及其产生的收益而采取窝藏、转移、收购、代为销售以外的方法，如居间介绍买卖，收受，持有，使用，加工，提供资金账户，协助将财物转换为现金、金融票据、有价证券，协助将资金转移、汇往境外等，应当认定为刑法第三百一十二条规定的'其他方法'。"本案中张某尽管实施了提供资金账户并取款 900 万元的行为，但并不会使公安机关不能或者难以发现赃物。银行账户在银行系统网络上都有记录，即使销户了，每一笔存取款也都可以查到具体的时间和地点。本案公安机关的账户查询还是 2021 年 11 月 22 日在乌兰察布市相关银行进行的，既不是在案发时，也不是在绥芬河市开户地。张某取的钱也只是放在张某立家中卧室皮箱里，并没有藏匿，且被拘留后第二天即被乌兰察布市公安局搜查扣押，以上事实足以说明张某没有妨害司法机关对上游犯罪的追究。可见，本案不符合任何一种入罪标准，不构成犯罪。

需要特别指出的是，2015 年的司法解释曾经把数额作为入罪的标准，2021 年修改的《解释》去掉了该规定。这说明，本案侵害的客体是司法秩序，而不是财产本身。没有侵害到司法秩序，不符合上述任何四项入罪标准之一，即使数额巨大，也不构成该罪。

三、掩饰、隐瞒犯罪所得罪之"明知"的指向对象必须是犯罪所得，而不是一般违法所得

赃物犯罪之"明知"的法律定位是犯罪构成不可或缺的要件。根据《刑法》第 312 条的规定，掩饰、隐瞒行为必须以"明知"行为对象系犯罪所得及其收益为前提。"明知是犯罪所得及其产生的收益"中的"犯罪"，不能完全从犯罪构成齐备的角度去理解，而应当从上游犯罪行为是否具有社会危害性和刑事违法性去理解。上游犯罪事实要有充分证据证明，即达到了犯罪的程度（参见陆建红《刑法分则"明知"构成要件适用研究——以掩饰、隐瞒犯罪所得、犯罪所得收益罪为视角》，《法律适用》2016 年第 2 期，第 77~83 页，作者时任最高人民法院刑事审判第四庭审判长，高级法官，第二届全国审判业务专家）。所以，假使行为人认为是一般违法所得而予以掩饰、隐瞒，也不构成该罪。

1. 本案上游传销行为是否构成犯罪也值得商榷。国务院 2005 年《禁止传销条例》第 7 条规定了三种传销行为："拉人头"传销、骗取"入门费"传销和团队计酬传销。2013 年最高人民法院、最高人民检察院、公安部《关于办理组织领导传销活动刑事案件适用法律若干问题的意见》第 5 条规定："传销活动的组织者或者领导者通过发展人员，要求传销活动的被发展人员发展其他人员加入，形成上下线关系，并以下线的销售业绩为依据计算和给付上线报酬，牟取非法利益的，是'团队计酬'式传销活动。以销售商品为目的、以销售业绩为计酬依据的单纯的'团队计酬'式传销活动，不作为犯罪处理。"可见，即使是传销活动，也不一定构成犯罪。

2. 初某霞让张某帮忙取钱，但没有告诉张某这笔钱的来历，她自己可

能也并不认为是犯罪所得。初某霞之所以通过张某银行卡转钱取钱，是"因为我怕钱放在卡里被冻结"，之前"我们的银行账户被湖北枣阳和河北馆陶冻结过，我怕再被冻结，所以就取现"。湖北枣阳和河北馆陶工商行政管理部门对×××科技公司作出的是行政处罚，而不是刑事处罚，此后湖北枣阳还解冻了 2000 万元，解冻行为也让初某霞认为这不是犯罪行为。

综上所述，无论是犯罪主观方面还是司法解释规定的入罪标准，本案当事人张某都不符合，不构成掩饰、隐瞒犯罪所得罪。请求检察机关依据《刑事诉讼法》第 177 条第 1 款"犯罪嫌疑人没有犯罪事实，或者有本法第十六条规定的情形之一的，人民检察院应当作出不起诉决定"依法作出不起诉决定。

【处理结果】

2023 年 8 月 1 日，内蒙古自治区乌兰察布市察哈尔右翼中旗人民检察院作出中检刑不诉〔2023〕23 号不起诉决定书："经本院审查并退回补充侦查，本院仍然认为内蒙古自治区乌兰察布市公安局认定的犯罪事实不清、证据不足，不符合起诉条件。依照《中华人民共和国刑事诉讼法》第一百七十五条第四款的规定，决定对张某不起诉。"

【案例五】王某某非法经营再审改判无罪案（最高人民法院指导案例 97 号）

【基本案情】

内蒙古自治区巴彦淖尔市临河区人民检察院指控被告人王某某犯非法经营罪一案，内蒙古自治区巴彦淖尔市临河区人民法院经审理认为，2014 年 11 月至 2015 年 1 月，被告人王某某未办理粮食收购许可证，未经工商行政管理机关核准登记并颁发营业执照，擅自在临河区白脑包镇附近村组无证照违法收购玉米，将所收购的玉米卖给巴彦淖尔市粮油公司杭锦后旗蛮会分库，非法经营数额为 218288.6 元，非法获利 6000 元。案发后，被告人王某某主动退缴非法获利 6000 元。2015 年 3 月 27 日，被告人王某某主动到巴彦淖尔市临河区公安局经侦大队投案自首。原审法院认为，被告人王某某违反国家法律和行政法规规定，未经粮食主管部门许可及工商行政管理机关核准登记并颁发营业执照，非法收购玉米，非法经营数额达 218288.6 元，数额较大，其行为构成非法经营罪。鉴于被告人王某某案发后主动到公安机关投案自首，主动退缴全部违法所得，有悔罪表现，对其适用缓刑确实不致再危害社会，决定对被告人王某某依法从轻处罚并适用缓刑。宣判后，王某某未上诉，检察机关未抗诉，判决发生法律效力。

【处理结果】

最高人民法院于 2016 年 12 月 16 日作出（2016）最高法刑监 6 号再审决定，指令内蒙古自治区巴彦淖尔市中级人民法院对本案进行再审。

内蒙古自治区巴彦淖尔市中级人民法院再审认为，原判决认定的原审被告人王某某于 2014 年 11 月至 2015 年 1 月，没有办理粮食收购许可证及工商营业执照买卖玉米的事实清楚，其行为违反了当时的国家粮食流通管理有关规定，但尚未达到严重扰乱市场秩序的危害程度，不具备与《刑法》第 225 条规定的非法经营罪相当的社会危害性、刑事违法性和刑事处罚必要性，不构成非法经营罪。原审判决认定王某某构成非法经营罪适用法律错误，检察机关提出的王某某无证照买卖玉米的行为不构成非法经营罪的意见成立，原审被告人王某某及其辩护人提出的王某某的行为不构成犯罪的意见成立。

内蒙古自治区巴彦淖尔市中级人民法院于 2017 年 2 月 14 日作出（2017）内 08 刑再 1 号刑事判决：1. 撤销内蒙古自治区巴彦淖尔市临河区人民法院（2016）内 0802 刑初 54 号刑事判决；2. 原审被告人王某某无罪。

②犯罪情节显著轻微，危害不大的无罪辩护

《刑法》第 13 条规定："一切危害国家主权、领土完整和安全，分裂国家、颠覆人民民主专政的政权和推翻社会主义制度，破坏社会秩序和经济秩序，侵犯国有财产或者劳动群众集体所有的财产，侵犯公民私人所有的财产，侵犯公民的人身权利、民主权利和其他权利，以及其他危害社会的行为，依照法律应当受刑罚处罚的，都是犯罪，但是情节显著轻微危害不大的，不认为是犯罪。"实践中，辩护律师可以充分利用这一规定为被告人出罪。

司法解释中，很多规定体现了"情节显著轻微危害不大的，不认为是犯罪的"精神。如挪用公款进行非法活动的，法律规定不受"数额较大"和挪用时间的限制，但司法解释明确规定了入罪数额起点。再如，2023 年 12 月 18 日，最高人民法院、最高人民检察院、公安部、司法部联合发布

的《关于办理醉酒危险驾驶刑事案件的意见》第 12 条规定的五种出罪情
形，就是《刑法》第 13 条但书部分的具体体现。

【案例六】"隔夜醉驾"宣告无罪案①

【基本案情】

检察机关指控，2016 年 4 月 20 日上午 11 时 30 分许，岳某某的同事高
某某驾驶新 L-D2758 号机动车接岳某某上班时，将车违章停放在建国南路
西侧人行道，执勤交警要求将车移至指定位置接受处罚，此时被告人岳某
某来到现场，执勤交警要求他出示驾驶证时，岳某某将自己的驾驶证交给了
执勤交警，并按照交警的要求，将车从路西的人行道移至路东侧的机动车
道，之后执勤交警在与岳某某交谈时，闻到酒味，遂将岳某某移交交警队抽
血检查酒精含量，经鉴定，被告人岳某某每 100 毫升血液中含乙醇 84 毫克。

【辩护意见】

被告人及其辩护人辩称，被告人岳某某酒后经过一个晚上的休息，次
日在交警指挥下移车时，并未意识到自己还处于醉酒状态，交警让其移车
时，也未发现岳某某处于醉酒状态，岳某某没有危险驾驶的主观故意，不
构成危险驾驶罪。

【处理结果】

一审法院认定，被告人岳某某的行为构成危险驾驶罪，但犯罪情节轻
微，依法可以免予刑事处罚。

原审被告人岳某某不服，提出上诉。

二审法院认为，上诉人岳某某酒后休息了一个晚上，次日上午 11 时
许，在交警的指挥下挪动车辆，虽其血液中的乙醇含量刚超过危险驾驶罪
的标准，但上诉人岳某某经过一夜的休息，并未意识到自己还处于醉酒状
态，交警让其移车时，也没有发现上诉人处于醉酒状态，不具有危险驾驶
的主观故意。且其是在交警的指挥下短距离低速移动车辆，驾驶车辆的危
险性大大降低，符合情节显著轻微的情形，可不认为是犯罪。故上诉人及
其辩护人认为岳某某不构成危险驾驶罪的辩解、辩护理由成立，予以采

---

① 《无罪判决："隔夜醉驾"宣告无罪》，"朔州资讯"百家号，https://baijiahao.baidu.com/
s? id=1671054771390237868&wfr=spider&for=pc，最后访问日期：2022 年 3 月 22 日。

纳。原判认定基本事实清楚，证据确实、充分，但适用法律不当，应予纠正。依据《刑法》第133条之一、第13条之规定，判决如下：一、撤销哈密市人民法院（2016）新2201刑初309号刑事判决，即被告人岳某某犯危险驾驶罪，免予刑事处罚；二、宣告上诉人（原审被告人）岳某某无罪。

③法定无罪抗辩事由的无罪辩护

无罪辩护的法定事由很多，如正当防卫、紧急避险、职务业务要求、意外事件、不可抗力等。

【案例七】吴某某故意伤害正当防卫无罪案①

【基本案情】

北京市海淀区人民检察院起诉书指控，2003年9月10日凌晨3时许，被害人李某某（男，19岁）与孙某某（男，22岁）、张某某（男，21岁）到北京市海淀区阳台山庄饭店（以下简称"饭店"）的女工宿舍外，叫服务员尹某某（女，24岁）出来解决个人之间的纠纷，见尹某某不予理睬，孙某某等人即强行进入宿舍内。孙某某与尹某某发生争执，殴打尹某某。同宿舍居住的被告人吴某某上前劝阻，孙某某又与吴某某相互撕扯。在撕扯过程中，孙某某将吴某某的上衣纽扣拽掉，吴某某持水果刀将孙某某的左上臂划伤。李某某见此状况，用一铁挂锁欲击打吴某某，吴某某又持水果刀扎伤李某某的左胸部，致其左胸部2.7厘米刺创口，因急性失血性休克而死亡。当日，吴某某被公安机关抓获，作案工具亦起获。吴某某无视国法，因琐事故意伤害公民身体健康，且致人死亡，其行为已触犯《刑法》第234条第2款的规定，构成故意伤害罪，应依法判处。

【辩护意见】

被告人吴某某及其辩护人认为，根据《刑法》第20条第3款的规定，吴某某的行为属于正当防卫，且没有超过必要限度，不构成犯罪。

【处理结果】

北京市海淀区人民法院认为，被告人吴某某于夜深人静之时和孤立无援之地遭受了殴打和欺辱，身心处于极大的屈辱和恐慌中。此时，李某某

---

① 《无罪判决书（71）·吴某某故意伤害案：故意伤害致死但因正当防卫获无罪》，360个人图书馆，http://www.360doc.com/content/16/0408/22/31717540_549070176.shtml，最后访问日期：2022年3月24日。

又举起铁锁向其砸来。面对这种情况，吴某某使用手中的刀子进行防卫，没有超过必要的限度。要求吴某某慎重选择其他方式制止或避免当时的不法侵害的意见，没有充分考虑侵害发生的时间、地点和具体侵害的情节等客观因素，不予采纳。被告人吴某某及其辩护人关于正当防卫、不负刑事责任的辩解理由和辩护意见符合法律规定，应予采纳。于 2004 年 7 月 29 日判决：被告人吴某某无罪。

（3）律师作无罪辩护的技巧和策略

律师作无罪辩护的风险很高，为尽量降低风险，律师在作无罪辩护时应当掌握相关技巧和策略。

①律师应当慎重决策是否作无罪辩护

律师要作无罪辩护，必须根据案件事实和相关法律（实体法、程序法、证据法等）判断确实无罪时，再作无罪辩护。只有证据确实、充分，辩护才有保障，才能从根本上否定检控方起诉的事实和理由，使辩护律师的无罪意见被法官采纳。对犯罪嫌疑人、被告人提出的办案机关刑讯逼供等违法问题不能轻信，要依据客观证据进行判断。律师不得干扰证人作证，不得威胁、引诱证人作伪证；不得毁灭、伪造证据；不得帮助毁灭、隐匿、伪造证据；不得诱导、暗示被告人作违背事实的陈述或者改变陈述。被害人、证人翻供时，不要贸然进行无罪辩护。遇到被告人、证人翻供的情境，辩护律师最好申请法院或者检察院调取证据，如果申请不能成功，最好申请被害人或者证人当庭出证。

②充分利用指导性案例、公报案例、典型案例和参考性案例

指导性案例主要是指"两高"发布的指导性案例。最高人民法院的指导性案例，专指依据《最高人民法院关于案例指导工作的规定》程序编选的并经最高人民法院审判委员会讨论决定的，被社会广泛关注、法律规定比较原则、具有典型性、疑难复杂或者新类型的等具有指导作用的生效案例。最高人民检察院的指导性案例，是指依据《最高人民检察院关于案例指导工作的规定》程序编选的，并经最高人民检察院案例指导工作委员会讨论同意、检察委员会审议通过的具有指导作用的生效案例。2005 年，最高人民法院《人民法院第二个五年改革纲要（2004—2008）》指出"建立和完善案例指导制度"。2010 年最高人民法院发布《最高人民法院关于案例

指导工作的规定》，2015 年最高人民法院发布《〈最高人民法院关于案例指导工作的规定〉实施细则》，2019 年最高人民检察院发布《最高人民检察院关于案例指导工作的规定》。《〈最高人民法院关于案例指导工作的规定〉实施细则》第 11 条第 2 款规定："公诉机关、案件当事人及其辩护人、诉讼代理人引述指导性案例作为控（诉）辩理由的，案件承办人员应当在裁判理由中回应是否参照了该指导性案例并说明理由。"第 8 条规定："……经最高人民法院审判委员会讨论通过的指导性案例，印发各高级人民法院，并在《最高人民法院公报》《人民法院报》和最高人民法院网站上公布。"《最高人民法院关于案例指导工作的规定》第 7 条明确规定，最高人民法院发布的指导性案例，各级人民法院审判类似案例时应当参照。《最高人民检察院关于案例指导工作的规定》第 15 条规定："各级人民检察院应当参照指导性案例办理类似案件，可以引述相关指导性案例进行释法说理，但不得代替法律或者司法解释作为案件处理决定的直接依据。"因此，"两高"的指导性案例是具有强制指导作用的案例，必须参照。故辩护律师辩护时，可以引用参照指导案例。例如，某省一法官严格按照法律裁判案件，但是当事人不服裁判，于是双双在人民法院前服毒自杀，该法官被起诉，一审认定法官"玩忽职守"以致酿成大错，但是在二审中，法院用一份长达五六十页的裁判裁决该法官无罪。对于这样的案件，律师完全可以借鉴，从而引导法官作出无罪裁判。

公报案例是指《最高人民法院公报》《最高人民检察院公报》公布的，但未经最高人民法院审判委员会或最高人民检察院检察委员会讨论决定的，具有参考指导性的案例。公报案例无须强制性"参照"，而是指导性"参考"。

典型案例是有较强法律意义，有较大社会影响，对社会生活有规范和指导价值的生效案例。最高人民法院要求各高院每月至少向最高人民法院报送一件典型案例，并作为考核各地工作的重要指标。典型案例的选定相对严格，最高人民法院、各地高院都可以遴选一些具有法律意义、典型意义和规范指导意义的生效判决作为典型案例予以发布。《关于规范上下级人民法院审判业务关系的若干意见》第 9 条专门规定，高级人民法院可以通过发布参考性案例对辖区内各级人民法院和专门人民法院的审判业务工作进行指导。也就是说，高级人民法院可以发布具有典型或者指导意义的"典型"或"参考性"案例。相应地，省级人民检察院也可以发布这类案例。常见的《刑事审判参考》不是指导性案例，而是具有指导作用的"典型"或"参考性"案例。

参考性案例是省级法院、检察院发布的案例，脱胎于省级法院、检察院的"公报案例"，是"仅供参考"的案例，不具有强制力。

③充分利用主流的法学理论和学术观点、最高人民法院法官撰写的文章观点进行辩护

在庭审的过程中，辩护律师应当充分利用主流的法学理论和学术观点，以增强自己论证的说服力，增加辩护理由被采纳的概率。但是，专家论证意见书不宜直接提交法庭，因为专家论证意见书本身没有证据资格，不是证据形式之一，只代表论证专家的个人意见，且容易引起审判人员的反感。正确做法是将专家意见融于辩护词中。相反，利用最高人民法院法官撰写的著作、发表的文章和谈话，通过其中所包含的法学理念和思维方式进行辩护，更容易为法官所接纳。

《河南高院：刑事案件事实认定与法律适用指引手册》指出，在法律适用上存在疑难或较大分歧时，可遵循以下路径寻求解答：①刑法、刑事诉讼法及立法、司法解释，"两高"指导意见、批复等规范性文件，"两高"研究室答复等，刑法修正案及司法解释的修改内容和修改背景要重点关注；②最高人民法院发布的指导性案例；③"两高"对于相关司法解释、指导意见等规范性文件的理解与适用；④"两高"发布的典型案例、公报案例、《刑事审判参考》案例等；⑤"两高"领导讲话以及发表的理论文章、《最高人民法院司法观点集成》等；⑥刑法理论书籍中知名专家学者的观点；⑦中国期刊网法学论文中的观点；⑧中国裁判文书网中的类案处理情况；等等。例如，对于辩方提出正当防卫、防卫过当或非典型自首、立功等辩解的，要注意参照最高司法机关发布的典型案例。①

---

① 《河南高院：刑事案件事实认定与法律适用指引手册》，"豫法阳光"微信公众号，ht-tps：//mp.weixin.qq.com/s/Sr8YScZO30C9XOlvPUKlKw，最后访问日期：2024年7月29日。

（4）避免法律风险

律师作无罪辩护，特别是对案件事实复杂、影响大的案件作无罪辩护时，应当关注相关政策的规定。对于建立了大案汇报制度的地方规定，律师应当遵守规定进行汇报。律师在无罪辩护过程中，应当设法取得律师协会和司法局的支持和帮助，及时与办案部门沟通、交流，为无罪辩护的成功奠定基础。但是在与相关政府部门接触的过程中，应当避免行贿、介绍贿赂之嫌，保持廉洁作风。

2. 罪轻辩护

罪轻辩护理论上包括以下三种情况：①不构成被指控重罪，只构成相应的轻罪；②降低犯罪数额；③在数罪中减少罪数。但是第二种属于量刑之辩，第三种属于无罪之辩，被减少的罪数实质是作无罪处理了。严格意义上罪轻之辩仅指第一种情况，即辩护律师论证被告人不构成某一较重的罪名而构成某一较轻罪名的辩护，被称为"罪轻辩护"，但不能相反。

罪轻辩护是现实主义的辩护思路，"两害相权取其轻"。我国法院可以对起诉指控的罪名加以变更，同样地，律师也可以在不同意公诉方罪名的情况下建议法院选择另一罪名。刑法中很多由于某一构成要件不同，罪名就不相同的条文，例如：主体不同，同样的行为可能构成贪污罪—职务侵占罪或者盗窃罪、诈骗罪，挪用公款罪—挪用资金罪，受贿罪—非国家工作人员受贿罪等；主观方面不同，可能构成贪污罪—挪用公款罪，职务侵占罪—挪用资金罪，贷款诈骗罪—骗取贷款罪，集资诈骗罪—非法吸收公众存款罪，故意杀人罪—故意伤害罪；客观方面的行为不同，可能构成抢劫罪—抢夺罪，制造、走私、贩卖、运输毒品罪—非法持有毒品罪；主观目的不同，可能构成传播淫秽物品罪—传播淫秽物品牟利罪；等等。律师把重罪名辩护为轻罪名，都属于罪轻之辩。

【案例八】彭某某涉嫌贷款诈骗案①

【基本案情】

公诉机关指控，2009 年 7 月，被告人彭某某利用伪造的贷款资料，通过广新汽车销售有限公司向中国银行 D 支行营业部申请了 75 万元的汽车

---

① 阚吉峰：《精准辩护——思维方法与实例解释》，北京大学出版社，2020，第 101 页。

消费贷款。贷款期满后，银行工作人员多次催要，彭某某仍不归还该笔贷款。公诉机关认为，被告人彭某某以非法占有为目的，使用虚假的贷款担保手续，骗取银行贷款75万元，数额巨大，应以贷款诈骗罪追究其刑事责任。

【辩护意见】

辩护律师认为，被告人的行为应定性为骗取贷款罪，理由是被告人主观上不具有非法占有的故意：1. 被告人已经陆续归还了20.05万元贷款；2. 被告人没有提供虚假证明文件；3. 被告人没有改变资金用途；4. 被告人提供了足额担保。

【处理结果】

一审法院以骗取贷款罪判处被告人有期徒刑2年，缓刑2年。

（三）量刑之辩

量刑辩论是在对被告人构成犯罪不持异议的基础上，通过提出若干法定或者酌定的量刑情节，来论证应对被告人作出从轻、减轻或者免除刑罚的裁决。

清华大学法学院周光权教授曾说："量刑之所以重要，是因为它'要命'……即使是多一天的拘役，对于被告人而言，也是86400秒。大家因为疫情在家，有的人说有坐牢的感觉，这就恰恰表明，每个人都存在着对自由的渴望！"[①]

1. 量刑辩论的三种情形

一是降低量刑档次。通过对量刑情节的辩论，将公诉方指控的量刑档次降低。刑法中，很多犯罪有多个量刑档次，如交通肇事罪有三个量刑档次：基本构成处三年以下有期徒刑或者拘役；交通运输肇事后逃逸或者有其他特别恶劣情节的，处三年以上七年以下有期徒刑；因逃逸致人死亡的，处七年以上有期徒刑。如果根据案件事实和情节，能够将检方量刑建议从三到七年有期徒刑降为三年以下有期徒刑，就属于降低量刑档次的辩论。

二是降低犯罪数额。刑法中，很多犯罪是数额犯，或者数额的高低决

---

① 周光权：《量刑何以更精准》，北大法律信息网，https：∥article.chinalawinfo.com/ArticleFullText.aspx？ArticleId=112875，最后访问日期：2022年3月22日。

定了刑罚的轻重，如果能够减少被告人的犯罪数额，也能减轻刑罚。如盗窃罪、诈骗罪、组织领导传销罪、贪污罪、受贿罪、非法吸收公众存款罪、集资诈骗罪等。有些犯罪降低了犯罪数额甚至也能降低量刑档次。

三是利用从轻、减轻、免除处罚的各种法定、酌定情节来进行量刑辩论。实践中，最常见的辩护意见就是这种量刑辩论。

可以用来进行量刑辩论的事实和情节有以下几方面。

①既存情节：案件发生之前和案件发生过程中所形成的案件事实

例如，初犯偶犯，从犯胁从犯，平常表现，家庭情况，立功嘉奖，被害人过错，作案手段，作案动机，作案时间，作案后果，主观恶性程度，案发后有无补救措施，犯罪预备、犯罪中止、犯罪未遂，是不是未成年人、老年人、怀孕的妇女，是不是精神病人、盲聋哑人，防卫过当，避险过当等。

②后发情节：案件发生后，在案件的诉讼过程中新出现的量刑情节

例如，认罪悔罪、积极退赃、自首、立功、坦白、积极退赔、刑事和解，认罪认罚等。

③法律适用问题

有些犯罪情节，既是定罪情节，又是量刑情节，一旦用作定罪情节，就不宜再作为量刑情节使用，否则容易错判。所以辩护律师要梳理出哪些是定罪情节，哪些是量刑情节。

【案例九】陈某某受贿案

【基本案情】

此案发生在《刑法修正案（九）》实施之前。被告人陈某某系国有企业厂长，检察机关指控，陈某某收受下属公司以奖金名义贿赂 4 万元，收受行贿人高某（已判刑）贿赂 8 万元，为其谋取利益。应以受贿罪追究刑事责任。

【辩护意见】

此案系笔者辩护的案件，根据案件事实，笔者决定作量刑辩护，减少犯罪数额。针对下属公司行贿 4 万元，笔者经过调查发现，公司管理层都收到了此笔奖金，不应作为受贿罪处理。

【处理结果】

根据《刑法修正案（九）》实施前《刑法》第 383 条的规定，陈某属于受贿"数额在十万元以上"，应处十年以上有期徒刑或者无期徒刑。审判机关采纳了辩护律师的辩护意见，没有认定 4 万元属于受贿，判处被告人有期徒刑八年。

【案例十】安徽阜阳龚某某交通肇事案（《最高人民法院公报》2017 年第 6 期）

【基本案情】

安徽省颍上县人民检察院起诉书指控：2014 年 6 月 10 日 15 时许，被告人龚某某超速驾驶皖 K5××××号白色江淮牌货车沿×041 线由西向东行驶至颍上县赛涧乡张楼村唐庄十字路口时，与被害人张某某无证驾驶的由南向北行驶的皖 KG××××号铃木牌两轮摩托车发生碰撞，该事故致两车受损，被害人张某某当场死亡，经法医鉴定被害人张某某系车祸致严重颅脑损伤死亡。经颍上县交管大队交通事故责任认定书认定，被告人龚某某负事故主要责任。案发后龚某某赔偿被害人近亲属人民币 32.6 万元，获得谅解。龚某某驾驶机动车辆在公共道路上超速行驶，违反交通运输管理法规，因而发生重大事故，致一人死亡，承担事故的主要责任，其行为已触犯《刑法》第 133 条的规定，应以交通肇事罪追究龚某某的刑事责任，且龚某某属交通肇事后逃逸，建议判处三年以上四年以下有期徒刑。

【辩护意见】

被告人龚某某称其交通肇事致张某某死亡是事实，但辩解称其肇事后没有逃逸行为。

【处理结果】

安徽省颍上县人民法院一审认为：被告人龚某某驾驶机动车辆在公共道路上超速行驶，违反交通运输管理法规，因而发生重大事故，致一人死亡，承担事故的主要责任，且肇事后逃逸，其行为已触犯刑律，构成交通肇事罪。于 2014 年 11 月 6 日判决如下：被告人龚某某犯交通肇事罪，判处有期徒刑三年，缓刑四年。

一审宣判后，被告人龚某某不服一审判决，向安徽省阜阳市中级人民法院提出上诉，称其在案发后已经主动报警及拨打 120 急救电话，后因害怕遭被害人亲属殴打离开现场,不是逃逸;其具有投案自首情节,并积极赔偿被害人亲属经济损失,取得被害人亲属谅解。综上,原判对其量刑过重,请求二审依法对其从轻判处。

安徽省阜阳市中级人民法院经二审,确认了一审查明的事实。经查,根据《刑法》第133条、最高人民法院《关于审理交通肇事刑事案件具体应用法律若干问题的解释》第2条第1款的规定,交通肇事致一人死亡的,需同时具备负事故全责或者主要责任,行为人才能构成交通肇事罪。就本案而言,交警部门就是根据龚某某驾驶机动车超速行驶并且在事故发生后弃车离开现场认定其对事故负主要责任,即龚某某弃车离开现场的行为是交通肇事罪的构成要件。因此,原判适用最高人民法院《关于审理交通肇事刑事案件具体应用法律若干问题的解释》第3条的规定,认定龚某某行为构成交通肇事罪,且系交通肇事后逃逸。显然是对其逃逸行为重复评价,属于适用法律错误,依法应予纠正。

安徽省阜阳市中级人民法院于2014年11月27日判决如下:一、撤销安徽省颍上县人民法院(2014)颍刑初字第00473号刑事判决,即被告人龚某某犯交通肇事罪,判处有期徒刑三年,缓刑四年;二、上诉人(原审被告人)龚某某犯交通肇事罪,判处有期徒刑一年,缓刑二年。

本案焦点问题是被告人龚某某交通肇事后弃车逃逸的行为是其构成交通肇事罪的入罪要件还是其交通肇事罪的加重处罚情节。最终二审法院认定为入罪要件,不能再作为加重处罚的情节适用,更正了一审法院的法律适用错误。

2. 量刑辩论应注意的问题

量刑辩论,传统的方法是按照常见的量刑情节去进行辩论,但是实践中,根据案件的具体情况也应当进行辩点的发掘创新。这样的辩护意见更有新意也有特殊效用。

例如,阚吉峰律师在黄某某涉嫌非法买卖枪支弹药罪一案的辩护中,从社会危害性的"量"的角度进行量刑辩论。①

天津赵春华非法持有枪支案,二审辩护律师从枪支鉴定标准和社会危

---

① 阚吉峰:《精准辩护——思维方法与实例解释》,北京大学出版社,2020,第3页。

害性大小的角度进行了辩护，最终二审法院推翻了一审有期徒刑三年六个月的判决，改判为"判三缓三"。判决理由是赵春华非法持有的枪支均刚刚达到枪支认定标准，其非法持有枪支的目的是从事经营，主观恶性程度相对较低，犯罪行为的社会危害相对较小，二审庭审期间，其能够深刻认识自己行为的性质和社会危害，认罪态度较好，有悔罪表现等情节。[①]

（四）涉案财物处理之辩

1. 涉案财物处理辩论的发展演变

新中国成立以后，相当长的一段时间内，我国对罚没物品和追回赃物的处理一直没有统一的模式，既有国有部门作价收购的，也有公安司法部门内部作价处理的，影响了司法部门的形象。1992 年国务院办公厅制发的《关于公物处理实行公开拍卖的通知》提出，要逐步建立和完善公物处理的公开拍卖制度。2005 年国家发展改革委、司法部发布《关于涉案财物价格鉴定工作有关问题的通知》，规范涉案财物价格鉴定工作。2014 年最高人民法院印发的《关于刑事裁判涉财产部分执行的若干规定》第 12 条规定："被执行财产需要变价的，人民法院执行机构应当依法采取拍卖、变卖等变价措施。涉案财物最后一次拍卖未能成交，需要上缴国库的，人民法院应当通知有关财政机关以该次拍卖保留价予以接收；有关财政机关要求继续变价的，可以进行无保留价拍卖。需要退赔被害人的，以该次拍卖保留价以物退赔；被害人不同意以物退赔的，可以进行无保留价拍卖。"2015 年最高人民检察院印发《人民检察院刑事诉讼涉案财物管理规定》。2020 年国家监察委员会办公厅、公安部办公厅发布《关于规范公安机关协助监察机关在涉案财物处理中办理机动车登记工作的通知》。这些规定对规范涉案财物的处理起到了重要作用。

《刑事诉讼法》第 245 条第 3 款规定："人民法院作出的判决，应当对查封、扣押、冻结的财物及其孳息作出处理。"第 4 款规定："人民法院作出的判决生效以后，有关机关应当根据判决对查封、扣押、冻结的财物及其孳息进行处理。对查封、扣押、冻结的赃款赃物及其孳息，除依法返还

---

① 天津市第一中级人民法院刑事判决书，（2017）津 01 刑终 41 号。

被害人的以外，一律上缴国库。"2021年最高人民法院《刑事诉讼法解释》第280条规定："合议庭认为案件事实已经调查清楚的，应当由审判长宣布法庭调查结束，开始就定罪、量刑、涉案财物处理的事实、证据、适用法律等问题进行法庭辩论。"第442条规定："法庭审理过程中，应当依照本解释第二百七十九条的规定，依法对查封、扣押、冻结的财物及其孳息进行审查。"即在"法庭审理过程中，应当对查封、扣押、冻结财物及其孳息的权属、来源等情况，是否属于违法所得或者依法应当追缴的其他涉案财物进行调查，由公诉人说明情况、出示证据、提出处理建议，并听取被告人、辩护人等诉讼参与人的意见。案外人对查封、扣押、冻结的财物及其孳息提出权属异议的，人民法院应当听取案外人的意见；必要时，可以通知案外人出庭。经审查，不能确认查封、扣押、冻结的财物及其孳息属于违法所得或者依法应当追缴的其他涉案财物的，不得没收"①。第444条规定："对查封、扣押、冻结的财物及其孳息，应当在判决书中写明名称、金额、数量、存放地点及其处理方式等。涉案财物较多，不宜在判决主文中详细列明的，可以附清单。判决追缴违法所得或者责令退赔的，应当写明追缴、退赔的金额或者财物的名称、数量等情况；已经发还的，应当在判决书中写明。"

按照上述法律和司法解释，在法庭辩论过程中，也需要对涉案财物如何处理进行辩论。

随着经济社会的发展，涉财型的有组织犯罪频发，如非法集资类犯罪、电信诈骗类犯罪、传销类犯罪、涉黑涉恶类犯罪等，该类犯罪公安司法机关往往查封、冻结、扣押了大量的涉案财物，如何处理这些财物往往会影响案件的法律效果和社会效果。在涉财产案件的法庭辩论中，辩护律师应当准备财产辩护方案，针对已采取措施的财物是否属于涉案财物、违法所得以及公诉方的处理意见进行举证和辩论，对被告人的合法财产和非涉案财物及违禁物应当要求法庭发还。

2. 涉案财产辩论的三个原则

第一，关联原则。被查封、扣押、冻结的财物必须与案件有关，与案

① 《刑事诉讼法解释》第279条。

件无关的，都不属于涉案财产。前两年扫黑除恶的运动，涉及很多个人财产与公司财产混淆不清的问题。涉黑案件的关联性和财产性特征造成一些扫黑除恶案件中财产被大量且超范围地没收处置，或只要跟涉黑有一定关系的公司，财产都进行没收处置的问题。辩护律师在辩论时，首先要区分财产的性质，哪些是与黑恶活动有关联的，哪些是以黑护商的，哪些是与黑恶活动无关的。其次要充分利用第三人异议。如在某涉黑案中，司法机关将登记在被告人王某的姐姐王某某名下的汽车作为被告人王某个人的财产予以没收，此时就可以由王某的姐姐作为第三人提出权属异议。

第二，比例原则。这是司法实践中经常出现问题的地方，如经常大范围地进行查封、扣押、冻结，大范围地进行处置，远远超出了案件涉案事实本身。如海关的缉私局在侦查过程中，对于涉嫌走私货物除查验当场发现的扣押外，往往还将嫌疑人仓库甚至保税仓库以及委托的物流公司包柜货物全部予以先行查封，扣押货物价值远超偷逃应交税款。涉黑案件、非法集资类案件、传销类案件实践中也经常出现这种情况。

第三，正当程序原则。无论是查封、扣押、冻结赃款赃物、违法所得、合法所得还是被害人的财产，或者第三人的财产等都需要经过正当的程序，依照法定程序查封、扣押、冻结。如在侦查阶段，侦查机关对涉案财产采取的强制措施可能存在如下不规范的情形：一是在采取查封、扣押、冻结等措施时存在失范现象，办案人员随意扩大查封、扣押、冻结的范围；二是查封、冻结措施适用条件不明和期限约束过松的问题，侦查机关根据自己的侦查思路自由行使查封的权力，缺乏外部制约机制；三是对涉案财物超额冻结、随意延长冻结期限等问题，缺乏明晰而明确的监督；四是扣押物品时开具的扣押物品、文件清单对物品、文件的名称、特征及数量描述不明确，难以反映被扣押物品的情况。在审前程序中，有关办案机关随意处置查封、扣押、冻结的涉案财产，存在涉案财产未判先分的状况，不仅损害了涉案当事人的利益，也导致难以公正、及时地将合法财产返还被害人。这些问题都需要辩护律师在庭审中提出，以维护当事人的财产权益。

此外，辩护律师在涉案财物处理辩论时，还应注意涉案财物拍卖处理的情况。如没有经过法院的判决，不得处理涉案财物。涉案财物的处理价格应当符合市场标准。

三　法庭辩论技巧

庭审辩论技巧不仅是一门口才辩论艺术，更是律师参与诉讼活动的基本技能之一。辩论艺术在律师业务活动中占有的地位是十分重要的，它既是律师业务才能和智慧的集中体现，又是品评律师办案质量及其称职与否的标准尺度。但法庭辩论技巧是一个比较难的问题，因人因案而异。针对法庭辩论，笔者提出以下几点技巧，供大家参考。

（一）围绕中心、突出重点

法庭辩论是整个庭审至关重要的组成部分。在法庭辩论过程中，辩护律师发表辩护词时，应该围绕核心辩点发表辩护意见，不要面面俱到，尤其是涉及细枝末节，不影响定罪量刑的事实与证据，就不需要提及了。如管辖问题，前面提过了，到法庭辩论环节就没有必要继续提了；再如有些案件很复杂，涉及多项罪名，证据繁杂，在庭审期间如果不能抓住要点，就达不到有效辩护的目的。

有的辩护人倾向于发表长篇幅的辩护意见，充分把握庭审时间，力求面面俱到，对对方的口误问题追究到底，或者对程序问题反复纠结。这种做法表面上尽职尽责，但就辩护效果而言，未必是最好的。辩护律师要立足于庭审焦点，重点突破，切忌偏离主题，否则"偏题式辩护"必然引起法官对庭审效率的担忧，从而当庭制止律师的发言。只要枝节问题不影响案件审判的正确性，就应当避轻就重，放弃辩论。

语言的沟通讲究效率，发挥作用不是看律师说了多少，而是看别人接受了多少。在有限的庭审时间里，让法官充分倾听律师所有观点和理由是不现实的，能够让他透彻而全面地了解到最核心的辩护观点就是最大的成功。

（二）逻辑清晰，表达流畅

1. 法庭辩论不同于辩论赛，不能使用诡辩术，必须论证严密，逻辑清晰

辩护律师辩论过程中应遵守逻辑基本规律，逻辑基本规律就是同一律、矛盾律、排中律、充足理由律。保证自己阐述的观点具有确定性、一贯性和排他性，避免违反逻辑规律而发生逻辑错误，授人以柄，使自己陷入尴尬局面。

同一律就是在论证过程中，所使用的概念、命题、思想等，都要与自身保持同一性，事物要保持确定性，不能偷换概念或者转移话题。如在刑事案件的庭审中，一位律师作了如下辩护：被告王某某虽然贪污、挪用公款属实，但他在部队服役期间曾两次荣立二等功，是有立功表现的；根据我国《刑法》规定，犯罪分子有立功表现的可以从轻或者减轻处罚，因此，被告王某某可以从轻或者减轻处罚。该案中律师所说的被告在部队的"立功表现"根本不同于《刑法》所说的"立功表现"，违反了同一律，犯了"偷换概念"的错误。

矛盾律要求在同一思维过程中，对同一对象不能同时作出两个矛盾的判断，即不能既肯定它又否定它。遵守矛盾律要求辩护律师在法庭辩论时，阐述的观点必须前后一致，不能自相矛盾。

排中律是指在同一个思维过程中，两种互相排斥的思想不能同假，其中必有一真，即"要么 A 要么非 A"，是形式逻辑的基本规律之一。排中律要求律师辩论时观点明确，不能模棱两可。

充足理由律就是在同一思维或辩论过程中，任何一个真实的论断都有既真实又充分的理由或根据。遵守充足理由律，要求辩护律师在辩论过程中，从事实、证据、法律多个角度充分论证自己的辩护观点，反驳控方的观点，说服法官。

2. 法庭辩论是通过语言进行的，要求辩护律师必须具备驾驭语言的能力

法庭审判实行"直接言辞原则"，律师在庭审辩论时，应做到口齿清楚，发音准确，音调和谐，快慢适度。力争达到声调上的抑扬顿挫，以增强辩论的感染效果；律师应当注意口语表达与书面意见在表达效果上的区别，尽量脱稿演讲，要注意语言本身的表达艺术，"眼观六路，耳听八方"，根据法官的表情和反应，随时调整自己的发言节奏、语速和语调，争取产生庭审现场的最佳说服效果。律师法庭辩论切忌两种极端现象：一种是说话没有逻辑性，张口结舌，词不达意，别人听不懂；另一种是说得干脆利落，潇洒痛快，但语速太快，平铺直叙，不给人以思考的时间。

（三）语言生动，深入浅出

语言生动形象，形容描绘或表达十分具体、生动、活灵活现，好像身临其境一样。深入浅出，是指言论或文章的观点主题意义深刻，但在语言文字的表达方式上浅显易懂。法庭辩论是关于事实、证据、法律和理论的辩论，往往涉及一些复杂而困难的理论问题。同时，由于辩论的对手具有不同的理论素养，有时简单的问题会变得复杂。在这种情况下，把一个复杂的理论问题在有限的时间内用简单的术语来解释，往往会得到明显的结果。说理过程要深入浅出，复杂问题简单化、简单问题精练化、抽象理论具体化。

在张家港某检察院变更起诉罪名为销售伪劣产品罪的案件中，被告人将甲苯当成芳烃出售，检察院以销售伪劣产品罪起诉。面对检察院的指控，辩护律师当庭指出："起诉书指控被告人'以假充真、以次充好'，此前辩护人已证实甲苯属于芳烃的一种，产品本身就是真的甲苯，虽然销售合同上标记的是芳烃，但甲苯就是芳烃，且涉案产品经鉴定属合格产品，那么被告人销售的产品'假'在哪里？'次'在哪里？举个简单的例子，甲苯与芳烃就如同苹果与水果之间的关系，把购买来的甲苯当芳烃卖出，卖的时候说是芳烃，就像拉了一车苹果来卖，卖的时候说是水果，购买人买了之后难道出卖人就成立销售伪劣产品罪吗？"① 甲苯与芳烃的关系，通过"苹果与水果"的类比，生动形象，使得复杂问题简单化，抽象理论具体化，一句符合常理的质疑，就把案件的关键点分析得浅显易懂，众人皆

---

① 《为什么说刑事辩护需要"点睛之笔"？》，"有文彬律师"百家号，https://baijiahao. baidu. com/s？id = 1715921588037246914&wfr - spider&for = pc，最后访问日期：2022 年 7 月 19 日。

服。当地检察院最终作出了无罪不起诉的决定。

（四）以理服人，讲究策略

法庭辩论重在说理，事实和法律是最具说服力的，故在辩论中应当时刻把握证据与事实，通过列举事实，提供证据，并分析事实和结论之间的内在联系，进而说服对方和法官。在辩论时我们可能有很多的道理，但是如何表达？选择什么样的落脚点才会使对方易于接受？这时选择合适的策略也很重要。

1. 以子之矛，攻子之盾

古人云"以子之矛，攻子之盾""以其人之道，还治其人之身"。当正面的论证已经很难说服对方时，可以换一途径反驳。以谬归谬就是经常使用的方法，假定对方坚持的前提是不正确的，干脆将这种谬误放大，依此类推，得出一个站不住脚的荒谬的结论，从而达到反驳的目的。

笔者辩护的一起受贿案件，就运用了此法。被告人陈某是公司总经理，下属分公司将承包经营所得利润上交后，剩余部分以奖金名义分别送给上级公司的总经理陈某及党委书记、副总经理、副书记等人。检察机关起诉陈某受贿金额包括所发奖金，笔者的辩护意见是不是受贿，陈某并未为下属公司谋利益，承包决定的作出、承包金额是集体决定的。但控方坚持认为是受贿，笔者指出，如果陈某构成受贿罪，那么公司党委书记、副总经理等人也同样构成受贿罪，但检察机关并未指控他们构成犯罪。后来法院没有认定该笔金额是受贿。

再如，在一起走私废物案件中，A 在境外负责收购废物，B、C 分别驾驶大货车运输入境销售给 D、E，由于边境对大货车检查严格，就通过"倒小车"的方式运输过境，甲、乙分别带领三四个小兄弟负责倒车运货过境。甲、乙并不认识，且手下人员也无交叉。但起诉书把 B 和 C 走私的全部数量都算在甲和乙的头上，认定甲和乙系共同犯罪，共同对走私废物800 多吨的数量负责。在法庭辩论中，甲的辩护律师指出，甲和乙彼此并不相识，更没有意思联络，不构成共同犯罪，应当只为自己所在团伙参与的犯罪数量负责。公诉人在答辩时提出，虽然甲和乙彼此并不相识，没有意思联络，但在整个大的犯罪组织架构中，系共同为 B、C 等人"倒运"，构成共同犯罪，应当为全部犯罪数量负责。在第二轮辩论中，辩护律师就使用了归谬法，指出如果说要从"大的犯罪组织架构"中考察的话，那么应当认定 A、B、C 以及买家 D、E 均应构成共同犯罪，均应当对全部犯罪数量负责。但是，起诉书并没有认定 B、C 构成共同犯罪，而是认定 B、C 等人仅对自己亲自实施的犯罪数量负责。最后法院采纳了辩护律师的意见，甲、乙均只对自己走私的数量负责。

2. 借题发挥，反驳对方

法庭辩论中，控方回避的问题，正是其薄弱之处，应穷追不舍。对控方一些越来越接近辩护律师辩论观点的论点应表示赞同，甚至可以借题发挥，反驳对方的论点。例如，对方在辩论中反复强调其证据确实充分，辩论时可对确实充分的标准进行发挥，指出证据确实、充分的基本含义，案件中的证据不但没有如对方所说的确实充分，而且相互矛盾，连起码的真实性都无法保证。这样我们的辩论目的就实现了。

例如前述王某故意杀人案（《刑事审判参考》2005 年第 343 号），控方认为犯罪事实清楚、证据确实充分。辩护律师就应该从犯罪事实清楚、证据确实充分的含义出发，论证案件的每一个事实都有证据证实，且排除其他可能性。但本案被害人王某的父亲王某某活不见人死不见尸，没有尸体无法证明王某某到底是活着还是被害了，从而证明控方"犯罪事实清楚、证据确实充分"的论断是不成立的。

3. 掌握分寸，适可而止

在法庭辩论中切忌得理不饶人，或争强好胜，耍个人威风。对某个观点的反驳要注意掌握分寸，把握适度。对已经论证清楚的事实切勿喋喋不休地纠缠，否则会给对方以口实，进行反击，反而置自己于尴尬之地，前功尽弃。

（五）及时应变，掌握主动

法庭辩论过程是动态的，尽管我们在辩论之前做好了充分准备，庭审过程中仍然可能出现我们预料之外的情况。如法庭调查过程中，有时证人证言会发生变化，被告人不认罪变为认罪；法庭辩论时发现时间不够了，控方突然抛出一些事先没有预料到的辩论观点等。一旦出现这种情形，就是考验我们应变能力的时候。

在同一案件中，证据与证据间可能存在矛盾，通过对案卷材料的仔细研究，可以充分发现这些矛盾。然而，有时由于疏忽大意，往往在法庭上出示相关证据时，才发现问题，从而影响案件的处理。此时，律师应针对出现的新情况，迅速作出反应，提示矛盾，争取案件处理的主动权。例如，在一起抢劫杀人案中，被告人供述，他在一天晚上，为图财将某单位值班人员杀死，抢走财物若干；后又为了劫取财物，先后杀死二人。在法庭调查期间，被告承认他在房间里捅了受害人一刀，抢走了钱，并立即逃走。当法庭出示现场勘查照片时，辩护律师突然想到，在阅卷时，现场勘查照片清楚地显示死者脖子上有好几个刀痕，这显然与被告仅捅一刀的供述相矛盾。于是辩护人向被告人发问道："你捅了他几刀？""就一刀。""真的是一刀吗？""当然是一刀。""刚才法庭出示的照片显示死者脖颈处有三个刀痕，怎么可能只捅一刀呢？"由于无法解释矛盾，被告人不得不承认该案由三人实施。他在外望风，另外两人没有事先商量就杀了人。被捕后，他认为自己欠了三条命，终究一死，还不如为另外二人代过。被告人认罪后，辩护律师及时跟进提出，鉴于本案中犯罪分子可能存在遗漏，建议将其退回补充侦查。补充侦查的结果是，漏犯被捕。合议庭认为被告人提供了重大犯罪线索，有重大立功表现，判处被告死刑，缓期二年执行。显然，辩护律师的及时应变不仅让被告人得到从轻处罚，还帮助司法机关查明了案件事实。

在法庭辩论开始时，一些检察官可能偏离起诉书的内容，提出新的起诉意见，偏离了辩论的主题。出现这种情况，辩护方应立即反驳对方，指出对方的论点与辩论主题脱节，使辩论内容回到主题上来。例如，在一起重大走私案中，检察官在起诉书中谈到了一家公司走私案的事实和法律依据。然而，起诉书指控的却是该公司的业务员王某个人走私。针对检察官的指控，辩护律师立即指出："起诉书只指控王某个人走私，而不是指控单位犯罪。本案既没有对单位犯罪的起诉书，王某也不是公司的法定代表人，起诉书也没有指控他代表公司充当被告，因此本案没有单位犯罪的被告；我们没有被公司委托担任辩护人，而是作为个人被告的辩护人，因此在本案中不存在单位犯罪的辩护人。在没有起诉书、被告和辩护人的情况下，检察官指控该公司犯罪的依据是什么？"这一反驳环环相扣，有理有力，不容置疑。紧接着，辩护律师就被告人是否有个人走私犯罪行为这一正题进行了无罪辩护，充分反映了辩护律师的应变能力。

（六）以理为主，情理交融

法庭辩论，发表辩护词，重在释法说理，让裁判者采纳辩护人的观点，作出对被告人有利的判决。所以辩护词一定要有说理性。不但要说理，而且要说理透彻。但对法庭辩论以及辩护词而言，要求其完全价值无涉，只谈事实与法条而不顾及人伦情感也是片面的。法理情相结合的辩护词才是最好的辩护词，最好的辩论法律是第一位的，情理是第二位的，最后才是情感表达，也就是"抒情辩"。张思之曾经说："对不法现象、违法情事不表义愤，不带感情色彩，对律师来说，就是失职。"①

最高人民法院也提出，刑事审判要兼顾天理、国法、人情。2019 年 10月 17 日最高人民法院召开的第七次全国刑事审判工作会议提出："要将法律的专业判断与民众的朴素认知融合起来，以严谨的法理彰显司法的理性，以公认的情理展示司法的良知，兼顾天理、国法与人情。"② 这也告诉我们，法庭辩论缺少不了情理之辩。

如夏霖律师在崔英杰案中所作辩护词的结辩部分就是很好的情理之辩：

尊敬的法官、尊敬的检察官：贩夫走卒、引车卖浆，是古已有之的正当职业。我的当事人来到城市，被生活所迫，从事这样一份卑微贫贱的工作，生活窘困，收入微薄。但他始终善良纯朴，无论这个社会怎样伤害他，他没有偷盗没有抢劫，没有以伤害他人的方式生存。我在法庭上庄严地向各位发问，当一个人赖以谋生的饭碗被打碎，被逼上走投无路的绝境，将心比心，你们会不会比我的当事人更加冷静

① 张思之：《为"异端、敏感"辩护的律师》，搜狐文化频道，https://cul.sohu.com/20061218/n247105952_2.shtml，最后访问日期：2022 年 4 月 11 日。
② 《最高法：刑事审判要兼顾天理国法人情》，人民网，http://legal.people.cn/n1/2019/1017/c42510-31406411.html，最后访问日期：2022 年 4 月 11 日。

和忍耐？

　　我的当事人崔英杰，一直是孝顺的孩子，守法的良民，在部队是优秀的军人。他和他的战友们一直在为我们的国家默默付出；当他脱下军装走出军营，未被安置工作时也没有抱怨过这个社会对他的不公。这个国家像崔英杰一样在默默讨生活的复员军人何止千万，他们同样在关注崔英杰的命运，关注着本案的结果。

　　法谚有云：立良法于天下者，则天下治。尊敬的法官，尊敬的检察官：我们的法律、我们的城市管理制度究竟是要使我们的公民更幸福还是要使他们更困苦？我们作为法律人的使命是要使这个社会更和谐还是要使它更惨烈？我们已经失去了李志强，是否还要失去崔英杰？①

　　实践中，很多辩护律师在发表辩护意见时也常常大段地进行情感表达，情感表达确实可以使辩护更富有感染力，可以给辩护增色，但是情感表达不能泛滥，不能用情感辩护取代事实辩护、法律辩护。情感表达要适度要理性，在紧紧围绕事实、证据、法律进行分析论证的同时，辅之以适度的情感表达，画龙点睛，使它们成为一个和谐的整体。否则就会适得其反。如何把握情感表达的火候和尺度，对辩护律师也确实是一种考验。抒情不能作为辩论的主要内容，否则会因为过于煽情而冲淡主题、没有关联性而显得空洞无物。

　　如邓学平律师在邓扣扣案中所作的辩护词，就是单纯的抒情之辩。② 辩护词一公开，就引发了法律界的极大争议，赞赏者有之，批评者也不少。赞成的人称这篇辩护词引经据典，情理交织；批评的人则认为这篇辩护词不专业、文艺腔，还宣扬血亲复仇。许多人包括北大法学教授朱苏力在内，都批评邓学平的辩护词不讲事实，只讲道德和情感。③ 该篇辩护词，

---

①　《崔英杰案一审辩护词（2）》，找法网，https：//china.findlaw.cn/info/wenshu/lvshi/bian-hu/179805_2.html，最后访问日期：2022 年 4 月 11 日。

②　《邓学平律师：张扣扣案一审辩护词》，法律论语，http：//lawview.net/Item/Show.asp？m=1&d=1813，最后访问日期：2022 年 4 月 11 日。

③　《张扣扣案辩护词之争是堂"法治进阶课"》，新浪新闻，https：//news.sina.com.cn/s/2019-07-22/doc-ihytcitm3766065.shtml，最后访问日期：2022 年 4 月 11 日。

没有谈法律与证据，而是围绕张扣扣复仇有理来展开的，认为张扣扣面对司法的不公正（打死其父母的仇人被轻判），无路可走，只能选择复仇，且复仇是民间正义，符合人性。"用所谓的名人名言趣闻轶事代替说理，以引证代替论证，以华而不实的修辞、堆砌和'中二'的多情表达，蛊惑不了解案情的公众。"[1] 笔者赞成朱苏力教授的观点，滥用抒情的辩论，应该予以否定。

四 法庭辩论的注意事项

（一）做好准备，拟好辩论提纲

1. 熟悉与案件有关的情况

一是熟悉案情；二是熟悉证据，熟悉各证据证实的内容及证据间的关系；三是熟悉与案件有关的法律、司法解释，政策、行政法规，掌握定性、量刑的依据；四是了解和熟悉与案件有关的专业知识，如鉴定意见、背景知识，杀人案件你要懂法医学，股票期货案件你要懂股票期货，快播案件你要懂快播。如快播案件辩护律师质问公诉人："你看过快播没？"公诉人回答"没有"。辩护律师："懂都不懂你怎么指控？"公诉人："没吃过猪肉还没看过猪跑？我没看过不代表我不懂，更不代表专业人员不懂。"所以只有熟悉了案件情况，做好庭前基本功，在法庭上进行辩论时才能游刃有余，沉着应对。

2. 拟好辩论提纲

首先要在开庭以前拟好辩论提纲。确定法庭辩论的重点是什么：证据辩论、事实辩论、法律辩论、量刑辩论、涉案财物处理辩论等。其次要在法庭调查阶段修正好答辩提纲，在法庭调查阶段，辩护人应注意庭审动态，注意被告人口供的变化、控方对被告人和证人发问的内容，以及出示的和请求出示的证据等情况，根据这些庭审情况推断出公诉人争议的问题，然后再及时调整、修正庭前准备的答辩提纲。

---

[1] 《苏力评张扣扣案律师辩护词：法律辩护应基于案情和事实》，知乎，https://zhua-nlan.zhihu.com/p/74335446，最后访问日期：2022 年 4 月 11 日。

（二）控制情绪，说服法官

辩护律师在法庭辩论中，要在做好庭前准备的基础上，坚持客观公正的立场，运用恰当准确的论据，选择有针对性的答辩角度、范围，注意语言艺术性，同时针对不同的辩护理由、意见进行有效的答辩，才能增强法庭答辩效果。

第一，法庭辩论对象是控方（公诉人），但目的是说服法官。因此，辩论针对的是案件事实、证据和法律，而不是公诉人、被告人及其家属或旁听者。有的辩护律师在法庭上侃侃而谈，神采飞扬，气宇轩昂，但如果没有针对事实和法律进行辩论，则赢得了旁听者的掌声而赢不得法庭的采信。

公诉人不是辩护人的敌人，在某种程度上二者是"合作"关系。辩护人应摒弃驳倒公诉人的想法，时刻记住法庭辩论要说服的唯一对象是法官。即使个案中驳倒了公诉人，但未能让法官接受自己的意见，依然不是成功的辩护。

第二，法庭辩论是语言的对抗，而不是情绪的对立。法庭辩论的主要内容是对于证据的审查判断提出自己的观点，对于案件事实给出自己的判断，对于法律适用提出自己的见解和主张，因此，理性、平和、文明是法庭辩论的应有之义。辩论中，语言可平实、可犀利、可富含感染力，又或兼而有之，每个人都可以有自己不同的辩论风格。

切忌语有未尽之义，人已生意气之争。情绪是辩论的大敌，情绪失控不仅会影响辩护人自身的庭审发挥，同时会引起不必要的敌对情绪，影响庭审氛围。不能驾驭自己情绪的辩护律师起码不是一位成熟的辩护律师。

（三）辩护律师可以同时作无罪辩护与罪轻辩护

刑事审判实践中，律师作无罪辩护被法院宣告无罪的概率比较低，但如果案件不具有社会危害性或者社会危害性不大、不符合犯罪构成等因素，律师就应当勇敢地进行无罪辩护；另外，在被告人坚持无罪供述，其本人和家属均要求律师作无罪辩护的情况下，律师可以与被告人达成统一的辩护意见，进行无罪辩护。

但是，在律师经仔细研究发现，案件符合犯罪构成，而被告人坚持作无罪辩护的情况下，律师是不是一定放弃罪轻辩护呢？答案是否定的，我们可以就无罪辩护和罪轻辩护进行兼顾考量，在具体操作上，采用"两段式辩护"，就是将辩护意见分为两段：第一个阶段作无罪辩护，将被告人无罪的证据、事实与法律依据充分展现在法官面前，为被告人进行无罪辩护；第二个阶段指出有利于被告人的量刑情节，辩护人仍然坚定地认为被告人无罪，如果法庭不采纳辩护人的无罪辩护意见，请注意被告人如下从宽处罚情节等。

从逻辑上讲，律师辩论过程中应当遵循同一律、矛盾律，辩论观点应该前后一致，不能互相矛盾。无罪与罪轻是矛盾的，似乎辩护律师不应该同时作无罪辩护和罪轻辩护。但实质上，"两段式辩护"不仅学理充足，也有明确的法律依据。

首先，这种做法有法律依据。《刑事诉讼法解释》第283条规定："对被告人认罪的案件，法庭辩论时，应当指引控辩双方主要围绕量刑和其他有争议的问题进行。对被告人不认罪或者辩护人作无罪辩护的案件，法庭辩论时，可以指引控辩双方先辩论定罪问题，后辩论量刑和其他问题。"

该法条明确规定，即便是被告人不认罪或辩护律师作无罪辩护，法庭在查明定罪事实后，还有义务查明量刑事实。而律师作罪轻辩护，就是在配合查明当事人的量刑事实。同时在法庭辩论阶段，公诉人可以在公诉意见的最后提出相关量刑意见，辩护律师也可以针对其量刑意见提出自己的辩论观点。

其次，对定罪和量刑的调查，质证和辩论是独立的两个部分。而且在逻辑上，辩护律师作了无罪辩护之后，如果法庭依然认为当事人有罪，那辩护律师就应该提出相关罪轻的辩护意见，这在辩护逻辑上也完全行得通，本质上并没有什么矛盾之处。

最后，辩护律师的职责是维护被告人的合法权益，同时也应尽最大努力维护被告人的最大利益。辩护律师作无罪辩护的，法庭依然认为被告人有罪的话，辩护律师可以在声明保留其无罪辩护意见的同时，当庭提出或庭后提交罪轻的辩护意见和相应的量刑意见。由于辩护律师的辩护意见是独立的，即便被告人自己认罪，辩护律师的无罪、罪轻辩护意见，不影响对被告人认罪态度的认定。

（四）法庭辩论不宜质疑法律本身的合理性，但对与法律相悖的规范性文件应该指出其违法之处

曾经有某位知名律师在一起寻衅滋事罪一审辩论中，认为寻衅滋事罪应当废除，称其是典型的口袋罪，几乎可以随意将任何人用各种方法装进去，此罪违反罪刑法定原则，废除早已是法学界的通论，呼吁废除此罪，因而他的当事人无罪；同时认为窝藏罪本身也有问题，在亲属之间亲亲相隐是无罪的，并对司法人员作了批判。

此律师的辩论意见是否可取呢？我们认为，这种做法不妥。律师首先要清楚，法庭辩论不是写文章，不是研究立法问题，法庭辩论是审判过程的一个中间环节，是个司法问题，而司法是适用现行有效法律的，在辩护词里面及辩论过程中绝对不应该出现"这个法律不公正、不合理，应该废除"的内容。法律的公正性问题、修改废除问题，应该留给学者作为理论研究的课题。

现实中，最高司法机关发布了大量的司法解释、批复，省、市、县三级司法机关也发布了大量的司法文件，这些司法解释和地方规范性文件的规定有很多和《刑法》的规定是一致的，为我们办案提供了方便；但是不可否认，有一些司法解释和地方规范性文件很明显是违法的。对这些违法的司法解释和规范性文件怎么处理？

在辩护词里，对于违反法律的司法解释和规范性文件，我们一定要指出其违法之处。因为我们是辩护律师，我们有义务穷尽一切手段来维护当事人的合法权益，即使可能达不到无罪的结果，但有时候在量刑上还是可能争取的，我们有义务这么去做。

（五）注重仪表，举止大方

辩护律师要注意设计塑造自己的法庭形象，以配合言辞辩论。试想，如果一名律师在法庭上站没站相，坐没坐相，东倒西歪，或者用语不文明甚至恶语伤人，或者不能控制自己的情绪，气愤时暴跳如雷，激动时泣不成声，即使语言水平再高，也不能实现良好的法庭辩论效果。一般来说，辩护律师的法庭形象应当是衣着得体，举止大方，不卑不亢、不瘟不火、

威而不怒、心态平和，理性而不平淡、激情而不失风度。只有将口头语言与身体语言、身体姿势和形象设计相结合，才能体现辩护律师在法庭辩论中高超的业务能力。在辩论得势时，不忘乎所以，轻视对方；在失利时，不惊慌失措，手忙脚乱。发言必须权衡，切不可轻率发表无准备、无水平的言辞。要善于控制情绪，在庭审中遇到事先没有预料到的非正常的阻碍、干扰、发难等情况，甚至是对方的挑衅行为，要学会控制自己的情绪，怒而不愠，惊而不露，及时采取有效措施，排除意外、平息纷争，做到灵活应变，稳中求进。

（六）遵守法庭纪律，服从法庭指挥

一是服从法庭指挥，遵守法庭礼仪；不得鼓掌、喧哗、哄闹、随意走动；不得对庭审活动进行录音、录像、摄影，或者通过发送邮件、博客、微博等方式传播庭审情况，当然，经法院许可的新闻记者除外。

二是发言时，要经过审判长允许，未经审判长允许不要随便发言。

三是在法庭辩论过程中，审判长会对与案件无关、重复或者指责对方的发言进行提醒、制止。制止合理合法时，应服从审判长指挥。确有错误，可以据理力争。

现实中，有不少辩护律师不遵守法庭纪律，严重扰乱法庭秩序，被法官逐出法庭，情节严重的会被建议司法行政机关给予处理，吊销执业证。

如2019年2月14日，在银川市中级人民法院公开审理的一起刑事案件庭审中，被告人两名辩护律师之一吴某某在上午的法庭调查阶段，因多次提出与本案无关的问题被法庭多次制止、警告。在下午的法庭辩论阶段，仍持续长时间就法庭调查阶段已经控辩双方质证过的有关事实证据认定问题重复发表意见，阻滞辩论程序进行。经多次提醒、制止、警告仍置之不理，拒不遵守法庭规则，严重违反法庭纪律，严重扰乱法庭秩序。在此情况下，审判长依据《中华人民共和国人民法院法庭规则》，指令司法警察将其带出法庭。①

---

① 《银川中院回应"律师被带出法庭"视频：辩护律师严重违反法庭纪律》，环球网，https：//china. huanqiu. com/article/9CaKrnKkARl，最后访问日期：2022年4月9日。

又如 2020 年 8 月 3 日，山东省司法厅收到浙江省湖州市吴兴区人民法院、人民检察院司法建议书、检察建议书，反映山东某律师事务所律师袭某某在案件代理过程中存在"有预谋地干扰法庭秩序，制造事端、擅自退庭""公然违反律师执业规范，攻击司法机关及法官、检察员，教唆对抗、藐视法庭"等行为。经山东省司法厅立案、调查、听证、厅长办公会集体研究后，2021 年 2 月 28 日作出如下处罚决定：给予袭某某吊销律师执业证书的行政处罚。①

---

① 《刚刚！又一律师被吊销律师证》，"第一法商"微信公众号，https：∥mp. weixin. qq. com／s/hXBMUdutYeHRas230 BICBg，最后访问日期：2024 年 12 月 26 日。

其他技能

10 律师的接待与谈案技巧

律师行业是一个以提供法律服务为主要职责的专业领域。律师是法律服务工作者，他们通过运用法律知识和技能，为客户提供各种法律问题的解决方案。

在律师行业中，刑事律师更是一个重要的专业领域。他们专门处理刑事案件，为犯罪嫌疑人或被告人提供法律帮助和辩护。随着我国社会主义法治建设的不断完善和人民法律意识的不断增强，刑事律师在刑事案件辩护以及维护当事人的合法权益、确保司法公正的工作中发挥着越来越重要的作用。

律师行业的工作涉及多个方面，与客户沟通也是其中一个必不可少的重要环节。只有了解客户的需求和问题，才能够有针对性地为客户提供专业的法律意见和建议，最终才可能被客户信赖，成功签约。

在当前认罪认罚从宽制度适用率不断提升，刑事案件审判阶段律师辩护全覆盖的环境下，对于专门从事刑事辩护的律师来讲，通过努力开拓案源后如何高效接案，一直以来都是其面临的一个难题。

本文结合笔者多年来在刑事案件案源拓展和接案工作中积累的经验和心得，与大家共同分享刑事律师在接案时应具备的三大主要技能，不足之处，望大家批评指正。

一 接案技能一：选择利用律师事务所平台

律师事务所是指中华人民共和国律师执行职务进行业务活动的工作机构。律师事务所在组织上受司法行政机关和律师协会的监督和管理。律师事务所通过为律师提供办案所需的各种资源和支持，使其能够更好地为客户提供法律服务。

律师事务所与律师之间通常采用合作或挂靠方式，律师事务所是由多个律师组成的执业机构，律师在律师事务所中执业，为客户提供各种法律服务。在律师事务所中，律师通常独立办案，自主创收，自己接待案源，自己安排时间参加庭审活动。

律师事务所为律师提供了一个平台，帮助律师更好地应对各种法律挑战，提高专业水平，律师则利用自己的法律知识和实务技能为律师事务所创造价值，从而使律师事务所在律师的贡献中获得利润和声誉。

那么，律师想要高效接案签约，如何利用好律师事务所的平台呢？

首先，律师需要选择一个适合自己，并且能够为自身专业能力提升和快速成长赋能的律所。在选择时不一定必须选择规模化的大律所，现在一些中等规模或者精品律所也有自己独特的优势和平台，适合自己发展才是最关键的。

笔者建议律师在选择律所时，可以从以下几个方面进行考虑。

①律所的规模和业务领域。考虑律所的规模，以及它们在哪些领域有专长。大型律所通常涉及更广泛的业务领域，而中小型律所则可能在某些特定领域更加专注。了解律所的业务领域以及它们擅长的领域，有助于律师更好地选择适合自己的工作平台。

②律所的声誉和品牌。考虑律所的声誉和品牌。在业界享有良好声誉和知名度的律所，往往拥有更高的客户信任度，这也有助于律师建立自己的职业声誉。

③律所的文化和价值观。了解律所的文化和价值观，看是否与自己的职业理念相符合。一个良好的工作氛围和价值观匹配的律所，有助于律师更好地开展工作。

④律所的律师团队。考虑律所的律师团队，了解他们的专业素养、工作经验以及合作方式。一个优秀的律师团队可以提供更好的法律服务，同时也有助于律师个人的职业发展。

⑤律所的薪资待遇和福利。考虑律所提供的薪资待遇和福利是否符合自己的期望。良好的薪资待遇和福利可以保障律师的生活质量，同时也是律所对律师工作价值的认可。

⑥律所的发展前景。了解律所的发展前景，看看是否有更多的晋升机会和成长空间。一个具有良好发展前景的律所，可以为律师提供更多的职业机会和发展空间。

总的来讲，律师在选择律所时应该全面考虑自己的需求和期望，并从多个方面进行比较和分析，选择最适合自己的律所。

其次，选择的律师事务所要有客户至上的服务意识，俗话讲"客户就是上帝"，律师也是服务行业中的一员，律师事务所和律师也要具有尊重和重视客户的意识，把客户放在第一位，因为律师的日常工作就是为客户服务，把客户放在第一位的律师事务所，它的办公场所和设施在设计时，都会围绕服务客户、营造客户体验感、客户满意度和获得感等方面来设计。

举个例子，我们在参观其他同行律所时，经常听到律所管理者讲这么一句话"我们律所最好的位置是留给客户的"，记得笔者有一次参观当地一家律所乔迁新址时，当时接待的律所负责人在带大家参观客户接待区时，就讲过这样的话，当初乍听觉得很新颖，还开玩笑地反问，"最好的位置不是应该留给律所主任的嘛"，但是笔者非常赞同他们这种客户第一的理念。

律师是律师行业的一部分，无论律师还是律所，归根结底是为客户提供法律服务的，那么当客户尤其是第一次到律所时，最直接感受到的就是接待环境。把最好的位置留给客户，是律所对客户最起码的尊重。只有尊重客户，才能更好地服务客户。

最后，一定要在律师事务所接待客户。

为什么刑事律师在接案时一定要将客户约到律所，并且在律所最好的位置接待客户呢？对于一些新客户或者不了解律所和律师的客户，接待时把律所最好的位置展现给他们，会让客户很直观地感受到律所和律师对待客户的重视程度，因为第一印象是最关键的，一开始给客户留下一个好的印象，基本上成功签约的概率就已经达到50%了。

在律师事务所接待客户的好处体现在以下几点：一是能够让客户感受到法律行业的专业氛围；二是来到律所可以向客户介绍律所的情况，能够让客户更加有信任感；三是在接待时如遇到特殊案件或者疑难复杂案件时，可以第一时间召集更多专业的律师一同参与接待，更好地为客户提供服务方案和建议；四是一家规模化且高级一点的律所能够让客户有更好的体验感和获得感，最终可以使律师获得更高的收入；五是能够利用律所硬件设备更好地为客户展示曾办理的成功案例。

二　接案技能二：律师自身应具备的能力

"打铁还需自身硬"，律师选择了一个适合自身发展的律所平台后，不是就可以"躺平"了，相反要更加努力提升自身的各项业务能力，具体表现为以下几个方面。

（一）敏锐的洞察力

刑事案件往往涉及复杂的法律问题，要求律师具备敏锐的洞察力，以便迅速捕捉案件的关键信息。律师需要关注细节，善于发现问题，并能够从案件中寻找突破口。这种洞察力有助于律师更好地理解案情，为后续的辩护工作奠定基础。

敏锐的洞察力主要表现为以下几点。

①法律洞察力。律师必须对法律有深入的理解和认识，能够准确判断法律问题，识别法律风险，并为客户提供符合法律规定的解决方案。

②事实洞察力。律师需要具备发现、梳理和呈现案件事实的能力，能够从复杂的案件资料中快速准确地找出关键事实，为案件辩护和诉讼提供有力支持。

③人性洞察力。律师需要了解人性和人类行为的心理机制，能够判断和预测对方可能的反应和行为，以便更好地制定应对策略。

④社会洞察力。律师应了解社会背景和发展趋势，能够判断特定案件或法律问题在社会中的影响和意义，从而为客户提供更具前瞻性和战略性的法律服务。

⑤商业洞察力。对于商业律师来说，了解商业运作和市场动态是必不可少的。他们需要理解客户的商业模式、战略目标以及行业发展趋势，以便为客户提供更具针对性和实效性的法律服务。

⑥语言洞察力。律师需要具备卓越的语言表达能力，能够用准确、清晰、有说服力的语言呈现和阐述复杂的法律问题、事实和观点。

⑦细节洞察力。细节决定成败，律师必须关注细节，能够发现细微之处的问题和机会，以及时调整策略和方案。

⑧策略洞察力。律师需要具备灵活的思维和战略眼光，能够根据案件的具体情况和当事人的需求制定合适的策略和方案，同时根据实际情况灵活调整。

总之，作为一名律师，需要具备多方面的洞察力，以更好地为客户提供全面、准确、高效的法律服务。

（二）沟通能力

有效的沟通是刑事律师成功的关键。律师需要与当事人、检察官、法官等多方进行沟通，因此，良好的沟通能力有助于律师准确理解各方的需求和立场，从而更好地为他们提供法律服务。此外，律师还需要具备良好的口头表达能力，能够清晰、准确地阐述自己的观点和论据。

主要表现为以下几点。

①语言表达能力。律师需要具备清晰、准确的语言表达能力，能够将复杂的法律问题用简洁明了的语言表达出来，让客户、法官和其他相关人员易于理解。同时，律师还需要善于用言语来表达自己的观点和论据，以在法庭上说服法官和陪审员。

②倾听能力。良好的沟通能力也包括倾听他人的意见和观点。律师需要耐心倾听客户的需求和问题，充分理解客户的立场和观点，以便为客户提供更好的法律建议和服务。同时，律师还需要认真听取法官和其他相关人员的意见和建议，以便更好地应对案件。

③非语言沟通能力。除了言语表达和倾听外，律师还需要善于运用非语言沟通技巧，如面部表情、肢体语言和目光接触等。这些技巧能够帮助律师更好地传递信息，增强说服力，并建立良好的人际关系。

④文字表达能力。律师需要具备优秀的书面表达能力，能够将法律意见、辩护词等法律辩护意见清晰、准确地表达出来。这不仅有助于律师在法庭上说服法官和陪审员，也有助于客户更好地理解自己的权利和义务。

⑤应对压力的能力。律师在处理复杂案件和面对压力时需要具备冷静、理性和应对压力的能力。他们需要保持镇定自若，面对挑战和压力时能够快速思考、清晰表达，并作出明智的决策。

⑥跨文化沟通能力。随着全球化的发展，跨文化沟通能力变得越来越重要。律师需要具备跨文化沟通的能力，了解不同文化背景下的法律观念、价值观念和行为习惯等，以便更好地与客户建立信任和合作关系。

总之，律师的沟通能力是多方面的，包括语言表达能力、倾听能力、非语言沟通能力、文字表达能力、应对压力的能力和跨文化沟通能力等。这些能力是律师在职业生涯中取得成功的重要因素。

（三）准确的判断力

在接案过程中，刑事律师需要具备准确的判断力，以便评估案件的复杂程度、证据的可靠性以及可能的法律风险。判断力有助于律师预测案件的走向，并为当事人提供合理的预期。此外，律师还需要根据判断力来决定是否接受案件，以确保自己有足够的能力和资源为当事人提供优质的服务。

律师的判断力是其法律职业素养的重要组成部分，主要表现为以下几个方面。

①法律适用判断力。律师需要准确理解和应用法律，根据具体的案件事实和法律条款，判断法律责任和风险，为客户提供合理的法律建议和解决方案。

②事实判断力。律师需要对案件的事实进行准确判断，包括对证据的真实性、合法性和相关性进行评估，以及对案件事实的逻辑推理和合理推断。

③法律预测判断力。律师需要具备对未来法律趋势和变化的判断力，以便为客户提供前瞻性的法律建议和战略。他们需要关注法律改革、司法解释和判例法的发展，及时调整自己的法律观点和策略。

④利益判断力。律师需要理解客户的利益和目标，并根据客户的具体情况和需求进行判断，选择最有利于客户的方案和策略。

⑤冲突判断力。律师需要在复杂的法律冲突中判断优先级和关联性，

确定最佳的解决策略和方案，以最大限度地保护客户的利益。

⑥伦理判断力。律师作为法律服务人员，需要遵守职业道德和伦理规范。他们需要对法律职业道德进行准确判断，以决定自己的行为和决策是否符合职业标准。

⑦情绪判断力。律师需要具备对他人情绪的判断力，以便更好地与客户沟通、建立信任关系，并理解客户的情感需求和期望。

⑧策略判断力。律师需要根据案件的具体情况和客户的特定需求，制定最佳的策略和方案。他们需要具备对法律问题的深入理解和分析能力，以及对法律风险的准确预测和评估能力。

总之，律师的判断力表现在多个方面，这些能力的综合运用能够帮助律师更好地为客户提供高效、准确的法律服务。

（四）专业知识能力

作为刑事律师，必须具备扎实的法律专业知识，包括刑法、刑事诉讼法等相关法律法规。此外，律师还需要了解司法实践中的常见问题和判例，以便更好地为当事人提供法律服务。不断学习和更新专业知识是刑事律师必备的素质。具体体现在以下几个方面。

①法律知识。刑事律师必须全面深入地了解刑事法律法规和司法解释，包括刑法、刑事诉讼法等，以及各种具体的司法解释和指导性案例。

②司法实践经验。刑事律师需要具备丰富的司法实践经验，能够准确把握刑事案件的实质，准确分析刑事案件事实，提出具有法律依据的辩护意见。

③辩护技巧。刑事律师需要掌握各种辩护技巧，能够根据不同的情况灵活运用，为当事人争取最大的合法权益。

④知识储备。刑事律师需要广泛了解相关领域的知识，如心理学、社会学、经济学等，能够从多个角度分析问题，为当事人提供更加全面和专业的法律服务。

总之，刑事律师需要具备全面的法律知识和实践经验，以及良好的辩护技巧。只有这样，才能为当事人提供高质量的法律服务，维护其合法权益。

（五）团队合作能力

刑事案件往往涉及多个方面，如证据收集、法律研究、辩护策略等。因此，团队合作是刑事律师成功辩护的关键因素之一。律师需要与同事、专家等密切合作，共同为当事人提供全面的法律服务。团队合作有助于提高工作效率，确保案件得到妥善处理。

刑事律师在团队合作中需要遵循一定的原则和策略，以确保团队的高效运转和案件的顺利推进。主要体现在以下几个方面。

①明确团队目标和职责。在组建团队之初，应当明确团队的目标和职责，包括案件的性质、时间表、预算等。每个团队成员都应该清楚自己的角色和任务，以及在团队中的定位。

②建立良好的沟通机制。团队成员之间需要建立良好的沟通机制，包括定期的会议、私下交流等。沟通是团队工作的基础，确保信息畅通无阻、准确无误地传递给每个成员。

③共享信息和资源。团队成员应当共享所有相关信息和资源，包括案件文件、研究成果、外部专家等。这有助于减少重复劳动，提高工作效率，确保所有团队成员对案件的理解和掌握程度基本一致。

④相互尊重和信任。团队合作的核心是相互尊重和信任。每个团队成员都应当尊重他人的意见和观点，积极参与讨论和决策，同时充分信任团队其他成员的工作能力和专业素养。

⑤分工与协作。在团队中，分工是必要的。根据团队成员的专业特长和经验，将不同的任务和工作分配给他们，使其可以发挥各自的优势，提高工作效率。同时，团队成员之间应当相互协作，共同完成团队的目标。

⑥领导与指导。在团队中，需要有明确的领导者进行决策和指导。领导者应当具备良好的组织能力、协调能力和沟通能力，能够带领团队朝着共同的目标前进。其他团队成员应当积极配合领导的工作，服从安排。

⑦培训与成长。刑事律师的团队合作需要不断培训和学习。团队可以定期组织内部培训、研讨会、交流会等活动，提高团队成员的专业技能和团队协作能力。同时，鼓励团队成员自我发展，不断提升自己的专业素养和综合能力。

⑧评估与反馈。在团队合作过程中，定期进行评估和反馈是非常重要的。通过评估，可以发现团队工作的不足和改进空间，及时进行调整和改进。同时，反馈也是促进团队成员成长的重要途径，鼓励他们提出意见和建议，激发团队的创造力和活力。

总之，刑事律师在团队合作中需要遵循明确目标、良好沟通、共享资源、相互尊重、分工协作、领导指导、培训成长和评估反馈等原则和策略。高效的团队合作可以为客户提供更加全面、准确和高效的法律服务。

（六） 良好的心理素质

刑事律师在接案过程中可能面临各种压力和挑战，如时间紧迫、证据不足等。因此，良好的心理素质对于刑事律师来说至关重要。律师需要冷静、理性地应对各种情况，同时还要具备坚定的信念和毅力，以便在困难时刻为当事人提供支持。通过积极的心态和情绪管理，刑事律师能够更好地应对挑战，为当事人争取最大的合法权益。

刑事律师在处理复杂的刑事案件时需要具备一系列心理素质，以应对各种挑战和压力。以下是一些关键的心理素质。

①冷静与理性。在处理刑事案件时，律师需要保持冷静与理性，不被情感左右，以便作出明智的决策和判断。他们需要具备控制情绪波动的能力，保持清晰的思维和判断力。

②坚韧与毅力。刑事案件往往复杂、耗时，需要律师具备坚韧不拔的毅力和持之以恒的精神。他们需要面对各种挑战和困难，不轻易放弃，坚持到底。

③自信与自我控制。刑事律师需要具备自信心，相信自己的能力和判断力。同时，他们也需要掌握自我控制技巧，能够在压力下保持镇定自若，处理各种紧急情况和挑战。

④细心与专注。刑事律师需要具备细心与专注的品质，能够发现细节和关键信息，以便更好地了解案件事实和证据。他们需要全神贯注地处理案件，不受外界干扰。

⑤创新与应变能力。刑事律师在处理案件时需要具备创新与应变能力，能够灵活应对各种突发情况和挑战。他们需要能够独立思考、快速适

应变化，寻找最佳的解决方案。

⑥判断力与决策能力。刑事律师需要具备敏锐的判断力与决策能力，能够准确评估证据、预测风险，并作出明智的决策。他们需要能够在复杂的情况下迅速作出判断和决策。

⑦热情与同理心。刑事律师需要具备热情与同理心，关心客户的利益和需求，并尽力为其争取合法权益。他们需要理解客户的感受和情绪，以便更好地为其提供法律服务。

⑧团队协作与领导力。刑事律师在团队合作中需要具备良好的团队协作精神和领导能力。他们需要与团队成员有效沟通、协调工作，共同达成团队目标。同时，他们也需要具备领导力，能够带领团队朝着共同的目标前进。

总之，刑事律师在工作中需要具备冷静与理性、坚韧与毅力、自信与自我控制、细心与专注、创新与应变能力、判断力与决策能力、热情与同理心以及团队协作与领导力等心理素质。这些心理素质是刑事律师取得成功的重要因素。

综上，刑事律师在接案过程中应具备敏锐的洞察力、沟通能力、准确的判断力、专业知识能力、团队合作能力和良好的心理素质。通过不断提升这些技能，刑事律师能够更好地为当事人提供优质的法律服务，维护其合法权益。

三　接案技能三：善用"互联网+"技术提升接案技能

刑事律师要善用互联网技术来提高自己的知名度，扩大案源，并更好地为客户提供服务。以下是一些建议。

①建立个人网站或在线平台。刑事律师可以建立自己的个人网站或在线平台，展示自己的专业知识和经验。网站内容可以包括个人简介、成功案例、法律知识、法律新闻等，以便让潜在客户更好地了解自己的专业能力和服务范围。

②利用社交媒体。社交媒体是现代人获取信息的重要渠道之一。刑事律师可以利用社交媒体平台（如微信、微博、抖音等）发布有关法律知识

和案例分析的内容，提高自己的曝光度，吸引潜在客户的关注。

③参与在线论坛和社区活动。刑事律师可以加入相关的在线论坛和社区活动，与其他法律专业人士和客户进行交流和互动。通过积极参与讨论和回答问题，提高自己的专业声誉，并吸引潜在客户的关注。

④利用搜索引擎优化（SEO）。通过优化自己的网站或在线平台，使其在搜索引擎中的排名更高，增加被潜在客户发现的机会。SEO 包括关键词优化、内容质量提升、外部链接建设等策略，以提高网站或在线平台在搜索引擎结果页面的排名。

⑤发布博客和公众号文章。刑事律师可以定期发布有关法律领域的博客和公众号文章，分享自己的见解和观点。这不仅可以提高自己的知名度，还可以帮助潜在客户更好地了解相关法律问题的背景和解决方案。

⑥利用在线广告。刑事律师可以在社交媒体平台或搜索引擎上投放广告，针对潜在客户进行定向推广。通过精准定位和定向投放，将广告展示给最有可能对自己服务感兴趣的人群。

⑦建立口碑和推荐机制。刑事律师可以通过提供优质的服务和建立良好的口碑来吸引更多客户。在服务过程中，积极与客户沟通，了解他们的需求和期望，提供个性化的解决方案。同时，鼓励客户对自己的服务进行评价和推荐，通过口碑传播吸引更多潜在客户。

⑧使用科技工具。利用现代科技工具如案件管理系统、电子数据库等，提高案件处理的效率和准确性。这些工具可以帮助律师更好地管理案件信息、分析证据材料、收集案例、制定辩护策略等。

总之，刑事律师可以利用互联网来扩大自己的影响力，提高知名度，吸引更多潜在客户。通过建立个人网站或在线平台、利用社交媒体、参与在线论坛和社区活动、利用搜索引擎优化、发布博客和公众号文章、利用在线广告、建立口碑和推荐机制以及使用科技工具等途径，可以更好地展示自己的专业能力和服务品质，从而更好地满足客户需求。

四　结语

刑事律师接案技能的提升是一个持续不断的过程。通过不断学习、实践和反思，刑事律师可以提高自己的接案技能，为当事人提供更优质、专业的法律服务。作为法律服务的重要一环，刑事律师应当不断提升自己的专业素养和综合能力，以更好地履行职责，维护当事人的合法权益。同时，律师行业和社会各界也应当加大对刑事律师的关注和支持力度，为其提供更好的发展环境和条件。

11 刑辩律师执业风险与防范

刑辩辩护律师执业风险是指律师在办理刑事案件的过程中，因执业行为不当，突破律师执业规范尤其是法律规范，从而受到否定评价和不利后果的法律风险。具体可以说律师在承办刑事案件中因自身过失，或因过错等而可能遭受的一切潜在的法律责任与后果，包括民事赔偿、行政处罚、刑事责任、人身伤害等诸多内容。

自 1979 年我国律师制度恢复重建，到党的二十大胜利召开以来，中国特色社会主义法治建设不断健全完善，尤其是在 2008 年 6 月 1 日我国新《律师法》实施，并经过 2012 年、2017 年两次修正，我国刑事辩护律师的执业环境整体得到了进一步的完善，为保障刑事辩护律师履行辩护权、切实维护当事人的合法权益、确保法律的正确实施、维护社会公平正义提供了制度上的重要保障。但不可否认的是，在司法实践中，刑事辩护律师执业风险仍然存在，不容小觑。

律师界将刑事辩护业务称为律师业务中"皇冠上的明珠"，在刑事辩护过程中律师可以展现刑辩风采，体现律师价值。但在实践中律师执业之难、风险之大又使得刑事辩护律师成为"刀尖上的舞者"。因此，研究刑事辩护律师执业风险的现状与成因，并就应对该执业风险提出具体措施，对于营造良好的辩护环境、重塑刑事辩护律师信心至关重要，这是我国法律共同体在司法实践中亟须解决的严峻问题，更是营造中国特色社会主义和谐稳定法治社会环境的必经之路。

刑辩律师的执业风险贯穿刑事辩护的全流程：从风险的客体上划分，主要包括来自当事人、委托人的风险，来自公检法等办案单位的风险，以及来自行业内外与社会舆论的风险；从程序上划分，主要包括委托阶段的法律风险、侦查阶段的法律风险、审查起诉阶段的法律风险、审判阶段的法律风险以及贯穿整个刑事诉讼过程的法律风险。本文笔者主要根据上述提到的第二种风险脉络逐一进行分析，为初入刑辩行业的同人提供具有参考价值的内容。

一 委托阶段常见的法律风险及风险防范

刑事案件中委托阶段的法律风险主要来自当事人（犯罪嫌疑人）、委托人，当事人是在逃犯的情况下应当怎样应对、委托人的身份是否合法、委托事项是否合法等是此阶段中律师面临的几个重要问题。

（一） 接待中常见的法律风险及风险防范

律师在接待时，面临的当事人大多是以下三种：在逃犯、实施犯罪行为没有被发现或者已经被发现但没有被追逃的人、取保候审的人。在接待时，一定要做好笔录，对于被接待者是在逃犯、实施犯罪行为没有被发现或者已经被发现但没有被追逃的人时一定要在笔录中注明"建议其投案自首"或者"建议其主动到案，配合司法机关调查"。在解答其提出的相关问题时，依据事实、证据和法律做客观分析，切不可教授逃避处罚的方式方法，否则可能构成刑事犯罪。当被接待者是取保候审的人时，如果取保候审的人和律师见面需要离开所居住的市、县，告知其一定要向司法机关报备，如不报备可能面临没收保证金或者变更强制措施的风险。如果其并未准备或者并未实施危害国家安全、公共安全以及严重危害他人人身安全的犯罪行为，律师具有保密的义务，反之律师有义务向司法机关揭发其犯罪行为。律师除了具有相关的专业知识之外，还要有敏锐的观察力和灵活的沟通技巧，在接待咨询的过程中甄别出咨询者或者陪同者是不是同案犯，如果是，一定要谨慎对待，在不揭露其身份的情况下谈一些与案件实质无关的问题是为上策，在保证不打草惊蛇的前提下保证自己的人身安全。

（二） 签订委托合同时常见的法律风险及风险防范

在签订委托合同时，一定要核实好委托人的身份，在刑事案件中，只有当事人本人、监护人和近亲属才具有委托资格，《刑事诉讼法》中规定的近亲属包括夫、妻、父、母、子、女、同胞兄弟姊妹，在当事人被羁押的情况下，只有上述几种身份的人才具有签署委托合同的资格，除此以外，只能是当事人本人以及监护人，其他人不具有委托资格。笔者建议在签订委托合同时，可以要求委托人提供一份身份关系证明，由此可以保证委托合同的合法性，也可以在去看守所会见时直接使用。另外，《刑事诉讼法》规定律师不能接受同案犯的委托，也不能接受虽不在同一案件中处理，但犯罪事实存在关联的同案犯的委托，所以在接受委托时一定要避免上述情况出现。还应注意的是，收取律师费不入账、不开具正规发票、承诺案件结果、进行风险代理等面临行业处罚的风险，办案律师一定要谨慎，不能做有违行业规则的事情。

（三）委托事项要具有合法性

辩护人的责任是依据事实和法律，提出犯罪嫌疑人、被告人无罪、罪轻或者减轻、免除其刑事责任的材料和意见，维护犯罪嫌疑人、被告人的诉讼权利和其他合法权益，这是《刑事诉讼法》对刑辩律师职责的相关规定，委托事项也应当限定在此范围中，如果委托人的委托事项涉及帮助犯罪嫌疑人、被告人隐匿、毁灭、伪造证据或者串供，威胁、引诱证人作伪证以及进行其他干扰司法机关诉讼活动的行为，定要果断拒绝。很多律师在执业初期，为了能够成功地承接案件，帮助当事人或者家属进行一些操作，殊不知这是在给自己埋下隐患，可能导致行业处罚，严重的可能涉及刑事犯罪。

二　侦查阶段常见的法律风险及风险防范

（一）接受委托后是否应告知办案机关

辩护人在接受委托后应当及时告知办案机关，这是辩护人的义务。《刑事诉讼法》第34条第4款规定，辩护人接受犯罪嫌疑人、被告人委托后，应当及时告知办理案件的机关，《公安机关办理刑事案件程序规定》第48条也对此作出了规定，但《刑事诉讼法》与《公安机关办理刑事案件程序规定》未明确辩护律师告知办案单位的方式，因此，辩护律师既可以通过提交辩护手续的方式告知侦查机关，也可以通过电话联系等方式告知。

（二）会见时常见的法律风险及风险防范

辩护人在会见时一定要严格遵守看守所的规章制度，虽然《刑事诉讼法》规定律师在会见犯罪嫌疑人、被告人时不被监听，但是律师在会见时依然要注意自己的言行举止，时刻保持对法律的敬畏之心。初入行业的执业律师，经验不足，对于当事人或者家属提供的有些信息难以甄别其真实含义，如果将串供的证据传递进去可能面临被刑事追诉的风险，笔者建议在能够维护当事人合法权益的基础上，超出自己认知范围的信息尽量不要传递。例如，在一起经济犯罪案件中，嫌疑人让辩护人告诉家属，最近因签合同的需要，沙发后面的公章先拿回××家；在一起贩毒案件中，嫌疑人让辩护人告诉家属，照顾好房顶上的白猫。这些信息有可能会涉及串供或者毁灭证据，建议办案律师一定要慎重对待。

【案例】

朱某妨害作证案——因在当事人与其亲属间传递含有威胁、引诱证人作伪证内容的纸条而获罪

案件索引：（2016）鲁 08 刑终 57 号

【案件梗概】

被告人朱某系某律师事务所专职律师，2014 年 6 月 28 日朱某接受 A 的委托，担任其丈夫 B 涉嫌贪污、受贿一案的辩护人。朱某第一次会见后，向 A 表示可以捎带一些与案情无关的纸条给 B 看。朱某再次会见时，A 将事先写好的纸条交予朱某。朱某在会见时将该纸条传递给 B，经 B 要求朱某又将含有 B 在背面书写找相关证人按走访、借款作证内容的纸条带出羁押场所，后转交给了 A。被告人朱某另将其记录的涉及案件内容的会见笔录复印给了 A，A 在朱某会见 B 时，将朱某留在车内的 B 的案卷材料中的证人证言部分进行了复印。

而后，被告人朱某与 A 就证人证言对 B 案的利弊进行分析，朱某告知 A，如要证明 B 与王某有借款关系，借款要有凭证或有证人，证人徐某的证言漏洞、疑点很大，需要核实真伪，如徐某能够按走访作证，其将重新取证。后 A 按照 B 书写的纸条和朱某对证人证言的分析建议，找到证人徐某，并将朱某带出的 B 所写的含有以检举揭发相威胁内容的纸条出示给徐某看，要求徐某重新作证，后徐某以回忆起来存在这种情况为由同意作证，A 遂将徐某同意作证之事告知朱某并要求朱某尽快调取、固定徐某的证言，朱某遂向人民检察院提出重新调取徐某证言的申请。徐某在办案人员向其复核证言时将 A 找其作证之事告知了办案人员。办案人员从 A 住处搜缴了朱某为 A、B 捎带传递的纸条、复印的会见笔录及卷宗材料等物品，次日公安机关对 A 妨害作证一案立案侦查，并对朱某、A 采取了强制措施。

【裁判结果】

一审法院认为，被告人朱某作为刑事案件的辩护人，在刑事诉讼活动中意图为其辩护案件的当事人减轻刑罚，为当事人及其家属传递含有威胁、引诱证人违背事实改变证言或者作伪证内容的纸条，并由嫌疑人家属 A 找到相关证人，意图让证人提供虚假证言，该行为已经干扰了正常的司法秩序，被告人朱某、A 的行为均已构成犯罪。朱某在犯罪中情节较轻，以辩护人妨害作证罪判处被告人朱某免予刑事处罚。上诉后，二审维持原判。

如果在办理案件的过程中，家属要求律师携带与案件无关的物品或者传达一些与案件无关的话语，律师应当严肃、详细地向家属告知传递该物品可能导致的严重后果。不仅仅是提及律师自身可能面临的职业风险，如纪律处分、法律责任等，还要着重强调对犯罪嫌疑人或被告人及案件的负面影响。如果家属仍然执意要传递违规物品，并且不听从律师的劝告，律师可以考虑拒绝家属的要求，并以书面形式告知家属拒绝的原因。在极端情况下，如果家属的这种不合理要求严重影响律师的正常工作，并且可能使律师陷入违法违规的风险之中，律师甚至可以考虑终止与该案件相关的服务。

（三）调查取证的法律风险及风险防范

律师在侦查阶段有调查取证的权利，《刑事诉讼法》第 42 条规定，辩护人收集的有关犯罪嫌疑人不在犯罪现场、未达到刑事责任年龄、属于依法不负刑事责任的精神病人的证据，应当及时告知公安机关、人民检察院。《律师办理刑事案件规范》第 65 条规定，侦查期间，辩护律师收集到有关犯罪嫌疑人不在犯罪现场、未达到刑事责任年龄、属于依法不负刑事责任的精神病人的证据材料时，应当及时向侦查机关提出无罪或不予追究刑事责任的辩护意见，并同时要求侦查机关释放犯罪嫌疑人或对其变更强制措施。

依据以上法律规定，笔者认为在侦查阶段，辩护律师除"犯罪嫌疑人不在犯罪现场、未达到刑事责任年龄、属于依法不负刑事责任的精神病人"三类情形外，不宜调查其他证据。如果辩护律师在侦查阶段也可以全面展开调查的话，那势必与国家侦查权相冲突。律师收集到定罪或重罪的证据，隐瞒不报可能涉及隐匿证据，涉嫌《刑法》第 306 条规定的帮助毁灭、伪造证据罪，严重的将受到刑事追责；如果将对犯罪嫌疑人不利的证据交出来，是违反职业道德的，也要遭受行业处罚。

三 审查起诉阶段的法律风险及风险防范

（一）未及时撰写法律文书的风险及风险防范

审查起诉阶段，辩护人应当及时阅卷并撰写法律意见书以及羁押必要性审查申请书，《人民检察院 公安机关羁押必要性审查、评估工作规定》第 16、17 条中对于应当进行羁押必要性审查和可以进行羁押必要性审查的情况已经详细地列举，虽然相关法律文书不是必须提交，但是专业刑辩律师在承接案件之后应当将能做之事尽做，为当事人争取最大的合法权益。另外，在涉及不起诉的情况下一定要提交相关法律文书，因为无论是法定不起诉、酌定不起诉还是证据不足不起诉，符合以上三种情况检察机关势必作出不起诉的决定。如果辩护人不及时提出相关法律意见，委托人会认为律师没有认真履行职责，做好辩护工作。为避免与委托人产生矛盾，辩护人一定要认真审核材料，提交相关文书，做好辩护工作。

（二）泄露国家秘密罪的法律风险及风险防范

审查起诉阶段律师能否将证据材料交给当事人或者家属进行查阅，是一个长期存在的困惑刑辩律师的问题。《刑事诉讼法》第 39 条第 4 款规定，辩护律师自案件移送审查起诉之日起，可以向犯罪嫌疑人、被告人核实有关证据。根据《刑事诉讼法》的规定，辩护律师核实证据的对象仅是当事人、犯罪嫌疑人本人，不包括其家属，但是在司法实践中，很多律师在办案过程中把握不好尺度，泄露了案件信息，产生了不利后果。为此笔者检索到了河南省沁阳市人民检察院诉于某故意泄露国家秘密案的公报案例作一分析，以供参考。

【案件梗概】

于某作为马某的辩护人，在法院复制了案卷材料之后同意了马某的家属复制案卷材料，马某的家属复制案卷材料之后经过仔细研究案件，指使案件中的证人作了虚假的证言，后案发。

【裁判结果】

一审裁判结果：被告人于某犯故意泄露国家秘密罪，判处有期徒刑一年。二审裁判结果：一、撤销沁阳市人民法院的一审刑事判决；二、上诉人于某无罪。

【改判理由】本案中上诉人于某让马某亲属查阅的案卷材料，是其履行律师职责时，通过合法手续，在法院从马某贪污案的案卷中复印的。这些材料虽然在检察机关的保密规定中被规定为机密级国家秘密，但当案件进入审判阶段后，审判机关没有将检察机关随案移送的证据材料规定为国家秘密。于某不是国家机关工作人员，也不属于检察机关保密规定中所指的国家秘密知悉人员。作为刑事被告人的辩护人，于某没有将法院同意其复印的案件证据材料当作国家秘密加以保守的义务。检察机关在移送的案卷上，没有标明密级。在整个诉讼活动过程中，没有人告知于某马某贪污案的案卷材料是国家秘密，不得泄露给马某的亲属，故也无法证实于某明知这些材料是国家秘密而故意泄露。因此，于某在担任辩护人期间，将通过合法手续获取的案卷材料让当事人亲属查阅，不构成故意泄露国家秘密罪。于某及其辩护人关于不构成犯罪的辩解理由和辩护意见成立，应予采纳。原判认定的基本事实清楚，审判程序合法，但适用法律错误，应予改判。

本案是辩护律师因将案卷材料泄露给家属从而被追究刑事责任的典型

案件，二审改判的主要理由是在审判阶段审判机关没有将卷宗材料作为国家秘密处理，没有标明卷宗材料的密级且被告人也不知卷宗材料属于国家秘密，最终改判被告人无罪。虽然辩护律师没有因此获罪，但是其也违反了《刑事诉讼法》的相关规定，依据《律师法》第49条的规定，其应当承担行政处罚的后果。笔者在办理一些职务犯罪案件和涉黑涉恶案件或其他敏感性案件的时候，曾遇到起诉书中已经标明机密文件的情况。在此情况下，案件已经被设定密级，一定要做好保密工作，否则很可能被追究刑事责任。

四　审判阶段的法律风险及风险防范

（一）庭前辅导工作面临的风险及风险防范

做好庭前辅导工作是辩护律师开庭前的首要任务，刑事案件的庭审是展示律师工作成果的时候，当事人和家属并不知道或者并不了解律师前期做了多少工作，但是庭审效果的好坏直接能够体现出律师所做的工作以及律师的专业水平。另外，大部分当事人是第一次参加庭审，难免会紧张，不知道庭审中面对问题该怎样应对，辩护律师只有在庭前做好辅导工作才能保证庭审的顺利进行。笔者认为，开庭前有几个问题是必须解决的：首先是辩护思路的问题，要确定作无罪辩护还是轻罪辩护；其次一定要让当事人知道庭审程序；最后一定要和当事人核实证据，统一质证意见。以上工作在庭前与当事人彻底、翔实地沟通，达成一致方能取得较好的庭审效果。

《刑事诉讼法》中规定涉及国家秘密、个人隐私和未成年人犯罪的案件依法不公开审理，涉及商业秘密的案件，依申请可以不公开审理。大部分当事人不了解相关的法律规定，只能依靠辩护律师来申请，辩护律师如果遇到此类情况，一定要和当事人沟通，及时申请不公开审理。辩护律师如果没有做好此项工作，当事人的商业秘密泄露后造成损失，有可能面临投诉的情况。

（二）律师调查取证面临的法律风险及风险防范

在审查起诉阶段和审判阶段，律师都有调查取证的权利，笔者将调查取证风险放在此阶段的原因是，在审查起诉阶段，一般是申请检察机关调取证据，如果检察机关在审查起诉阶段没有调取，那么辩护律师在审判阶段可以申请法院调取，也可以自行调取。刑事案件中律师自行调查取证的风险较大，所以大多数律师不愿主动调查取证，但是为了维护当事人的合法权利，律师需要主动出击，同时注意规避风险，保护自己，这种能力也是检验律师专业水平的试金石。

《刑事诉讼法》虽然赋予律师调查取证的权利，但是并没有对律师调查取证的程序作具体规定。中华全国律师协会对刑事案件中律师调查取证制定了行业规则，即《律师办理刑事案件规范》。此文件对于律师调查取证中应当注意的问题以及需要遵守的规定进行了明确。《律师办理刑事案件规范》第 39 条规定："辩护律师根据案件需要向已经在侦查机关、检察机关做过证的证人了解案件情况、调查取证、核实证据，一般应当通过申请人民法院通知该证人到庭，以当庭接受询问的方式进行。如证人不能出庭作证的，辩护律师直接向证人调查取证时，应当严格依法进行，并可以对取证过程进行录音或录像，也可以调取证人自书证言。"第 40 条规定："辩护律师调查、收集与案件有关的证据材料，应当持律师事务所证明，出示律师执业证书，一般由二人进行。"

辩护律师对证人进行调查，应当制作调查笔录。调查笔录应当载明调查人、被调查人、记录人的姓名，调查的时间、地点，被调查人的身份信息，证人如实作证的要求，作伪证或隐匿罪证应当负法律责任的说明以及被调查事项等。《律师办理刑事案件规范》第 44 条规定："辩护律师制作调查笔录不得误导、引诱证人。不得事先书写笔录内容；不得先行向证人宣读犯罪嫌疑人、被告人或其他证人的笔录；不得替证人代书证言；不得擅自更改、添加笔录内容；向不同的证人调查取证时应当分别进行；调查取证时犯罪嫌疑人、被告人的亲友不得在场。"

《律师办理刑事案件规范》第 45 条规定："辩护律师收集物证、书证和视听资料时，应当尽可能提取原件；无法提取原件的，可以复制、拍照或者录像，并记录原件存放地点和持有人的信息。"第 47 条规定："辩护律师在调查、收集证据材料时，可以录音、录像。"

在刑事案件中，面对需要调取证人证言的情况，笔者建议首先申请检察院、法院调取，如其不同意调取，辩护律师再自行调取。在调取证据时一定要进行全程录音录像，并且必须是两名律师同时调取，总结如下。

1. 严格依法办事

律师必须确保自己的调查取证行为在程序上完全符合法律规定。例如，在向证人取证时，严格遵守《刑事诉讼法》及相关司法解释对于询问证人的程序要求。应在合适的时间、地点，以合法的方式开展询问，避免出现诱导、威胁证人等违法情况。一旦违反程序规定，律师将面临法律责任。

2. 保持中立客观

律师应避免与案件当事人或其他相关方存在可能影响公正调查的利益关系。在记录和使用调查取得的证据时，要确保如实、客观。不能通过断章取义或歪曲证人证言等证据内容支持一方观点。这样可以避免不实表述引发的法律风险和他人的质疑。

3. 谨慎对待敏感信息和人员

对于调查过程中涉及的国家秘密、商业秘密或个人隐私等敏感信息，律师要严格遵守保密规定。在接触证人时，要提前评估风险。谨慎选择与证人接触的方式和地点，确保自身安全。可以考虑在有安全保障的司法机关场所或者在有第三方见证的情况下进行询问。

4. 做好文档管理和证据保存

律师要详细记录调查取证的过程，包括时间、地点、参与人员、证据来源等信息。例如，每次询问证人都应有完整的询问笔录，记录询问的开始和结束时间、证人的基本信息、询问的具体问题和证人的回答等内容。这些记录在出现争议时可以作为律师依法履行职责的证据。

5. 妥善保存证据

对于取得的证据，要按照证据的性质和要求进行妥善保存。对于物证，要保证其完整性和原始状态，防止其被损坏、篡改或丢失。对于电子证据，要使用安全的存储设备和方式，防止数据丢失或被非法获取。如果律师的疏忽导致证据出现问题,可能影响案件的走向,并使自己面临职业风险。

刑事案件中律师不是不可以取证,而是要慎重取证,对于客观证据,如物证、书证,在取证的程序上一定要保证合法性;对于证人证言这类主观性比较强的证据,取证一定要留痕,让证据做到有据可查。辩护律师在调查取证时可以按照《律师办理刑事案件规范》第 38~50 条的相关规定去办理。

(三) 人身危险性的风险及风险防范

在一些暴力犯罪或者涉众型犯罪案件开庭时,被害人或者家属的情绪会比较激动,在此种情况下,律师的一言一行或许都会引起他们的不满。尤其是律师作无罪辩护可能会激怒他们,他们在庭审时虽然不会做出出格的举动,但是在庭审结束后可能对律师进行语言甚至身体上的攻击。笔者在执业初期,跟随律所的几位老师去一个偏远地区为一个涉嫌故意杀人罪的犯罪嫌疑人作辩护,由于案件存在很多疑点,我们作的是无罪辩护,开完庭之后,家属怒不可遏,在庭外大吵大闹,四五十个人将法院大门的出口围得水泄不通。无奈之下我们去了二楼的法官办公室,由于法院处在偏远地区,法院建设的硬件设施比较简陋,有经验的老律师说这样僵持下去不是长久之计,要想办法离开,后来法警手持防暴器械护送我们离开法院。虽然这只是个案,但是刑事辩护律师的人身风险是一个永远绕不开的话题。笔者认为,律师在办理刑事案件时,一定要评估、防范风险。

首先,进行风险评估。了解案件背景和当事人、被害人情况。在接手刑事案件前,律师会对案件的性质,涉及的罪名,犯罪嫌疑人、被告人的情况 (包括社会关系、犯罪团伙情况等),以及被害人的信息等进行详细调查。根据这些信息,判断案件可能存在的潜在风险。如果发现涉及风险,一定要高度警惕,为后续的工作做好充分的风险预案。

其次,制定安全预案。针对可能出现的风险,制定一系列安全措施。例如,安排好自己的工作和生活行程,避免在不安全的时间和地点单独行动。同时,律师会和司法机关保持密切沟通,告知他们自己可能面临的风险,请求司法机关在必要时提供协助。

所以专业刑辩律师不仅需要过硬的刑辩技术功底、深厚的理论功底，还需要在做好辩护工作的同时掌握风险及潜在风险的情况，做到万无一失。

（四）错过上诉期的风险及风险防范

刑事案件的裁判结果作出之后，应当征求当事人的意见及时确定是否上诉。《刑事诉讼法》规定，不服判决的上诉的期限为十日，不服裁定的上诉期限为五日，从接到判决书、裁定书的第二日起算。在裁判文书没有生效的情况下，律师的辩护工作便没有结束，此时辩护律师应当及时会见被告人，并告知其上诉的利弊，征求其是否上诉的意见。笔者在办理案件时，通常情况下的做法是：写好上诉文书，到看守所之后与被告人沟通，如其上诉，便将文书交于他并告知何时必须提交，无论被告人是否上诉，都要做好相关笔录让其签字确认。

关于上诉的主体，《刑事诉讼法》规定，被告人、自诉人和他们的法定代理人，不服地方各级人民法院第一审的判决、裁定，有权用书状或者口头向上一级人民法院上诉。被告人的辩护人和近亲属，经被告人同意，可以提出上诉。附带民事诉讼的当事人和他们的法定代理人，可以对地方各级人民法院第一审的判决、裁定中的附带民事诉讼部分，提出上诉。以上是有权利上诉的主体，作为辩护律师要告知他们拥有上诉的权利，但是要注意，如果被告人的辩护人或者近亲属上诉，要征得被告人的同意，作为辩护人不能擅自决定是否上诉。

对于被告人来说，上诉权是他们维护自身权益的有力武器。在刑事诉讼中，被告人处于相对弱势的地位，其自由甚至生命可能受到审判结果的直接影响。上诉权确保他们有机会在认为自己受到不公正对待时，向上级司法机关申诉。上诉是刑事案件中当事人最直接、最重要的常规救济方式之一。错过上诉期后，当事人就不能通过正常的上诉程序要求上级法院对一审判决进行重新审查。这包括对事实认定错误、法律适用错误或者量刑不当等问题进行纠正。虽然在某些特殊情况下可以通过审判监督程序等方式申请再审，但再审的启动条件相对严格。而且，再审程序的启动通常比上诉程序更复杂，所以，错过上诉期后，当事人想要改变原判结果的难度大大增加。作为刑辩律师，一定要为当事人把握好上诉的权利，不仅是为了维护当事人的合法权益，也是为了避免自身工作导致的被投诉风险或被打击报复风险。

五　刑辩律师的刑事风险

刑辩律师接案开始，便面临一系列的法律风险，上述所提到的风险基本贯穿整个诉讼过程，只是在某个阶段出现的频率会大一些，所以归类到了某个阶段中。在各种执业风险中，刑事责任最为严重，故在此重点强调。常见的涉嫌的罪名主要有以下几种：行贿罪；辩护人、诉讼代理人毁灭证据、伪造证据、妨害作证罪；窝藏、包庇罪。关于辩护人、诉讼代理人毁灭证据、伪造证据、妨害作证罪，截至定稿当日，笔者通过大数据检索出 98 篇裁判文书，从地域分布来看，主要集中在山东省、湖南省、广东省，分别占比 12.24%、9.18%、7.14%。其中山东省的案件量最多，达到 12 件。就主刑而言，当前条件下包含有期徒刑的案件有 29 件，包含拘役的案件有 6 件，包含无期徒刑的案件有 2 件。其中包含缓刑的案件有 17件；免予刑事处罚的案件有 6 件。就附加刑而言，当前条件下包含罚金的案件有 10 件，包含剥夺政治权利的案件有 4 件。从案件分布的年份可以看出，2016 年时呈逐步上升趋势，至 2020 年时逐步下降（见图 1）。

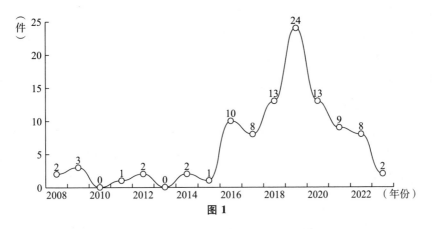

图 1

关于《刑法》第 306 条，罗翔老师曾经在其讲座中讲过一个非常经典的案例。北京的安某，经过几年的刻苦学习，终于如愿以偿当上了律师，在执业生涯中接到的第一个刑事案件便是强奸案，这是刑辩律师很容易出事故的罪名。被告人的父亲非常着急，找到了安律师，安律师告知被告人父亲，强奸罪中最重要的一点就是看是否违背妇女意志，如果被害人改口，罪名便不成立，于是被害人便谎称自己和被告人之间是"闹着玩"，后来事实被查明，安律师构成辩护人妨害作证罪。安律师的案子虽然只是个案，但具有代表性，初入行的律师一定要切记以事实为依据，千万不能无视风险的存在。

行贿罪案例

【案件梗概】

被告人吕某某在担任辩护人期间，为使其所代理案件获得对己方有利的处理，请托时任市高法法警吕某（已判决）提供帮助，并于 2016 年 6 月至 10 月在市高法法警备勤室，先后两次以现金形式给予吕某共计人民币 20 万元；2019 年 10 月 15 日，吕某在被调查期间主动交代了纪检部门尚未掌握的其收受被告人吕某某所送钱款的事实后，被告人吕某某亦如实交代了上述事实；2020 年 10 月 19 日，被告人吕某某经北京市朝阳区监察委员会电话通知，在家人的陪同下到达监察机关，如实供述了行贿事实。

【裁判结果】

吕某某担任辩护人期间，为谋取不正当利益，给予办案机关工作人员钱财，其行为符合行贿罪的犯罪构成。一审法院在量刑时已充分考虑吕某某所具有的被追诉前主动交代、自首、认罪认罚等从宽处罚情节，对其作出有期徒刑十个月，缓刑一年，罚金人民币 10 万元的量刑并无不当。吕某某虽然具有上述从宽情节，但综合考虑全案事实及其犯罪行为的社会危害性，不宜对其免予刑事处罚。

吕某某作为法律工作从业者，应当恪守职业规范，既要追求实体公正，更要尊重程序正义的价值。为了实现所代理案件当事人的诉求，吕某某意图通过行贿司法机关的工作人员违规过问、干预办案，为己方提供帮助、便利条件，其行为本身有悖公平、公正原则。

类似的案件还有很多，甚至影响更为恶劣。济南中院副院长孙某某受贿案涉及 24 名执业律师，海南省高级人民法院原副院长张某某涉嫌受贿案件，涉案律师达 18 名，涉案金额惊人。一件件案例让法律界警醒，引起社会哗然，律师作为法律职业共同体的一员，应以维护社会公平与正义为使命，其行贿行为不仅侵害诉讼当事人的权利，严重破坏司法公正，抹黑律师的社会形象，更对司法的权威和公信力产生负面影响。

包庇罪案例

【案件梗概】

2011 年 7 月 16 日，凌某某（另案）指使并提供资金，由李某某（已判刑）纠集多人持刀伤害 A，致 A 轻伤。2011 年 7 月 21 日，李某某被刑事拘留后，凌某某与被告人车某某在某市商业大厦商议，凌某某将该情况告知车某某，提出聘请车某某担任李某某的辩护人，提出车某某利用律师会见之机让李某某不要供出砍伤 A 是受到凌某某的指使，使凌某某逃避法律的追究。车某某答应并表示会做李某某思想工作，通过技巧暗示李某某。此后，凌某某多次通过现金支付费用共计人民币 8 万元给车某某，车某某帮助凌某某将其中的 8000 元用于支付李某某在看守所的伙食费，2 万元给李某某的亲属作为安抚费。2011 年 7 月 25 日至 2012 年 3 月 13 日，在李某某故意伤害案的侦查、起诉、审判、上诉阶段，被告人车某某在某市第一看守所多次会见李某某，通过各种方式向李某某传达凌某某很关心李及其家属，并叫李某某不要乱说话，开庭时难以回答的问题可以申请由车某某代李某某回答。通过车某某多次诱导、暗示，李某某明确表示是他找人砍伤 A，不关其他人的事，编造凌某某不参与故意伤害案的虚假供述。公诉机关以辩护人妨害作证罪进行追诉。

【裁判结果】

一审法院认为，被告人车某某无视国家法律，明知是犯罪的人而作假证明包庇，意图使犯罪的人逃避法律追究，其行为已构成包庇罪，判处有期徒刑七个月。上诉后，二审法院认为车某某无视国家法律，明知凌某某是李某某等人故意伤害 A 一案的幕后指使犯罪嫌疑人，为使凌某某逃避法律追究，而利用其律师身份接受凌某某提供的资金担任李某某的辩护人，在多次会见李某某时积极使用暗示、利诱等方式诱导李某某作出虚假供述，掩盖凌某某涉嫌故意伤害罪的事实，为司法机关依法查明案件事实制造了阻碍，妨害了司法机关正常的刑事诉讼活动，其行为已构成包庇罪，维持原判。

总之，律师应当始终坚守法律和职业道德底线，依法依规进行辩护，避免潜在风险。笔者认为，刑辩律师在执业过程中可以通过以下方式规避刑事风险。①严格遵守法律法规和职业道德规范：熟悉并严格遵循律师行业的相关法律法规、执业准则和职业道德规范，确保自身行为合法合规。②保持独立性和客观性：不被当事人的利益诉求所左右，坚持以事实和法律为依据进行辩护。③谨慎调查取证：在取证过程中，遵循合法程序，确保所获取的证据真实、合法、有效。对证人证言的收集要客观公正，避免诱导或暗示证人作伪证。④规范与当事人的沟通：明确告知当事人合法与非法行为的界限，不参与或协助当事人从事违法活动。对于当事人提供的可能涉嫌违法的信息或证据，要谨慎处理并及时向有关部门报告。⑤妥善保管案件材料：不收取证据原件，防止案件材料的丢失、泄露或被篡改，保护当事人的隐私和商业秘密。⑥提高自身专业素养：不断学习和更新法律知识，准确理解和运用法律条文，提高辩护质量和水平。⑦加强与司法机关的沟通协作：尊重司法机关的权威，按照法定程序进行辩护活动，积极配合司法机关的工作。⑧保留工作记录：对辩护工作中的重要事项、决策和沟通内容进行详细记录，以备可能的审查和追溯。

投身律师行业，必须时刻保持高度的警觉与严谨，审慎对待每一个案件、每一项事务，珍惜来之不易的职业声誉与成就，稳步向前。

12　刑事法律文书写作技巧

　　刑事案件中，律师涉及的法律文书类型具有多样性，针对刑事诉讼的特点，辩护律师面向公安机关、检察机关、审判机关有不同的法律文书提交的类型。另外，在不同的诉讼程序节点，需要提交的文书类型也有所不同。所谓法律文书，是指在司法程序中，司法、公证、仲裁机关处理各类普通诉讼案件和特殊诉讼案件时使用或制作的以及案件当事人、律师自书或代书的具有法律效力或法律意义的文书的总称。本文内容所讨论的法律文书，仅限于案件当事人、律师自书或代书的在刑事诉讼过程中使用的具有法律效力或法律意义的文书的总称。

一　刑事法律文书的范围

　　刑事法律文书范围广泛，种类繁多，在不同的诉讼阶段，针对不同的需要，辩护律师撰写并提交的文书也有所不同。向公安机关递交的有报案材料、立案申请书、不予立案复议申请书、撤销案件法律意见书、辩护意见、取保候审申请书等；向检察院递交的有建议不批准逮捕的法律意见书、建议不起诉的法律意见书、辩护意见等；向法院递交的有申请证人／专家辅助人出庭申请书、申请启动非法证据排除程序申请书、重新鉴定／勘验申请书、辩护词、量刑建议书等。

二　辩护律师撰写文书的特殊之处

　　有别于司法机关，辩护律师作为当事人合法权利的维护者，其所撰写的文书天然具有特殊之处。首先，行文具有受托性。律师或律师事务所接受当事人的聘请或委托，代写各类法律文书，大多是按当事人的意愿并以当事人的名义撰写的，而不是以其自己的名义写的。其次，内容具有广泛性。律师实务文书内容十分广泛，既包括诉讼案件的各种文书，也包括非诉讼法律事务的各种文书，这是由律师为社会提供法律服务的职业属性所决定的，与公检法机关的法律文书相对单一是有区别的；要注意的是，刑事法律文书基于其使用程序的特殊性，必须与刑事诉讼的程序紧密结合。最后，功能具有单一性。律师实务文书不是以国家权力维护其强制性、约束力的文书，而是一种代表当事人单方意愿的法律行为，它只代表文书行文主体自身的利益，其作用是引起法律程序的提起和变化，以通过诉讼请求得到执法机关公正处理。

三　刑事法律文书写作要求

（一）　总体原则

辩护律师是先天的维护犯罪嫌疑人、被告人合法权利的职业，根据《律师法》《刑事诉讼法》的基本要求，辩护律师应以维护当事人合法权益为考虑问题的首要出发点和基本原则。基于此，辩护律师在撰写法律文书时，必须时刻审视文书写作的目的，考虑文书写作的内容对当事人是否有利，是否更有利于维护当事人合法权益，是否更有利于司法公正。

（二）　注重文书的时间性

法律文书具有时间性，在特定的时间节点，辩护律师应当选用不同种类的法律文书。从整体时间上说，法律文书的制作时间必须是在司法程序的运行过程中，程序之外的文书不属于法律文书的范畴，不具有法律意义；在程序之内，适用法律、依据事实制作的文书才是法律文书。法律文书涉及的司法程序是从诉讼程序的启动至执行完毕所经历的全过程。针对刑事诉讼，辩护律师需要注意甄别当下案件所处的程序节点，把握特定的阶段性程序的大体时间，与办案机关沟通后，明确需要撰写的文书类型。诉讼的及时性原则是体现程序公正的重要原则，对整个司法实践过程都具有指导作用，要做到司法公正，离不开对及时性原则的贯彻实施。就整个辩护工作的开展而言，在各自的诉讼期限内要求有固定的法律文书，在时间上既不能滞后也不能提前；在法律文书的种类上不能混淆。

（三）注重格式的规范性

法律文书最明显的表面特征在于它的固定化，体现在文书的结构、用语、条理等方面。法律文书是实用性很强、有严格的形式要求的文书。在法律文书的制作过程中，首先要注意的就是严格地遵循文书的格式和结构，以做到法律文书的统一、规范，为及时准确地适用法律奠定基础。根据法律文书的分类，不同的法律文书在格式和内容的表达上也有不同的要求。例如，表格类的文书，必须准确、严格地填写，使人一目了然；叙述类的文书，除了严格遵守基本的格式外，还要运用一定的逻辑能力，准确地叙述事实，合理地运用权利，要有很强的说理性和说服性，做到规范性和灵活性的有机结合。总的来说，文书大多包括首部、主体、尾部三部分，这样的结构层次分明，有利于快速审查。各种文书格式是为各类法律文书的内容服务的，根据法律规定和案件处理的需要，按照一定的格式把各类法律文书应具备的基本内容和特定项目条理清晰、简明扼要地撰写出来。在写作时，既要保证法律文书的完整性、正确性和有效性，从而更好地为工作服务，也要做到条理清晰，事理分明，内容清楚，要求明确，全面发挥法律文书的作用。

（四）注重内容的合法性

法律文书是法律适用的书面表现形式，因此，相对于形式上的特点，法律文书的内容必须体现法律的根据。法律文书不同于一般的文书，不论在实体问题的处理方面，还是在文书的形式方面，都必须严格依法制作，充分体现它的法律性，程序法和实体法是法律文书立意的最根本依据。而这种法律性应集中体现在"以事实为根据，以法律为准绳"的基本原则上。法律文书的制作要严格适用程序法，涉及法律文书的实体内容要正确适用实体法。严格依法制作法律文书，具体来说就是要做到论证必须理由充足，结论必须正确。某些模棱两可、含糊其词的用语，如"可能""大概""也许""或者""恐怕"之类不能用于文书中。在我们的法律文书中必须准确地把它们写出来，根据的是什么法、哪一条、哪一款，都要交代得清清楚楚，一点也不能含糊。

（五）注重用语的客观性

法律文书最基本、最重要的就是如实认定事实。刑事案件的法律文书要如实地认定被告人的犯罪事实，民事案件的法律文书要如实地认定原告、被告民事纠纷的有关事实。事实既是制作法律文书的基础，又是法律文书中结论得出的根据，因而，在法律文书中不仅必要时应对事实、证据作出周详的叙述和论断，而且应特别注重其认定事实的客观性。辩护律师撰写法律文书，虽不需要与司法机关一般达到极致的客观要求，但是基于法律职业的共通性，其提交的法律文书必须用准确的语言客观地表述案件事实，而不允许有过多个人感情因素或过于文学化的华丽辞藻修饰所要表达的内容。客观、准确应是在文字优美之上的要求，在两者不能兼顾时，应当更多地考虑前者而舍弃后者。的确，辩护律师所提交的意见由于与当事人及其家属有天然的链接，在部分情况下，不可避免地要渗入个人的感情，当事人也有权利站在自己的立场上为自己辩护，但作为法律专业人士，应当正确地引导当事人的意见，对其进行法律的释明，文书整体仍然要以事实为根据，不可夸大或修改客观事实。另外，在造句方面，司法文书一般以采用肯定、陈述、判断句式为宜，不要采用反问、疑问、设问、感叹等加强语气和加重感情色彩的句式。要注意的是，律师工作是一门说服的艺术，所以用语应该尽量理性、专业、平和，要充分考虑到办案人员的接受程度，以取得良好的沟通效果。如"陈述""供述""辩解"三个词容易用混，辩护人要抓住其中差异，在法律文书中准确使用。在无法确定信息是否属实时，用语要留有余地，以防出现反转。有以下几个说法供体会和参考："据律师了解，……""如果该情况属实，则……""据犯罪嫌疑人陈述，……""如果其所称属实，那么……"同时，内容要杜绝"三无"，即"无依据，只有抽象的套话；无处理意见，只有观点；无逻辑层次，只是标题堆砌"，要做到精练之余，言之有物。

四 一般性申请书的写作

在辩护律师开展辩护工作的过程中，对于部分与案件事实有关的证据或者涉及当事人相应从轻、减轻情节的证据，如重大立功等，在案卷宗中可能有缺失的情况，此时，辩护律师有必要向办案机关申请调取、调查。另外，对于相应程序性事项，如回避、鉴定等，可能也有向相应机关提出申请的必要，对于此类文书，格式一般是确定的。整体上，这类文书都有一个普遍的特点，即只要求司法机关行使权利对某种法律事实或法律关系加以确认，从而确定某种法律权利状态。辩护律师提起此类请求时，必须提出申请书。

（一） 无对方当事人的申请书

×××申请书

申请人：

请求事项：

事实与理由：

此致

××××人民法院

申请人：×××

××××年××月××日

（二） 有对方当事人的申请书

×××申请书

申请人：

被申请人：

请求事项：

事实与理由：

此致

××××人民法院

申请人：×××

××××年××月××日

五　取保候审申请书及羁押必要性审查申请书的写作

（一）　取保候审申请书的写作

为犯罪嫌疑人、被告人争取取保候审，也是辩护律师的必要工作之一。取保候审是指侦查机关责令犯罪嫌疑人提供担保人或缴纳保证金并出具保证书，保证其不逃避或妨碍侦查，并随传随到的一种强制措施。它通常对犯罪较轻，不需要拘留、逮捕，但需要对其行动自由作一定限制的犯罪嫌疑人采用。它是指在刑事诉讼中公安机关、人民检察院和人民法院等司法机关对未被逮捕或逮捕后需要变更强制措施的犯罪嫌疑人、被告人，为防止其逃避侦查、起诉和审判，责令其提出保证人或者缴纳保证金，并出具保证书，保证随传随到，对其不予羁押或暂时解除其羁押的一种强制措施。由公安机关执行。

客观地说，犯罪嫌疑人被羁押后，最应当考虑和最值得花费时间与精力的行为即代为取保候审。一封标准的取保候审申请书，需要详细阐明申请人的姓名、住址、联系方法、与被申请人的关系，以及被逮捕人的姓名、住址、涉嫌罪名、批捕机关、羁押场所、申请事由、事实和理由、呈交机关、呈交时间等。

在申请取保候审时，应当注意以下几点：①案件的性质并不严重；②注明初犯、偶犯等情节；③犯罪嫌疑人或被告人平时表现较好；④犯罪时的年龄；⑤犯罪后有较好的悔改表现；⑥犯罪嫌疑人或被告人的身体状况，是否患有严重疾病；⑦注意运用对当事人有利的刑事司法政策，如"少捕慎押慎诉""惩治与教育相结合""保护民营企业家"等。

取保候审申请书

申请人：×××，性别，民族，住所，联系电话，系犯罪嫌疑人×××之×××（身份关系）。

被申请取保候审的犯罪嫌疑人：×××，性别，民族，住所，居民身份证号码××××××××××××××××，因涉嫌××××，于××××年××月××日被××市××区公安分局刑事拘留，现关押在××××市看守所。

申请事项：对犯罪嫌疑人×××申请取保候审。

事实和理由：

犯罪嫌疑人×××因涉嫌××××，于××××年××月××日被××市××区公安分局刑事拘留。考虑到犯罪嫌疑人×××所涉嫌罪名的性质以及案件有关情况，符合《中华人民共和国刑事诉讼法》规定的取保候审的条件，采取取保候审不致发生危害社会的行为……（简要、清晰地说明理由）。因此，申请人根据《中华人民共和国刑事诉讼法》规定为犯罪嫌疑人×××提出取保候审申请，并愿依法缴纳保证金或提供保证人。请贵单位予以审查批准。

此致

××市××区公安局

申请人：×××

××××年××月××日

（二）羁押必要性审查申请书的写作

羁押必要性审查，是 2012 年《刑事诉讼法》修改后确立的制度。经过羁押必要性审查，检察院认为被逮捕的犯罪嫌疑人、被告人不需要继续羁押的，就会建议办案机关释放或者变更强制措施，实践中较为常见的是建议变更为取保候审。可见，申请羁押必要性审查，是被逮捕后获得释放，尤其是获得取保候审的一种途径。2021 年 4 月，中央全面依法治国委员会把"坚持少捕慎诉慎押刑事司法政策，依法推进非羁押强制措施适用"列入 2021 年工作要点，逮捕之后的羁押必要性审查便是坚持少捕慎诉慎押刑事司法政策的一项重要制度。羁押必要性审查申请书是指申请人民检察院对被逮捕的犯罪嫌疑人、被告人有无继续羁押的必要性进行审查，对不需要继续羁押的，建议办案机关予以释放或者变更强制措施的法律文书。

第一，进行羁押必要性审查申请要掌握必要的法律规定。《刑事诉讼法》第 95 条确立了我国逮捕后羁押必要性审查制度的基础。根据规定，犯罪嫌疑人、被告人被逮捕后，人民检察院仍应当对羁押的必要性进行审查。对不需要继续羁押的，应当建议予以释放或者变更强制措施。有关机关应当在十日以内将处理情况通知人民检察院。《人民检察院刑事诉讼规

则》进一步对新《刑事诉讼法》第 95 条作了细化，具体规定如下。第 578
条规定："人民检察院应当根据犯罪嫌疑人、被告人涉嫌的犯罪事实、主
观恶性、悔罪表现、身体状况、案件进展情况、可能判处的刑罚和有无再
危害社会的危险等因素，综合评估有无必要继续羁押犯罪嫌疑人、被告
人。"第 579 条规定："人民检察院发现犯罪嫌疑人、被告人具有下列情形
之一的，应当向办案机关提出释放或者变更强制措施的建议：（一）案件
证据发生重大变化，没有证据证明有犯罪事实或者犯罪行为系犯罪嫌疑
人、被告人所为的；（二）案件事实或者情节发生变化，犯罪嫌疑人、
被告人可能被判处拘役、管制、独立适用附加刑、免予刑事处罚或者判
决无罪的；（三）继续羁押犯罪嫌疑人、被告人，羁押期限将超过依法可
能判处的刑期的；（四）案件事实基本查清，证据已经收集固定，符合取
保候审或者监视居住条件的。"第 580 条规定："人民检察院发现犯罪嫌疑
人、被告人具有下列情形之一，且具有悔罪表现，不予羁押不致发生社会
危险性的，可以向办案机关提出释放或者变更强制措施的建议：（一）预
备犯或者中止犯；（二）共同犯罪中的从犯或者胁从犯；（三）过失犯罪
的；（四）防卫过当或者避险过当的；（五）主观恶性较小的初犯；（六）系
未成年人或者已满七十五周岁的人；（七）与被害方依法自愿达成和解协
议，且已经履行或者提供担保的；（八）认罪认罚的；（九）患有严重疾
病、生活不能自理的；（十）怀孕或者正在哺乳自己婴儿的妇女；（十一）系
生活不能自理的人的唯一扶养人；（十二）可能被判处一年以下有期徒刑
或者宣告缓刑的；（十三）其他不需要继续羁押的情形。"

第二，撰写时要注意相应内容的组织，主要从犯罪嫌疑人、被告人涉
嫌犯罪事实、主观恶性、悔罪表现、身体状况、案件进展情况、可能判处
的刑罚和有无再危害社会的危险等方面论证犯罪嫌疑人、被告人没有继续
羁押的必要性，具体可以参考前述内容。羁押必要性审查的核心内容是犯
罪嫌疑人、被告人是否需要逮捕，辩护人要根据案情进展和辩护工作推进
情况，及时进行调整。同时，还要注意相关的刑事政策，如最高人民检察
院、公安部联合印发《人民检察院 公安机关羁押必要性审查、评估工作规
定》、保护民营企业家的司法政策等。

羁押必要性审查申请书

申请人：×××，××律师事务所律师。地址：××市××区××路××号×楼。联系电话：×××××××××××。

申请事项：请求依法对涉嫌××××的犯罪嫌疑人×××进行羁押必要性审查，并建议办案机关对其予以释放或者变更强制措施。

申请理由：

犯罪嫌疑人×××于××××年××月××日因涉嫌××××被××市××区公安分局刑事拘留，并于××××年××月××日被逮捕，现羁押于××××看守所。根据《中华人民共和国刑事诉讼法》第九十五条以及《人民检察院办理羁押必要性审查案件规定（试行）》第十七条、第十八条的规定，申请贵院对犯罪嫌疑人×××进行羁押必要性审查，并建议办案机关××××对犯罪嫌疑人予以释放或者变更强制措施，具体理由如下：（略）

此致

×××人民检察院

申请人：×××律师

××××年××月××日

六 辩护词的写作

辩护词是刑事法律文书的核心，是最为重要、最不可或缺的刑事法律文书。我国宪法和法律赋予犯罪嫌疑人和被告人辩护权。犯罪嫌疑人和被告人及其辩护人针对控诉，根据事实和法律，提出证明犯罪嫌疑人和被告人无罪、罪轻或者减轻、免除其刑事责任的材料和意见，维护犯罪嫌疑人、被告人合法权益。辩护人是接受犯罪嫌疑人、被告人的委托，或者经人民法院指定参加诉讼，帮助犯罪嫌疑人、被告人行使辩护权依法维护犯罪嫌疑人、被告人合法权益的诉讼参与人。辩护词是辩护人依据事实和法律，向法庭提出的关于被告人行为定性和量刑的材料和意见，将其整理成逻辑清晰、事实确凿的系统的发言。辩护制度是国家法律规定的，是宪法赋予犯罪嫌疑人、被告人的正当权利，有些人对此不能正确、客观地理解，认为辩护词或辩护律师是为罪犯开脱罪责，或者因此认为被告人认罪态度不好，从而影响量刑。这些观点都是错误的。因为在刑事诉讼中，国家机关拥有强大的权力，如果不赋予犯罪嫌疑人、被告人抵御抗击的权利，那么国家权力可能被滥用，使无辜者权利遭受侵犯，造成大量冤假错案，与法治的目标背道而驰。

（一）辩护词写作的速成方法

侦查阶段的盲辩时期，宜考虑"骑墙式"辩护，用语上要留有余地，做到客观、理性，提出的诉求要正当、合理。审查起诉阶段和审判阶段，要注意引用在案证据并指明出处，注意法理、政策、判例的运用，在辩护意见后附相关判例及文献资料，并用颜色鲜明的笔画出重要内容；还要注意程序性事项，多用申请解决程序问题，申请一定要引用法条依据。同时，情理之辩也不容忽视，法不外乎人情，在法律文书中，如能发掘情理辩点，往往也能打动办案人员，取得锦上添花的效果。在审判阶段，复杂案件建议两次递交意见，采取"庭前+庭后"的组合模式，相互呼应，突出重点。对于二审、再审案件，宜直指错误之处，紧抓争议事项，重点突破。整体上，对文书进行撰写时，可简化为以下四步：第一，确定辩护方向，是无罪辩护、罪轻辩护、轻罪辩护还是"骑墙式"辩护以及是否要作程序辩护；第二，确定从哪几个方面进行论证，围绕构成要件、事实证据、常情常理、政策影响、一贯表现等；第三，选择合适的逻辑和框架，首先确定文书的大框架，其次确定具体论点中的小框架，如事实、证据、法律规定、法理/立法精神、常情常理、判例、政策等；第四，完善全文，注意引用证据、具体素材、法条、判例内容等，填充血肉。

（二）辩护词写作的指导思想

辩护词对被告人行使辩护权具有实质上的意义，有利于案件事实的辩明。辩护律师撰写辩护词，必须注重以下几点写作倾向，并在行文时时刻牢记。

一是系统地阐明辩护理由，提出合理的量刑意见，更好地维护犯罪嫌疑人、被告人的合法权益。犯罪嫌疑人、被告人的行为虽然对社会造成了危害，理应受到法律的惩罚，但是对于宪法赋予的理应由犯罪嫌疑人、被告人行使的权利，在诉讼过程中应当予以保护，保障其合法的基本的权益不丧失。辩护词必须在事实和法律的基础上，提出正当合理的辩护理由，以起到保护犯罪嫌疑人、被告人合法权益的作用。

二是行文内容必须有助于人民法院全面听取意见，查清案情，有利于法律的正确实施，提高办案质量。辩护词终归是要为审判机关查明案件事实、正确适用法律服务的，因此在写作时，也应当站在有利于法院审理、开展工作的角度。实际上，辩护词的直接作用就是要提高司法机关的办案质量，减少、避免冤假错案，使得其更加全面地审查案件材料，综合分析，去伪存真。由此，辩护词必须综合被告方的辩护意见和关于案情的陈述，合理有力的辩护词，一定有利于法院对事实的认定，从而保护被告人的合法权益，减少冤假错案。

（三）辩护词的格式、内容和制作要求

鉴于辩护词的作用，辩护词必须具有较强的辩驳性和充分的说理性。辩护词的说理可以通过正反两种论证方法充分展开。一是正面说理，摆事实，讲法律，根据案件事实，依据国家法律，对案件提出自己的看法和主张，依据逻辑规律，对自己的观点予以充分的举证和论证，然后援引法律条款，提出合理的意见和要求。二是直接针对对方的观点进行驳斥，抓住对方认定中的错误或分歧，论证对方观点的不合理性，使对方的观点引起足够的怀疑，就可达到辩护的目的。为了更好地达到辩护目的，在实践中通常是两种方法结合使用。辩护词的结构，分为首部、序言、正文（说理和结论两部分）、结尾四部分。

1. 首部

①正中书写标题"辩护词"。

②称呼语写"尊敬的审判长、审判员（人民陪审员）"。

2. 序言

①说明辩护人出庭辩护的法律依据。辩护人分委托辩护人和指定辩护人。如果是委托辩护人，辩护人在此说明根据《刑事诉讼法》第 32 条的规定，接受被告人委托，出庭辩护；如果是指定辩护人，在此应写明："根据《刑事诉讼法》第 34 条的规定，经人民法院指定，出庭为被告人

辩护。"

②简要说明辩护人在庭前为此案辩护进行的活动。目的在于向法庭表明辩护人为辩护做了充分的准备活动，辩护词的结论是在调查、分析的基础上得出的。

③承启下文。此处写明"提出如下几点意见"，起到引出下文的作用。

3. 正文

正文包括说理和结论部分。说理部分即辩护理由，是辩护词的主要部分，也是评价一份辩护词是否有力和成功的标准。辩护人要依据事实和法律，从本案被告人的具体情况出发，全面考虑问题，进行深入的分析。主要从以下几个方面展开论述。

①事实方面。如果认为检察院起诉书认定事实错误或者有不当之处，辩护人可以此为出发点展开辩护。刑事诉讼中起诉方承担证明责任，被告人在辩护时无须举出自己无罪的证据和理由，只要指出起诉方的观点和证据存在漏洞，使法官对起诉方观点产生足够的怀疑，从而辩护方对全部或部分犯罪事实进行否定，辩护即可达到目的。如果在事实认定方面没有分歧，但是检察院在起诉时发生法律定性错误，即起诉罪名认定错误，此时辩护人不宜作无罪辩护，因为在我国现行法律规定中，对于事实认定无误，仅罪名认定错误的，法院判决时可以直接改变起诉罪名。辩护人对此应有充分的准备，维护被告人的合法利益。当然这样的司法现状会随着我国法治的发展而改变。

②量刑方面。如果被告人的行为对社会造成了危害，依照法律规定，确已构成犯罪，且起诉方在事实认定方面准确无误，证据确实充分，此时辩护人就应当着重分析案情，从中找出量刑情节，作从轻、减轻处罚或者免除刑事责任的辩护和请求。准确、合法的法定从轻情节，法院在量刑时会予以考虑。

③诉讼程序方面。如果司法机关在诉讼过程中有违反刑事诉讼法规定，侵犯犯罪嫌疑人、被告人合法权益的严重情节，辩护人也可以在掌握充分证据的基础上，依据法律向法庭提出主张，要求法庭对违法情节予以惩处，保护犯罪嫌疑人、被告人的合法利益。

在正文的结论部分，辩护人总结上述发言，对发言做系统的概括，提出对案件的处理要求和建议，起到总结和首尾相呼应的效果。

4. 结尾

辩护词的结尾仍然是程序上固定化的内容。在辩护词全文的右下方署辩护人的姓名，下一行注明年月日。

作为辩护律师，要完成一份优秀的法律文书，首先要有较高的法律专业素养和较强的写作能力，其次要有一定的政治理论水平，以及相应的社会知识和必要的工作经验。法律文书不同于一般文章和文学作品，它有自己独特的思维方式和表达方式。仅有一般的写作知识、写作能力，不经过专门的、较系统的法律文书基本知识的学习和写作技能的基本训练，缺乏理论指导和科学方法是难以写出合理、科学的法律文书的。当然，写好法律文书并不是单纯的技术性问题，辩护律师必须有一定的政治理论水平，有相当的业务知识和文化水平，这就要求辩护律师必须全面学习，永不停步，不断加强政治理论和法律法规的学习，加强法学知识的储备，科学地分析案件，得出正确的结论。

13　认罪认罚从宽案件的辩护精要

在认罪认罚从宽制度中,辩方权利是否得到保障、控辩平等原则是否得以落实是考量该制度是否实现协商性司法之目标与提高公平前提下的效率之初衷的关键。因此,认罪认罚从宽案件的辩护不但不应当被弱化,而恰恰在当前轻罪治理的司法环境下,成为整个刑事诉讼程序中至关重要的组成部分——认罪认罚从宽案件辩护质量的提高,不仅影响着 80% 以上案件的司法公正,也为少数通过普通程序审理的重大复杂案件争取到更多的司法资源以及司法公正的可能。比起传统的对抗式辩护,协商式辩护、合作式辩护对律师的专业能力和综合素质提出了更高的要求。

一　认罪认罚从宽案件辩护的基本问题

(一) 认罪认罚从宽制度的基本问题

认罪认罚从宽制度完善的立法和司法实践过程,无不跟刑事律师的辩护密切相关。只有充分理解认罪认罚从宽制度的设计初衷、制度理念,充分认识到律师辩护在认罪认罚从宽案件中的重要意义和角色定位,深入梳理和解析认罪认罚从宽案件辩护的特点与难点,才能为探索和掌握认罪认罚从宽案件的辩护技巧奠定坚实的基础。

1. 认罪认罚从宽的制度背景

2014 年 10 月,党的十八届四中全会通过了《中共中央关于全面推进依法治国若干重大问题的决定》,提出"完善刑事诉讼中认罪认罚从宽制度"的要求。2016 年 7 月,中央全面深化改革领导小组通过了《关于认罪认罚从宽制度改革试点方案》。同年 9 月,全国人民代表大会常务委员会授权最高人民法院、最高人民检察院在部分地区开展刑事案件认罪认罚从宽制度试点工作。同年 11 月，最高人民法院、最高人民检察院、公安部、国家安全部、司法部（以下简称"两高三部"）联合下发《关于在部分地区开展刑事案件认罪认罚从宽制度试点工作的办法》。2018 年，《刑事诉讼法》修正后第 15 条规定了刑事案件认罪认罚可以依法从宽处理的原则，法律程序的具体规则也相应作出调整。2019 年，"两高三部"联合发布《关于适用认罪认罚从宽制度的指导意见》。2021 年，最高人民检察院印发《人民检察院办理认罪认罚案件开展量刑建议工作的指导意见》。至此，认罪认罚从宽制度中的法律规则逐渐趋于完备。从上述发展过程来看，认罪认罚从宽制度是党中央立足于全面推进依法治国的目标，通过实践中开展试点、理论上反复论证，最后纳入《刑事诉讼法》并不断加以解释、完善的一项重要的刑事司法制度。它不仅带来刑事诉讼模式的变化，更是推进国家治理制度化、程序化和法治化的重要体现。认罪认罚从宽制度为刑事辩护带来了新的机遇和挑战，刑事辩护律师需要理性看待这些变化，主动适应，充分利用。

从司法实践来看，近年来，适用认罪认罚从宽制度处理刑事案件的比例逐年提高，如今在审查起诉环节的适用率已经稳定在 90% 以上。[①] 有关资料表明，从全国整体来看，认罪认罚从宽制度适用率从 2019 年的 49.3% 提高到 2021 年的 89.4%，增加了 40.1 个百分点，2022 年 1 月至 9 月提升至 90.5%，[②] 此后保持在 90% 以上；从地方来看，以山东省为例，根据山东省人民检察院发布的 2021 年 1～12 月全省检察机关主要办案数据，2021年全省检察机关适用认罪认罚从宽制度审结 107906 人，认罪认罚从宽制度适用率为 89.7%。在这种背景下，作为刑辩律师，无论之前的对抗式诉讼模式再驾轻就熟，都必须适应控辩合作的新路径、探索新的辩护策略。如果排斥认罪认罚从宽制度和协商式辩护，未来将难以融入刑事诉讼的新格

[①] 《最高人民检察院工作报告——2024 年 3 月 8 日在第十四届全国人民代表大会第二次会议上》，最高人民检察院官网，https://www.spp.gov.cn/spp/jcjgxxgc2024lh/202403/t20240315_650040.shtml，最后访问日期：2024 年 12 月 25 日。

[②] 参见《中国检察的"创业密码"——党绝对领导下新时代人民检察事业的新发展》，《检察日报》2022 年 10 月 14 日，第 2 版。

局，也将无法开展有效刑事辩护工作。

2. "认罪""认罚""从宽"的理解

根据《刑事诉讼法》第 15 条，认罪认罚从宽，是指犯罪嫌疑人、被告人自愿如实供述自己的罪行，承认指控的犯罪事实，愿意接受处罚的，可以依法从宽处理。"两高三部"《关于适用认罪认罚从宽制度的指导意见》对"认罪""认罚""从宽处理"的含义作了进一步的明确。

认罪是指犯罪嫌疑人、被告人自愿如实供述自己的罪行，对指控的犯罪事实没有异议。承认指控的主要犯罪事实，仅对个别事实情节提出异议，或者虽然对行为性质提出辩解但表示接受司法机关认定意见的，不影响"认罪"的认定。犯罪嫌疑人、被告人犯数罪，仅如实供述其中一罪或部分罪名事实的，全案不作"认罪"的认定，不适用认罪认罚从宽制度，但对如实供述的部分，检察院可以提出从宽处罚的建议，法院可以从宽处罚。笔者认为，"认罪"应当是在自愿基础上对控方指控事实的承认，而不是对罪名的承认。

认罚是指犯罪嫌疑人、被告人真诚悔罪，愿意接受处罚。"认罚"，在侦查阶段表现为表示愿意接受处罚；在审查起诉阶段表现为接受人民检察院拟作出的起诉或不起诉决定，认可人民检察院的量刑建议，签署认罪认罚具结书；在审判阶段表现为当庭确认自愿签署认罪认罚具结书，愿意接受刑罚处罚。"认罚"考察的重点是犯罪嫌疑人、被告人的悔罪态度和悔罪表现，应当结合退赃退赔、赔偿损失、赔礼道歉等因素来考量。笔者认为，在侦查阶段，由于没有量刑建议的提出，"认罚"只是在"认罪"和真诚悔过基础上对抽象惩罚的承认；在审查起诉阶段，"认罚"是在控辩协商基础上对控方量刑建议的承认。

从宽既包括实体上从宽处罚，也包括程序上从简处理。有观点认为，"从宽"包括强制措施适用上从缓。① "可以从宽"是指一般应当体现法律规定和政策精神，予以从宽处理。但可以从宽不是一律从宽，对犯罪性质和危害后果特别严重、犯罪手段特别残忍、社会影响特别恶劣的犯罪嫌疑人、被告人，认罪认罚不足以从轻处罚的，依法不予从宽处罚。根据《人

---

① 参见杨立新《认罪认罚从宽制度理解与适用》，《国家检察官学院学报》2019 年第 1 期。

民检察院办理认罪认罚案件开展量刑建议工作的指导意见》，虽然认罪认罚，但所犯罪行具有下列情形之一的，提出量刑建议应当从严把握从宽幅度或者依法不予从宽：①危害国家安全犯罪、恐怖活动犯罪、黑社会性质组织犯罪的首要分子、主犯；②犯罪性质和危害后果特别严重、犯罪手段特别残忍、社会影响特别恶劣的；③虽然罪行较轻但具有累犯、惯犯等恶劣情节的；④性侵等严重侵害未成年人的；⑤其他应当从严把握从宽幅度或者不宜从宽的情形。值得注意的是，无论是从刑事诉讼基本原则的角度，还是从制度之程序分流、提高效率的功能来看，认罪认罚"从宽"宜理解为"应当从宽"。首先，从基本原则的角度分析，2018 年《刑事诉讼法》第 15 条将"认罪认罚从宽原则"规定为我国刑事诉讼的一项基本原则，便意味着，对认罪认罚案件予以从宽处理既是司法机关的职权，也是其责任。其次，从学理上分析，"从宽"不仅是追求实体法上从轻、减轻或免除刑罚处罚的效果，还应有程序法上的独立意义，如变更强制措施适用、减少审前羁押时间、减少诉讼时间、调整行刑方式等。最后，从法解释学的角度分析，"从宽"的幅度不仅限于从轻处罚，还包括减轻或者免除处罚。① 而这些都是律师在这类案件的辩护实践中可以发挥主观能动性的要点。

（二）律师在认罪认罚从宽案件中辩护的意义

在认罪认罚从宽案件中，律师为被追诉人辩护是基于什么呢？自古以来，辩冤白谤是第一天理，更是辩护律师的天职。但在认罪认罚从宽案件中存在这样的疑惑：犯罪嫌疑人、被告人"什么都认了"，给什么样的惩罚他都认了，律师还要给他辩什么？另外，在认罪认罚从宽案件中，刑事辩护的功能和作用与不认罪、不认罚的案件即普通刑事案件的功能和作用是否有区别？如果有的话，区别在哪里？② 这是掌握认罪认罚从宽案件有效辩护需要首先搞清楚的问题。

---

① 参见刘晨琦《认罪认罚从宽制度亟待厘清的四个问题——以第四次〈刑事诉讼法〉修改为背景》，《中国应用法学》2024 年第 5 期。

② 参见《刑事诉讼法三人谈：认罪认罚从宽制度中的刑事辩护》，《中国法律评论》2020 年第 1 期。

1. 认罪认罚从宽案件中律师辩护的意义

首先，辩护律师可以纠正被追诉人错误的认罪认罚。犯罪嫌疑人、被告人一般不懂法律，他们的认罪很可能是错误的，甚至根本就没有罪，但他们认为有罪而表示认罪，甚至去投案自首。比如，当事人正当防卫致人死亡，因为防卫人不懂，便去主动投案，而且表示认罪，此时便需要司法机关、律师提出当事人不是犯罪，而是正当防卫。由于普通人对是否犯罪、此罪与彼罪无法作出正确的认知和判断，所以就需要律师为他提供法律帮助和辩护。另外，办案机关和办案人员在认定犯罪嫌疑人、被告人涉嫌犯罪和指控犯罪以及判决有罪的时候也可能发生错误，本来是无罪却指控有罪，本来是此罪却指控彼罪。犯罪嫌疑人、被告人的认罪认罚更可能发生错误。怎样保证犯罪嫌疑人、被告人认罪认罚不发生错误，办案机关、办案人员的认定不发生错误，就需要律师辩护。①

其次，即使认罪认罚没有错误的案件，律师的辩护也有重要意义，律师要与犯罪嫌疑人、被告人充分沟通，见证和保障其认罪认罚的自愿性，并在整个程序中对犯罪嫌疑人、被告人起到帮助作用。

最后，辩护律师的参与可以在一定程度上弥补被追诉方处于弱势地位这一制度缺陷。当下实践中认罪认罚从宽案件整个诉讼程序是检察院来主导的，这便带来了检察官可能滥用司法权力和挤压辩方权利的风险。从实践样态来看，认罪认罚从宽制度整体上受制于传统诉讼模式下的职权主导的影响，司法机关对于认罪认罚从宽案件效率价值重视的程度远远超过程序价值。与"协商从宽"模式相比，虽然"法定从宽"模式在实体法框架下限制了检察官自由裁量的空间，但是在检察机关主导认罪认罚关键环节的情况下，由于权利基础体系的薄弱及监督制约机制的不完善，被追诉方往往处于较为被动的地位。② 由于被追诉方的弱势和被动地位，作为法律职业人的辩护律师的参与便显得更为重要。

2. 认罪认罚从宽案件中律师的角色定位

《刑事诉讼法》第 37 条规定，辩护人的责任是根据事实和法律，提出

---

① 参见《刑事诉讼法三人谈：认罪认罚从宽制度中的刑事辩护》，《中国法律评论》2020 年第 1 期。

② 参见陈卫东《认罪认罚从宽制度的理论问题再探讨》，《环球法律评论》2020 年第 2 期。

犯罪嫌疑人、被告人无罪、罪轻或者减轻、免除其刑事责任的材料和意见，维护犯罪嫌疑人、被告人的诉讼权利和其他合法权益。与传统刑事诉讼相比，认罪认罚从宽案件中律师的角色定位也产生了相应变化。笔者非常认同顾永忠教授的观点，即在认罪认罚从宽案件中，律师辩护的作用主要体现在以下三个方面。

一是把关作用。律师要对犯罪嫌疑人、被告人的认罪是不是正确、是不是应该认罪起到把关的作用。只有确实有罪的，犯罪嫌疑人、被告人才应当认罪。如果依法不构成犯罪，或者依法不应当追究刑事责任，哪怕犯罪嫌疑人、被告人自己认罪，律师也要充分告诉他们这个行为是无罪的，不必认罪，也不应该认罪，应该实事求是。同时，律师的把关作用不仅针对犯罪嫌疑人、被告人自身的错误认识，还针对办案机关和办案人员的错误认定。如果犯罪嫌疑人、被告人依法是无罪的，但是办案机关、办案人员说他有罪，还动员他认罪，作为普通老百姓的犯罪嫌疑人、被告人不懂法律，就相信办案人员的劝说，为了获得从宽而认罪，那么律师要帮助犯罪嫌疑人、被告人判断办案机关、办案人员认为的有罪是对还是不对。现在往往把律师在认罪认罚从宽制度中的作用放在保障认罪认罚的自愿性上，这样理解是片面的。对律师把关作用的认识，涉及我国建立认罪认罚从宽制度的立法初衷。刑事诉讼首先要保证认罪认罚的人是确实有罪的人，无罪的人认罪认罚是应该严格防止、避免的。律师的辩护、把关对保证认罪认罚的犯罪嫌疑人、被告人确实有罪非常重要。

二是保障作用。如果犯罪嫌疑人、被告人确实有罪，又能够认罪，那么律师的作用就是保障犯罪嫌疑人、被告人的认罪确实是自愿的，不是被胁迫、被欺骗、被诱惑的，他们明明知道自己行为的性质是什么，明明知道行为的后果是什么，但还是自愿主动认罪。大多数犯罪嫌疑人、被告人文化水平较低，也没有学过法律，经过办案人员或者其他人员的动员或劝说，表面上是认罪的，其实内心并不一定愿意认罪，而认罪认罚又必须要建立在完全自愿的基础上。所以，律师辩护的第二点作用就是保障犯罪嫌疑人、被告人认罪的自愿性。

三是协助作用。经过以上两个方面的作用发挥，犯罪嫌疑人、被告人既然是有罪的，认罪又是自愿的，那么律师接下来就要起到协助作用。犯罪嫌疑人、被告人确实有罪，又自愿认罪，这对国家来说，是有很大好处的。如果他们不认罪，国家就要动用大量的司法资源来侦查、收集证据，审查起诉、开庭、审判甚至要庭审实质化的审判。现在犯罪嫌疑人、被告人认罪了，甚至从立案开始就认罪，收集证据不用那么费事，审查起诉也变得简单了，开庭不需要鉴定人、证人出庭等复杂的程序，给国家节约了大量的司法资源。而且自愿主动认罪，说明主观恶性大大降低。这些决定了对他们的处理和处罚应当从宽。可是老百姓不懂法律上怎么样能够从宽，有什么从宽的机会和从宽的依据。律师就要帮助他们，从立案侦查开始，如果犯罪嫌疑人确实有罪并自愿认罪认罚，就积极争取对他不要批准逮捕。如果符合法定的条件，还可以积极争取因特殊条件而撤销案件。如果案件还是到了检察院，律师就应该参与到检察机关的审查起诉中，充分与检察人员交换意见和反映意见。反映什么意见？对确实有罪又自愿认罪的犯罪嫌疑人，对检察机关应当如何处理提出意见，能不起诉的就不起诉，非得起诉的要提出量刑建议。这个过程不是控辩双方中一方单方提出、另一方单方接受；也就是说，不能把认罚看作当事人的事情，把从宽看作办案机关的事情。认罚与从宽应当是互相作用、互相影响的，是律师、被追诉人和办案机关、办案人员互动的结果，这就是控辩协商。律师的作用就是协助犯罪嫌疑人、被告人与办案机关、办案人员进行充分协商，力求在法律范围内获得最大限度的从宽。[①]

总之，律师是认罪认罚从宽案件中不可或缺的参与者，否则控辩双方则无法对等，更别论平等。辩护律师应当作为认罪认罚从宽程序的协助者，而不是决定者。[②] 辩护律师既要独立辩护，又要为被追诉人争取最大的合法权益。

（三） 认罪认罚从宽案件辩护的特点与难点

在传统刑事诉讼中，法庭是控辩双方的主战场。认罪认罚从宽制度推行后，检察院的量刑建议基本上决定了法院的判决结果，认罪认罚从宽案

[①] 参见《刑事诉讼法三人谈：认罪认罚从宽制度中的刑事辩护》，《中国法律评论》2020 年第 1 期。

[②] 参见阚吉峰《刑事辩护的趋势与路径》，法律出版社，2022，第 219 页。

件辩护也出现了许多新的特点与难点。

1. 认罪认罚从宽案件辩护的主要特点

（1）辩护重心的前移：从审判阶段到审前阶段

以控辩双方的沟通协商为主的程序，在诉讼阶段上，辩护的重心相应地从审判阶段前移到审前阶段，重点是审查起诉阶段。

《刑事诉讼法》第 201 条第 1 款规定，法院一般应当接受检察机关指控的罪名和量刑建议。从实然层面上看，认罪认罚从宽中的控辩合意程序导致司法处断权在一定程度上从法院让渡于检察机关——绝大多数的控辩合意尤其是量刑建议直接为法院确认并生效。此时，辩护律师就指控的罪名和量刑建议与检察院进行协商便显得尤为重要，辩护重心从审判阶段前移到审前阶段，尤其是检察院主导的审查起诉阶段。但是应当注意的是，"以审判为中心"是整个刑事诉讼的基础构造，在理解认罪认罚从宽案件中的控辩合意及其生效条件时，仍应坚持这一基本立场。虽然从总体上看认罪认罚从宽制度的重心在审查起诉阶段，检察机关也在其中发挥了重要的主导作用，但这并不意味着对法院司法审查权和最终决定权的否定。①

（2）辩护内容的调整：程序辩护与实体辩护均有新特点

在辩护内容上，无论是程序辩护还是实体辩护也都出现了新的特点。

在程序辩护层面，不同于传统刑事案件更关注庭审质证环节和非法证据的排除。由于和社会危险性相关，认罪认罚的被追诉人社会危险性可能较小，因此更容易在强制措施的变更、羁押必要性审查等方面进行程序性辩护。《刑事诉讼法》第 81 条第 2 款规定："批准或者决定逮捕，应当将犯罪嫌疑人、被告人涉嫌犯罪的性质、情节，认罪认罚等情况，作为是否可能发生社会危险性的考虑因素。"《关于适用认罪认罚从宽制度的指导意见》第 19 条规定："人民法院、人民检察院、公安机关应当将犯罪嫌疑人、被告人认罪认罚作为其是否具有社会危险性的重要考虑因素。对于罪行较轻、采用非羁押性强制措施足以防止发生刑事诉讼法第八十一条第一款规定的社会危险性的犯罪嫌疑人、被告人，根据犯罪性质及可能判处的刑罚，依法可不适用羁押性强制措施。"因此，在认罪认罚从宽案件中，

---

① 参见陈卫东《认罪认罚从宽制度的理论问题再探讨》，《环球法律评论》2020 年第 2 期。

要更关注适用强制措施、变更强制措施、羁押必要性审查等方面的程序性辩护。

在实体辩护层面，由于我国认罪认罚从宽制度规定，只能对量刑进行协商，在定罪方面没有协商的空间，因此，实体辩护的重心从调查被追诉人是否有罪转变为确保被追诉人认罪的自愿性，而重点集中在量刑辩护上。《刑事诉讼法》第 173 条第 2 款规定："犯罪嫌疑人认罪认罚的，人民检察院应当告知其享有的诉讼权利和认罪认罚的法律规定，听取犯罪嫌疑人、辩护人或者值班律师、被害人及其诉讼代理人对下列事项的意见，并记录在案：（一）涉嫌的犯罪事实、罪名及适用的法律规定；（二）从轻、减轻或者免除处罚等从宽处罚的建议；（三）认罪认罚后案件审理适用的程序；（四）其他需要听取意见的事项。"《关于适用认罪认罚从宽制度的指导意见》第 27 条也作出类似规定，与前文《刑事诉讼法》相比，增加了"记录在案并附卷"中的"附卷"和"人民检察院未采纳辩护人、值班律师意见的，应当说明理由"。《人民检察院办理认罪认罚案件开展量刑建议工作的指导意见》第 25 条规定："人民检察院应当充分说明量刑建议的理由和依据，听取犯罪嫌疑人及其辩护人或者值班律师对量刑建议的意见。犯罪嫌疑人及其辩护人或者值班律师对量刑建议提出不同意见，或者提交影响量刑的证据材料，人民检察院经审查认为犯罪嫌疑人及其辩护人或者值班律师意见合理的，应当采纳，相应调整量刑建议，审查认为意见不合理的，应当结合法律规定、全案情节、相似案件判决等作出解释、说明。"辩护律师在听取意见程序中应当积极就事实、适用罪名与法律，从轻、减轻或者免除处罚等从宽的处罚，案件审理适用的程序，量刑建议等方面提出意见，与检察院进行充分协商。

（3）辩护方式的转变：从对抗转向合作

首先是听取意见的规定。《刑事诉讼法》第 173 条第 2 款与《关于适用认罪认罚从宽制度的指导意见》第 27 条都规定了检察院在审查起诉期间听取辩护人或者值班律师意见的程序，该指导意见也作出"人民检察院未采纳辩护人、值班律师意见的，应当说明理由"的规定。在听取意见的程序中，检察官既然是听取辩护方的意见，就有可能结合嫌疑人、辩护人或值班律师的意见，形成最终的量刑建议。由此，控辩合作、控辩协商的因素自然就包含其中了。[①]

其次是认罪认罚具结书的签署。《刑事诉讼法》第 174 条第 1 款规定："犯罪嫌疑人自愿认罪，同意量刑建议和程序适用的，应当在辩护人或者值班律师在场的情况下签署认罪认罚具结书。"《关于适用认罪认罚从宽制度的指导意见》第 31 条在《刑事诉讼法》基础上作出补充规定："犯罪嫌疑人被羁押的，看守所应当为签署具结书提供场所。具结书应当包括犯罪嫌疑人如实供述罪行、同意量刑建议、程序适用等内容，由犯罪嫌疑人、辩护人或者值班律师签名。"在听取嫌疑人、辩护人或值班律师意见的基础上，检察官形成初步的量刑方案，并将其写入认罪认罚具结书中。在辩护人或值班律师的见证下，犯罪嫌疑人对检察官提出的量刑优惠方案予以认可的，就可以签署认罪认罚具结书。有的观点认为，认罪认罚具结书是控辩双方的合意，是控辩合作的成果；也有观点认为，认罪认罚具结书仅仅是控方对辩方量刑建议的同意，辩护人或值班律师仅仅是见证认罪认罚具结书的签署过程，保证签署的自愿性，与控辩合作无关。笔者认为，或许实然层面更多是控方对辩方量刑建议的同意，但控辩合作、控辩协商后控辩双方形成合意应当是认罪认罚从宽制度的应有之义，也是刑事司法体制改革的前进方向。

从世界范围来看，许多国家刑事诉讼中的控辩关系，不断从控辩对抗走向控辩合作，平等合作应当包括强制措施的同意、暂缓起诉和控辩协商等。[②] 在我国认罪认罚从宽制度的司法实践中，从庭审上的剑拔弩张、激烈对抗，转为庭审前的充分沟通、积极协商，这对辩护律师的执业能力和沟通水平也提出了新的挑战。即便是量刑辩护，通常也不是在庭审过程中就量刑情节提出异议，而是在审前阶段被追诉人在签署认罪认罚具结书前，就检察机关提出的量刑建议进行沟通、协商并施加影响。这便是认罪认罚从宽案件中辩护方式从对抗转向合作的具体体现。

2. 认罪认罚从宽案件辩护的难点

（1）控辩协商难以实现

控辩合作、控辩协商后控辩双方形成合意应当是认罪认罚从宽制度的

---

① 参见陈瑞华《刑事诉讼的公力合作模式——量刑协商制度在中国的兴起》，《法学论坛》2019 年第 4 期。

② 参见冀祥德《控辩平等论》，法律出版社，2018，第 62~67 页。

应有之义，但是变对抗为合作、控辩充分协商恰恰也是认罪认罚从宽案件中刑事辩护的最大难点。实践中，检察院往往没有与辩护律师协商的意愿，量刑建议本应是控辩双方的合意，但现在仅仅成为辩方对控方的同意。此外，与辩护律师作为一个私主体为被追诉人代理案件形成对比，检察院代表国家追诉犯罪的职能在某种程度上具备了天然的"正义性"，辩护律师往往在许多方面难以与强大的国家机关平等相待，[①] 因而也难以进行平等协商。实践中，律师表达出协商意愿的时候，部分检察机关或不同意，或"听而不取"，甚至以提出更重的起诉裁量或量刑建议相威胁。

（2）被追诉人认罪认罚的自愿性难以保证

如前所述，犯罪嫌疑人、被告人一般不懂法律，由于普通人对是否犯罪、此罪与彼罪无法作出正确的认知和判断，实践中，犯罪嫌疑人、被告人可能因控诉机关的诱惑、威胁而认罪认罚，其认罪认罚很可能是错误的，甚至根本就没有罪。再加上辩护律师很少在认罪认罚初期参加到刑事诉讼中，值班律师的法律帮助与在场见证也往往只是起到形式作用，尤其是在侦查阶段，认罪认罚的自愿性很难得到保障。再者，因为疫情防控对辩护人会见权的侵蚀，很多辩护律师认为无罪的被追诉人已经在看守所认罪认罚，而这种认罪认罚往往并不是出于自愿。

（3）律师辩护的独立性难以保持

辩护人在诉讼中具有独立的诉讼地位是不争的事实。但在认罪认罚从宽案件中，律师往往难以行使"独立辩护权"。很多律师认为，法律并不禁止律师作无罪辩护，律师有权行使"独立辩护权"。理论上，律师在认罪认罚具结书上的签字只能起到见证人的作用，并不对律师的辩护意见产生约束力，其行使"独立辩护权"不应当被认为是对认罪认罚的违背。但在认罪认罚从宽案件的辩护实践中，我们发现，一旦辩护律师作无罪辩护，很多公诉人会当庭撤回认罪认罚具结书，使得当事人丧失适用认罪认罚获得从宽处理的机会。由于控诉机关可能撤回认罪认罚具结书，辩护律师为了保全被追诉人的利益，在许多情况下，其辩护的独立性难以保持。

---

① 参见陈瑞华《刑事诉讼的公力合作模式——量刑协商制度在中国的兴起》，《法学论坛》2019 年第 4 期。

二 侦查阶段的辩护

认罪认罚从宽制度贯穿刑事诉讼全过程，当然包括侦查阶段。在侦查阶段，犯罪嫌疑人可以委托辩护律师作为辩护人。没有辩护人的，办案机关应当通知值班律师提供法律帮助。符合法律援助条件的，办案机关应当通知法律援助机构指派律师为其辩护。本部分主要阐述辩护律师在认罪认罚从宽案件侦查阶段的辩护，以及值班律师的法律帮助。认罪认罚从宽案件中侦查阶段的辩护仍适用刑事诉讼辩护的普遍性技巧，但也有自身的特殊性：在侦查阶段，因为存在无罪的可能性，在律师对整个证据情况非常了解之前，不能轻易让当事人认罪认罚。对有些定性争议较大的案件，如果当事人认罪，还可能令司法机关认为有关证据是充分的，反而强化了司法工作人员的心证，更加认为本案构成犯罪。[①] 需要注意的是，辩护律师不能为了降低辩护难度，硬劝当事人认罪认罚。要认清在认罪认罚层面，律师只是协助者，而不是决定者。辩护律师有必要向当事人阐明利弊，基于当事人的明知、明智和自愿来确定每个阶段的认罪认罚程序的适用。在认罪认罚从宽案件的侦查阶段，要与当事人全面地核实证据材料，制定较为全面的辩护策略，给当事人分析案件利弊，供当事人选择，律师在这个阶段需要做好全面的案件准备。[②] 在侦查阶段，辩护律师的辩护主要体现为强制措施适用的辩护，主要表现为申请变更强制措施、争取非羁押性强制措施、避免采取逮捕措施等方面。

（一）辩护律师在强制措施适用方面的辩护

从法理来看，强制措施的适用目的是防止被追诉人干扰刑事诉讼的正常开展，其应当作为消极的预防措施，而非积极的取证手段。《刑事诉讼法》也规定，强制措施的适用主要从社会危险性等方面来考量。上文提到，《关于适用认罪认罚从宽制度的指导意见》第 19 条规定，被追诉人认

---

① 参见徐宗新等《刑事辩护全流程质量控制与十项技能解析》，法律出版社，2022，第 560 页。

② 参见阙吉峰《刑事辩护的趋势与路径》，法律出版社，2022，第 219~220 页。

罪认罚是判断是否具有社会危险性的重要因素。对于罪行较轻、采用非羁押性强制措施足以防止发生社会危险性的被追诉人，依法可不适用羁押性强制措施。可见，立法和司法对于认罪认罚从宽案件中侦查阶段强制措施的适用有轻缓化的要求。律师要更加关注强制措施的适用，可以提出变更强制措施、羁押必要性审查等程序性辩护事项。

《关于适用认罪认罚从宽制度的指导意见》第 20 条和第 21 条规定了逮捕的适用和变更。犯罪嫌疑人认罪认罚，公安机关认为罪行较轻、没有社会危险性的，应当不再提请人民检察院审查逮捕。对提请逮捕的，人民检察院认为没有社会危险性不需要逮捕的，应当作出不批准逮捕的决定。已经逮捕的犯罪嫌疑人认罪认罚的，人民检察院应当及时审查羁押的必要性，经审查认为没有继续羁押必要的，应当变更为取保候审或监视居住。因此，犯罪嫌疑人在侦查阶段认罪认罚的，辩护人可以为犯罪嫌疑人争取取保候审等非羁押措施。具体体现在以下三个方面。

第一，辩护律师可以提出适用非羁押性强制措施的请求，因为认罪认罚更有可能直接适用非羁押性强制措施。根据《关于适用认罪认罚从宽制度的指导意见》，认罪认罚是考虑犯罪嫌疑人、被告人是否具有社会危险性的重要因素。对于罪行较轻、采用非羁押性强制措施足以防止发生《刑事诉讼法》第 81 条第 1 款规定的社会危险性的犯罪嫌疑人、被告人，根据犯罪性质及可能判处的刑罚，依法可不适用羁押性强制措施。根据《最高人民法院关于适用〈中华人民共和国刑事诉讼法〉的解释》，人民法院应当将被告人认罪认罚作为其是否具有社会危险性的重要考虑因素。被告人罪行较轻，采用非羁押性强制措施足以防止发生社会危险性的，应当依法适用非羁押性强制措施。律师在侦查阶段可以重点根据认罪认罚后社会危险性较低为请求权基础，向侦查机关提出直接适用非羁押性强制措施的请求。

第二，辩护律师可以在逮捕适用中积极提出意见。认罪认罚，更有可能不提请逮捕或不批准逮捕。根据《关于适用认罪认罚从宽制度的指导意见》，犯罪嫌疑人认罪认罚，公安机关认为罪行较轻、没有社会危险性的，应当不再提请人民检察院审查逮捕。对提请逮捕的，人民检察院认为没有社会危险性不需要逮捕的，应当作出不批准逮捕的决定。根据《人民检察院刑事诉讼规则》，"犯罪嫌疑人涉嫌的罪行较轻，且没有其他重大犯罪嫌疑，具有下列情形之一的，可以作出不批准逮捕或者不予逮捕的决定"，其中第 5 项是犯罪嫌疑人认罪认罚的。"对于罪行比较严重，但主观恶性不大，有悔罪表现，具备有效监护条件或者社会帮教措施，具有下列情形之一，不逮捕不致发生社会危险性的未成年犯罪嫌疑人，可以不批准逮捕"，其中第 5 项是犯罪后认罪认罚，或者积极退赃，尽力减少和赔偿损失，被害人谅解的。由此可见，在侦查阶段，辩护律师要积极提出不适用逮捕措施的意见。如果犯罪嫌疑人罪行较轻、没有社会危险性，辩护律师可以向侦查机关提出不提请逮捕，争取取保候审等非羁押强制措施的请求，向检察院提出不批准逮捕的意见。如果犯罪嫌疑人是未成年人，虽然罪行比较严重，但主观恶性不大，有悔罪表现，具备有效监护条件或者社会帮教措施，犯罪后认罪认罚，或者积极退赃，尽力减少和赔偿损失，被害人谅解，不逮捕不致发生社会危险性的，辩护律师可以提出相关意见，检察院适用法定不批准逮捕的规定。

第三，辩护律师积极提出羁押必要性审查，因为认罪认罚更有可能通过羁押必要性审查。《关于适用认罪认罚从宽制度的指导意见》规定，已经逮捕的犯罪嫌疑人、被告人认罪认罚的，人民法院、人民检察院应当及时审查羁押的必要性，经审查认为没有继续羁押必要的，应当变更为取保候审或者监视居住。根据《人民检察院刑事诉讼规则》，已经逮捕的犯罪嫌疑人认罪认罚的，人民检察院应当及时对羁押必要性进行审查。经审查，认为没有继续羁押必要的，应当予以释放或者变更强制措施。"人民检察院发现犯罪嫌疑人、被告人具有下列情形之一，且具有悔罪表现，不予羁押不致发生社会危险性的，可以向办案机关提出释放或者变更强制措施的建议"，其中第 8 项便是认罪认罚。因此，在侦查阶段，辩护律师可以就认罪认罚、没有社会危险性等事实和依据向检察院提出羁押必要性审查，认罪认罚从宽案件中人民检察院更有可能通过羁押必要性审查。

（二）辩护律师在其他方面的辩护和帮助

犯罪嫌疑人在侦查阶段认罪认罚，辩护律师除强制措施适用的辩护之外，依旧有很多辩护的空间和需要注意的事项。

首先，辩护律师要判断犯罪嫌疑人是否有罪。律师会见犯罪嫌疑人时，如果其已作有罪供述，根据其有罪供述，辩护律师要判断是否有罪。对于真实有罪的，辩护律师要劝导犯罪嫌疑人认罪认罚，真诚悔过，积极退赔，争取更轻的刑罚。对于无罪的，要判断是否存在刑讯逼供或威胁、引诱、欺骗等非法取证的事实，如果有，虽然犯罪嫌疑人已经认罪认罚，但因为辩护人具有独立的诉讼地位，其依旧可以提出非法证据排除的适用，进行无罪辩护。如果没有非法证据，而是当事人对一些情况有误解，律师也要提出相应意见。对于犯罪嫌疑人无罪的案件，辩护律师要基于其独立辩护权积极提出意见。如果犯罪嫌疑人还未供述有罪，律师会见时不可以要求犯罪嫌疑人直接讲述犯罪事实，而是在此前向其提供详细的法律咨询，包括涉及的罪名、相关的罪名、可能有的罪名等实体性内容和强制措施适用等程序性规定，最后由当事人决定是否认罪认罚。①

其次，如果辩护律师发现案件事实清楚、证据充分、定性正确，就应尽早建议当事人同意认罪认罚，向公安机关或检察机关提出适用认罪认罚的书面法律意见，为当事人争取有利的处理结果。一些律师往往忽视在侦查阶段认罪认罚的必要性，认为在侦查阶段认罪认罚没有实际作用。笔者认为，在侦查阶段尽早认罪认罚既能争取量刑从宽，也能争取程序从宽。《关于适用认罪认罚从宽制度的指导意见》第9条规定，在刑罚评价上，主动认罪优于被动认罪，早认罪优于晚认罪，彻底认罪优于不彻底认罪，稳定认罪优于不稳定认罪。因此，如能从侦查阶段一开始就适用认罪认罚，显然其所争取的从宽幅度是最大的。

最后，辩护律师要积极与公安机关沟通。律师在接受委托后，应当及时向办案机关递交委托手续，在递交手续过程中可以跟公安机关办案人员进行简单的沟通。如果侦查人员愿意沟通，辩护律师要去了解犯罪嫌疑人的罪名和涉案的事实，一般情况下侦查人员不会详细地告知，但辩护律师可以结合会见时了解到的情况作出综合判断。在沟通过程中，辩护律师可以提出适用非羁押性强制措施的请求。犯罪嫌疑人可能无罪的，按照标准

---

① 参见徐宗新等《刑事辩护全流程质量控制与十项技能解析》，法律出版社，2022，第557~559页。

化程序来辩护。如果有罪，辩护律师要挖掘犯罪嫌疑人从轻减轻量刑的情节，提醒公安机关在起诉意见书中予以认定。① 另外，辩护律师还可以向侦查人员了解案件动态，关注时间节点，将有利于犯罪嫌疑人的证据进行提交，如果认为罪名适用错误可以沟通变更罪名。②

（三）值班律师的法律帮助

多数认罪认罚从宽案件中没有辩护律师的参与而只有值班律师，因此本部分就侦查阶段值班律师的法律帮助进行简要阐述。

《关于适用认罪认罚从宽制度的指导意见》规定，人民法院、人民检察院、公安机关办理认罪认罚从宽案件，应当保障犯罪嫌疑人、被告人获得有效法律帮助，确保其了解认罪认罚的性质和法律后果，自愿认罪认罚。这里的法律帮助便是值班律师提供的。《关于适用认罪认罚从宽制度的指导意见》还规定，犯罪嫌疑人、被告人自愿认罪认罚，没有辩护人的，人民法院、人民检察院、公安机关（看守所）应当通知值班律师为其提供法律咨询、程序选择建议、申请变更强制措施等法律帮助。符合条件的，应当依法通知法律援助机构指派律师为其提供辩护。人民法院、人民检察院、公安机关（看守所）应当告知犯罪嫌疑人、被告人有权约见值班律师，获得法律帮助，并为其约见值班律师提供便利。犯罪嫌疑人、被告人及其近亲属提出法律帮助请求的，人民法院、人民检察院、公安机关（看守所）应当通知值班律师为其提供法律帮助。由此可见，值班律师在认罪认罚从宽案件的侦查阶段也发挥着重要作用。

综上，值班律师是在犯罪嫌疑人没有聘请辩护律师时提供法律帮助的律师。其设立的目的主要是弥补现行法律援助体系在援助对象和援助时间方面的局限性。2018年修正后的《刑事诉讼法》将值班律师的诉讼活动写入第4章"辩护与代理"，根据体系解释可知，值班律师的诉讼活动应归属于辩护活动的范畴。结合《关于适用认罪认罚从宽制度的指导意见》，

---

① 参见徐宗新等《刑事辩护全流程质量控制与十项技能解析》，法律出版社，2022，第559~561页。
② 参见杨矿生《刑辩实战：练就办案高手的细节与技能》，法律出版社，2022，第145~146页。

值班律师在侦查阶段的职责包括：①提供法律咨询，包括告知涉嫌或指控的罪名、相关法律规定，认罪认罚的性质和法律后果等；②提出程序适用的建议；③帮助申请变更强制措施；④就案件处理向公安机关提出意见；⑤引导、帮助犯罪嫌疑人、被告人及其近亲属申请法律援助；⑥法律法规规定的其他事项。应当注意的是，值班律师对犯罪嫌疑人的法律帮助，应当从犯罪嫌疑人的切身利益出发，其工作重点是服务于犯罪嫌疑人和被告人，而不是配合公检法机关的工作。[1]

三 审查起诉阶段的辩护

认罪认罚从宽案件由检察机关"主导"认罪认罚协商的过程，并由检察机关根据被追诉人认罪认罚的情况决定是否提出从宽的量刑建议，案件的重心从审判阶段前移到审前阶段，辩护方式从控辩对抗逐渐转向控辩协商。辩护重心随即前移，可以说，审查起诉阶段是认罪认罚最好的时机，因此，律师要格外重视审查起诉阶段的辩护，要掌握与控方积极协商的方法与技巧。审查起诉阶段的辩护主要包括强制措施方面的辩护，为被追诉人争取不起诉和获得更轻量刑机会等。

辩护律师要探索出一套切实可行的量刑协商操作方案。律师事务所或律师团队在平日要注重建立量刑建议分析评判机制，定期对认罪认罚从宽案件中的量刑建议采纳情况尤其是违背采纳的案件重点进行研判剖析，注重对律师经验方法的提炼与总结，研究制定出相关的对策方案。在办案过程中，与办案机关进行沟通、交涉、协商，要找出合适的理由，甚至是办案机关与办案人员的"痛点"和"爽点"，力争达到量刑协商的理想效果。例如，最高人民检察院 2018 年 1 月 1 日发布的《人民检察院案件质量评查工作规定（试行）》要求，着重从证据采信、事实认定、法律适用、办案程序、文书制作和说理、释法说理、办案效果、落实司法责任制等方面进行评查并提出标准和结果等次，并且与检察官司法业绩挂钩、纳入考核指

① 参见常铮、巩志芳《认罪认罚从宽制度六十问》，中国政法大学出版社，2022，第101~104页。

标，影响办案质量和业绩评价。办案人所承办的案件质量评价就是办案人
的"痛点"，辩护律师可有针对性地就相关内容结合实际情况提出量刑辩
护意见。① 找到办案人员的"爽点"，并不是让辩护律师对办案人员屈尊攀
附、奉承谄媚，而是提示大家要懂得在换位思考的基础上探索与办案人员
沟通、协商的方式方法，刑事辩护从对抗转向合作，挑战的或许不仅是刑
辩律师的法律素养和专业能力，更多的还有律师审视案件的视角、司法合
作的态度和沟通协调的水平。

（一）强制措施方面的辩护

案件进入审查起诉阶段，强制措施适用的决定主体转移到检察院，辩
护律师可以向检察院申请变更强制措施和羁押必要性审查，法律依据和技
巧与侦查阶段相似，需要强调的是，审查起诉阶段认罪认罚具结书的签订
意味着被追诉人社会危险性的进一步降低。此时如果犯罪嫌疑人仍为羁押
状态，律师可依据《关于适用认罪认罚从宽制度的指导意见》第 21 条的
规定，结合签订认罪认罚具结书等请求权基础，申请羁押必要性审查，为
犯罪嫌疑人争取取保候审等非羁押措施。另外有个特殊的问题，属于监察
机关管辖的职务犯罪案件，由于在移送审查起诉之前，由监察机关采取留
置措施进行监察调查，这个阶段律师尚无法介入。因此在移送审查起诉、
被追诉人被变更为拘留强制措施的第一时间，辩护律师应当及时介入并积
极申请变更强制措施。

（二）争取获得不起诉的机会

《关于适用认罪认罚从宽制度的指导意见》第 30 条规定了不起诉的适
用，具体规定："完善起诉裁量权，充分发挥不起诉的审前分流和过滤作
用，逐步扩大相对不起诉在认罪认罚案件中的适用。对认罪认罚后没有争
议，不需要判处刑罚的轻微刑事案件，人民检察院可以依法作出不起诉决
定。人民检察院应当加强对案件量刑的预判，对其中可能判处免刑的轻微
刑事案件，可以依法作出不起诉决定。对认罪认罚后案件事实不清、证据

---

① 　参见阚吉峰《刑事辩护的趋势与路径》，法律出版社，2022，第 203～204 页。

不足的案件，应当依法作出不起诉决定。"

政策文件明确规定了逐步扩大相对不起诉在认罪认罚从宽案件中的适用，辩护律师也要把握好这个政策，为犯有轻微罪行的犯罪嫌疑人争取获得不起诉的机会。

首先是相对不起诉。对认罪认罚后没有争议，但情节轻微，依照刑法规定不需要判处刑罚或者免除刑罚的，辩护律师要为被追诉人积极争取相对不起诉的机会，督促检察院行使起诉裁量权。参考《刑法》的规定，可以免除刑罚的情形包括：犯罪嫌疑人在我国领域外犯罪，依照我国刑法应当负刑事责任，但在外国已经受过刑事处罚的（《刑法》第 10 条）；犯罪嫌疑人又聋又哑，或者是盲人的（《刑法》第 19 条）；犯罪嫌疑人因正当防卫或者紧急避险过当而犯罪的（《刑法》第 20、21 条）；为犯罪准备工具、制造条件的（《刑法》第 22 条）；在犯罪过程中自动中止犯罪或者自动有效防止犯罪结果发生，没有造成损害的（《刑法》第 24 条）；在共同犯罪中，起次要或辅助作用的（《刑法》第 27 条）；被胁迫参加犯罪的（《刑法》第 28 条）；犯罪嫌疑人自首或者有重大立功表现或者自首后又有重大立功表现的（《刑法》第 67、68 条）。如果辩护律师发现被追诉人存在以上情形，可以申请检察院作出不起诉的决定，为被追诉人争得相对不起诉的机会。

其次是证据不足不起诉。《关于适用认罪认罚从宽制度的指导意见》规定，对认罪认罚后案件事实不清、证据不足的案件，辩护律师可以申请检察院依法作出不起诉决定。《刑事诉讼法》的规定是，对于二次补充侦查的案件，人民检察院仍然认为证据不足，不符合起诉条件的，应当作出不起诉的决定。如果将《关于适用认罪认罚从宽制度的指导意见》视为特殊法，根据特殊法优于一般法的原则，认罪认罚从宽案件中的证据不足不起诉并不需要两次补充侦查。再加上在审查起诉阶段，辩护律师已经享有法定的阅卷权，律师在阅读综合全案证据的基础上进行判断，证据不足的情形主要包括：犯罪构成要件事实缺乏必要的证据予以证明的；据以定罪的证据存在疑问，无法查证属实的；据以定罪的证据之间、证据与案件事实之间的矛盾不能合理排除的；根据证据得出的结论具有其他可能性，不能排除合理怀疑的；根据证据认定案件事实不符合逻辑和经验法则，得出的结论明显不符合常理的。即使被告人已经认罪认罚，辩护律师依旧需要认真审查证据，如果认为证据不足，不符合起诉条件的，要积极为犯罪嫌疑人争取证据不足不起诉的机会。

（三）争取获得更轻量刑建议的机会

从宽处理是认罪认罚从宽制度的题中应有之义，这里的从宽便包括实体上获得更轻的量刑，因此辩护律师要积极基于此制度目的为被追诉人争取获得更轻量刑建议的机会。

《关于适用认罪认罚从宽制度的指导意见》第 27 条是听取意见的规定，具体规定："犯罪嫌疑人认罪认罚的，人民检察院应当就下列事项听取犯罪嫌疑人、辩护人或者值班律师的意见，记录在案并附卷：（一）涉嫌的犯罪事实、罪名及适用的法律规定；（二）从轻、减轻或者免除处罚等从宽处罚的建议；（三）认罪认罚后案件审理适用的程序；（四）其他需要听取意见的情形。人民检察院未采纳辩护人、值班律师意见的，应当说明理由。"根据此规定，辩护人可以向检察院提出从轻、减轻或者免除处罚等从宽处罚的建议，而且，人民检察院未采纳辩护人意见的还要说明理由。以上规定在一定程度上可以理解为量刑协商。量刑协商的正当基础在于通过量刑激励机制推动司法资源的合理配置，通过适度妥协来换取各方利益的最大化，实现"实质的程序正义"。但是目前实践中的量刑协商存在一些问题。一是"以检察为主导"在有些地方异化成检察权力的过度扩张，结合《人民检察院羁押听证办法》第 11 条第 2 款，在实践中难免发生检察官既做"运动员"又做"裁判员"的现象，甚至存在控方对辩方的胁迫，导致控辩双方实质上的不平等。二是辩护律师在协商中参与不充分或协商不足，量刑协商的理想状况是同为法律职业人的检察官和辩护律师的协商，实践中更多是检察官越过辩护律师与被追诉人直接协商，或者仅仅与值班律师形式协商。[①]可喜的是，检察机关也在积极探索协商机制。最高人民检察院第一检察厅早在 2019 年 10 月 24 日最高检召开的"准确适用认罪认罚从宽制度"新闻

---

① 参见陈瑞华《刑事诉讼的公力合作模式——量刑协商制度在中国的兴起》，《法学论坛》2019 年第 4 期。

发布会上指出，在实践中保障被追诉人和辩护人的合法权益、保障被追诉人在自愿的前提下认罪认罚，其中一条便是"平等沟通协商"。"人民检察院提出量刑建议前，应当充分听取犯罪嫌疑人、辩护人或者值班律师的意见，与犯罪嫌疑人及其辩护人平等协商，尽量沟通一致。"①

由此可见，辩护律师要积极参与到与控方协商量刑的过程中，敢于发声、善于发声，让最终形成的量刑建议成为控辩双方的合意，这亦是认罪认罚从宽制度的立法初衷与制度内涵。辩护律师要从案件事实与证据本身，审查检察机关给出的初步量刑建议是否恰当，包括量刑建议形成过程是否规范，量刑建议刑期是否适当、是否均衡等问题。同时，对于虽有量刑建议，但未明确适用缓刑的案件，如仍存在适用缓刑可能的，律师应进一步为犯罪嫌疑人争取获得缓刑的可能。

（四）值班律师的法律帮助

值班律师的制度目的与角色定位前文已有提及，这里重点强调值班律师在认罪认罚从宽案件侦查起诉阶段的主要职责。结合《关于适用认罪认罚从宽制度的指导意见》，值班律师在审查起诉阶段的职责包括：①提供法律咨询，包括告知涉嫌或指控的罪名、相关法律规定，认罪认罚的性质和法律后果等；②提出程序适用的建议；③帮助申请变更强制措施；④对人民检察院认定罪名、量刑建议提出意见；⑤就案件处理，向人民检察院提出意见；⑥引导、帮助犯罪嫌疑人、被告人及其近亲属申请法律援助；⑦法律法规规定的其他事项。据此可见，在没有辩护人的情况下，值班律师起到的作用是至关重要的。另外，值班律师还要与检察院进行沟通，提供有效法律帮助或者辩护，并在场见证认罪认罚具结书的签署。立法的设计初衷是值班律师履行的法律帮助职责是在认罪认罚从宽案件中辩护人缺位的情况下提供最低限度的辩护服务，值班律师应实质性地参与量刑建议的形成。②

但是，由于检察官主导了量刑协商过程，值班律师基本上处于"见证人"和"认罪认罚辅助者"的地位，而没有有效参与量刑协商的机会，再

---

① 陈国庆主编《认罪认罚从宽制度司法适用指南》，中国检察出版社，2020，第159页。
② 参见程滔、于超《论值班律师参与量刑建议的协商》，《法学杂志》2020年第11期。

加上实践中很多时候法官的司法审查流于形式，因此这种量刑协商机制存在诸多方面的缺憾，容易带来检察官滥用自由裁量权、被告人被迫作出认罪认罚、案件定罪难以达到法定标准等方面的问题，并可能造成一定程度的刑事误判。[①]

目前，实践中参与认罪认罚的主体力量还是值班律师。但是，值班律师辩护权远远弱于辩护律师，这便导致没有能力委托辩护律师的被追诉人在诉讼程序中远远弱于有能力委托辩护律师的被追诉人，造成实质上的不平等。[②] 笔者认为，值班律师只是辩护律师不足情境下的权宜之计，参与认罪认罚从宽的应当是辩护律师与检察官，在实践中要坚持推动值班律师"辩护人化"，最终实现认罪认罚从宽案件中律师辩护的全覆盖。

四　审判阶段的辩护

（一）审判阶段的辩护要点

因为认罪认罚从宽案件中刑事辩护的重心已经从庭内转移到庭前，审判阶段的辩护余地较传统刑事诉讼变小，但依旧有辩护的空间。

如果审查起诉期间控辩双方达成对罪名的认定和量刑建议的提出是控辩双方的合意，审判阶段律师说明协商的过程与认罪认罚的自愿性即可，律师要做的就是与检察官一起说服法官，提请法院顺利确认公诉书中的罪名和量刑建议中的刑罚。但如果审前控方并未与辩护律师充分协商，量刑建议仅仅是辩方对控方的无奈同意，而非双方合意，辩护律师便可以在审判阶段开展有效辩护。

关于量刑建议采纳与否。《刑事诉讼法》第 201 条第 1 款规定："对于认罪认罚案件，人民法院依法作出判决时，一般应当采纳人民检察院指控的罪名和量刑建议，但有下列情形的除外：（一）被告人的行为不

---

① 参见陈瑞华《刑事诉讼的公力合作模式——量刑协商制度在中国的兴起》，《法学论坛》2019 年第 4 期。

② 参见冀祥德、刘晨琦《控辩协商，还是认罪认罚？》，载冀祥德主编《刑事辩护的多维理念与实现路径》，当代中国出版社，2022，第 20~21 页。

构成犯罪或者不应当追究其刑事责任的；（二）被告人违背意愿认罪认罚的；（三）被告人否认指控的犯罪事实的；（四）起诉指控的罪名与审理认定的罪名不一致的；（五）其他可能影响公正审判的情形。"法律规定，法院对检察院的量刑建议是一般应当采纳，诸多学者对此规定提出批评，笔者在此不论述此规定合理与否，仅从律师实务角度进行解释。如果控方没有听取或采纳辩护律师提出的意见，也存在以上5种不采纳量刑建议的法定情形，律师要积极向法庭提出不采纳检察院的量刑建议的请求。

关于量刑建议的调整。《刑事诉讼法》第 201 条第 2 款规定："人民法院经审理认为量刑建议明显不当，或者被告人、辩护人对量刑建议提出异议的，人民检察院可以调整量刑建议。人民检察院不调整量刑建议或者调整量刑建议后仍然明显不当的，人民法院应当依法作出判决。"在审判阶段，辩护人依旧可以对量刑建议提出异议，而法律规定提出异议后不是法院直接审判，而是重新回到控辩协商阶段，检察院在与辩护人协商后调整量刑建议，但是法院依旧有最终的刑罚决定权。如果检察院不调整或法院依旧觉得调整后量刑建议明显不当，法院可以依法作出判决，在这个过程中辩护律师便可以将重心放到说服法官上。另外，当出现新的足以改变量刑的情节时，律师也可以申请调整量刑建议。如果公诉人提出幅度刑量刑建议，辩护律师要结合事实、证据、法律，作最轻的量刑辩护。虽然现在检察院要求尽量提出精准化量刑建议，但就一些法定的案件和疑难复杂案件而言，检察院依旧会提出幅度刑量刑建议，这时律师便有了辩护的空间。辩护律师要从最轻的量刑目标出发，进行全力的辩护，证据不足、事实存疑，甚至无罪辩护的观点都可以向法院提出。对于确定刑量刑建议，辩护律师则需要深挖案件本身的辩护空间，从中发现相关的争议焦点，并从事实、证据、法律适用等各个层面，对争点作出详细的阐述。①

此外，辩护律师可以在庭前与主办检察官、法官进行必要的沟通。在审判阶段，开完庭后，律师依然有机会做认罪认罚从宽的工作，跟进法官

---

① 阙吉峰：《刑事辩护的趋势与路径》，法律出版社，2022，第 221 页。

的节奏，并对量刑进一步提出精准的建议。例如，在一些被害人有一定过错的案件中，在法庭上如若展开阐述此方面的内容，可能激化矛盾，但是律师可以体现在书面的辩护意见中，并在庭后与法官提一下，请其予以关注和考量。例如，对已经独立作无罪辩护的案件，如若当事人愿意或能够接受轻罪结果，律师还是应当以当事人的利益最大化为重，在与法官沟通时表示，律师也会在一定情况下配合做好相关的工作。正如徐宗新等所言："我们的这种协商、这种意见、这种妥协，千万不要影响案件实质性的改变，提出的必须是一种出路、一种解决方案，不要让案件效果适得其反。"①

（二）二审中律师辩护的问题

二审辩护的问题主要分为两种情形：一是认罪认罚从宽的一审案件因被告人上诉或检察院抗诉进入二审程序；二是二审中才开始认罪认罚的情况。以下将对这两种情况中辩护的重点问题进行分析，最后对检察院"跟进式抗诉"的辩护进行分析。

首先来看认罪认罚从宽的一审案件因被告人上诉或检察院抗诉进入二审程序的辩护。当下司法实践中，适用认罪认罚从宽制度的案件是可以上诉的，关于是否限制上诉权的立法争议这里暂且不论，主要谈及上诉案件中的辩护。一是控辩有协商基础的情况。由于认罪认罚从宽制度暗含控辩协商的立法初衷，控辩双方就争议问题可以进行协商，协商后类似控辩协议的结果可以提交法院进行审查，在不违反法律强制性规定的情形下，法院应当进行确认。所以在二审辩护中，在检察院同意的前提下，辩护律师依旧可以跟公诉人就争议问题进行协商。二是控辩双方分歧较大，没有协商基础的情况。若是因检察院不满一审判决而提起抗诉，辩方同意一审判决而不同意检察院的量刑建议，控辩双方没有了协商基础，同时控辩双方由合作转为对抗，律师便没必要再与控方合作，而是致力于说服二审法院认同一审判决与辩方的意见。

---

① 徐宗新等：《刑事辩护全流程质量控制与十项技能解析》，法律出版社，2022，第575~576页。

其次来看二审中才开始认罪认罚从宽的案件的辩护。《关于适用认罪认罚从宽制度的指导意见》第 5 条规定，认罪认罚从宽制度贯穿刑事诉讼全过程，适用于侦查、起诉、审判各个阶段。根据文义解释，审判阶段自然包括二审阶段。二审中，依旧可以开始适用认罪认罚从宽制度。实践中，《检察日报》也曾报道二审开始认罪认罚从宽的案件：在河南省驻马店徐某诈骗案中，一审判决徐某犯诈骗罪判处有期徒刑三年，二审期间徐某认罪认罚被法院从轻判处，刑期是有期徒刑一年零三个月。① 《关于适用认罪认罚从宽制度的指导意见》第 50 条规定了第二审程序中被告人认罪认罚从宽案件的处理，具体规定："被告人在第一审程序中未认罪认罚，在第二审程序中认罪认罚的，审理程序依照刑事诉讼法规定的第二审程序进行。第二审人民法院应当根据其认罪认罚的价值、作用决定是否从宽，并依法作出裁判。确定从宽幅度时应当与第一审程序认罪认罚有所区别。"但在实践中，由于缺乏明确的程序操作指引，二审阶段适用认罪认罚从宽制度是相对困难的。律师要积极探索，即使一审并未适用认罪认罚从宽制度，若控辩双方都有协商的意愿，二审中仍可以提出适用认罪认罚从宽制度的请求。对于开庭审理的二审案件，被告人既可以在二审开庭前与检察院达成量刑协议，签署认罪认罚具结书，也可以在二审当庭认罪认罚，表示愿意接受处罚，可以不再签署认罪认罚具结书，由法庭在庭审笔录中加以记录。在二审不开庭审理的案件中，法官不宜作为协商主体，因为法官协商会造成地位的不平等，弱化对认罪认罚从宽案件的后续审查职能并加剧控审冲突，通过解释得出检察院即便在不开庭审理案件中也有参与权，因此在二审程序中被告人认罪认罚的，法院应当通知检察院参与诉讼并与辩方协商。② 因此，在二审开始认罪认罚从宽的案件中，如果开庭审理，辩护律师可以同一审一样与控方进行协商；如果不开庭审理，辩护律师可以请求法院、检察院参与诉讼并与被告人、辩护人进行协商。

最后对检察院"跟进式抗诉"的辩护进行分析。《人民检察院办理认罪认罚案件开展量刑建议工作的指导意见》第 39 条规定："认罪认罚案件

---

① 参见《认罪认罚，二审仍可从宽》，《检察日报》2019 年 9 月 23 日，第 2 版。

② 参见董坤《审判阶段适用认罪认罚从宽制度相关问题研究》，《苏州大学学报》（哲学社会科学版）2020 年第 3 期。

中，人民法院采纳人民检察院提出的量刑建议作出判决、裁定，被告人仅以量刑过重为由提出上诉，因被告人反悔不再认罪认罚致从宽量刑明显不当的，人民检察院应当依法提出抗诉。"实践中存在检察院对法院采纳其量刑建议而被告人上诉的情况进行抗诉的现象，其抗诉不再是针对法院裁判的结果，而是作为上诉的对抗机制存在，这在一定程度上违背了上诉不加刑的原则，对辩方的上诉权造成威胁甚至是剥夺上诉权。检察院"跟进式抗诉"既不符合以审判为中心的基本精神，也不符合认罪认罚从宽制度"恢复性司法"的内在目标。至于是否"因被告人反悔不再认罪认罚致从宽量刑明显不当"，基于案件已经进入新阶段，应当交由二审程序由法院裁判认定。① 如果遇到检察院"跟进式抗诉"，辩护律师可以提出"因被告人反悔不再认罪认罚致从宽量刑明显不当"的解释权属于二审法院而非检察院的意见，检察院以此为由跟进抗诉并不符合正当程序。

五 认罪认罚从宽案件辩护的特殊问题

（一）律师独立作无罪辩护的问题

就认罪认罚从宽案件中律师是否可以作无罪辩护的问题，争议较多。有观点认为，既然犯罪嫌疑人、被告人已经认罪，无罪辩护便无从谈起。但目前多数观点认为，认罪不一定有罪，况且事实、证据是否能够定罪，律师当然可以基于独立诉讼地位作无罪辩护。笔者认为，在认罪认罚从宽案件中，即使被追诉人认罪认罚，也要结合具体情况加以分析研判，必要时可以作无罪辩护。

学者对无罪辩护的正当性进行了充分论证。第一，《刑事诉讼法》第16条规定了依法不追究刑事责任的6种情形，根据这一规定，即使被告人认罪，律师也要区分，属于不追究刑事责任情形的当然可以作无罪辩护。第二，即使被告人认罪，但有两种情形必须作无罪辩护：一是依据法律规定，尚未达到刑法规定的犯罪构成要件，律师要按照各个罪的犯罪构成要

---

① 参见冀祥德、刘晨琦《控辩协商，还是认罪认罚？》，载冀祥德主编《刑事辩护的多维理念与实现路径》，当代中国出版社，2022，第16~17页。

件加以权衡，如果不符合构成要件要作无罪辩护；二是关于是否达到犯罪的证明标准，即"证据不足，不能认定被告人有罪的"，律师当然要作无罪辩护。第三，关于"自愿性"的审查为律师作无罪辩护提供了重要的依据和机遇。在认罪认罚从宽案件中，"自愿性"的审查是关键，即犯罪嫌疑人、被告人是否自愿认罪，是可否适用认罪认罚从宽程序的关键。在试点和近几年的司法实践中，存在犯罪嫌疑人、被告人名义上认罪认罚，实则并非出自本意的情形。例如，替人受过、威胁认罪、许诺认罪、受骗认罪，甚至个别缺乏法律知识的人根本无罪，被误抓进看守所也认罪了。刑事案件复杂多变，刑辩律师必须缜密辩护，遇到这些情形，当然都要作无罪辩护。关于"自愿性"的审查和判断，必须坚持三项标准：一是明知性；二是事实、证据基础性；三是自愿性。① 最高人民法院刑事审判专家也指出："要明确案件是否适用认罪认罚从宽制度，以犯罪嫌疑人、被告人是否自愿认罪认罚为前提，不以辩护人作有罪辩护为前提。辩护人有权根据事实和法律提出无罪辩护意见。"②

因此，在认罪认罚从宽案件中，被告人认罪与无罪辩护并不矛盾，如果法院认为辩护人的无罪辩护意见不能成立，实体仍要根据被追诉人认罪认罚的机制和意义去考虑是否从宽把握。辩护律师作无罪辩护的空间和机遇还是比较广阔的。辩护律师可以基于独立诉讼地位在被追诉人认罪认罚的情况下作无罪辩护。在具体操作中，一方面，辩护律师要详细阅卷，全面充分地了解整个案件事实经过，研究制定出最有利于被追诉人的辩护方案和策略，从而选择是作量刑辩护还是无罪辩护。被追诉人对"案件事实"的认可，也可能是对自己行为的法律性质、后果和有关事实情况产生了误解，需要律师从专业角度加以辨析和帮助。重点关注是否有可能不追究刑事责任的6种法定情形，是否符合犯罪构成要件，是否达到证明标准，被追诉人认罪认罚是不是真的出于"自愿"，其认罪认罚是否存在错误等情况。另一方面，基于律师独立作无罪辩护的，在程序上导致被追诉人的程序选择权受到限制，即案件依法不能适用速裁和简易审判程序，而只能

<hr>

① 参见樊崇义《认罪认罚从宽与无罪辩护》，《人民法治》2019年第23期。

② 杨立新：《关于认罪认罚从宽制度常见问题释疑》，载最高人民法院刑事审判第一、二、三、四、五庭编《刑事审判参考》（总第127辑），人民法院出版社，2021，第141页。

适用普通程序审理；甚至在实践中，由于种种原因在最终的实体结果上亦存在一定的风险。因此，律师要在坚持独立辩护的同时，注意与被追诉人进行及时的沟通，尤其要与其沟通辩护策略和辩护方案，征求其意见，最好是经过协商取得其同意。这应当是律师进行独立辩护的界限所在。正如阙吉峰律师总结的那样，在认罪认罚从宽案件中，律师辩护工作需要朝着揭露案件真相的方向努力，只有这样才能符合职业伦理道德的要求。[①]

（二）证明标准相关问题

认罪认罚是否意味着证明标准的降低是个争议问题。《刑事诉讼法》第55条规定："对一切案件的判处都要重证据，重调查研究，不轻信口供。只有被告人供述，没有其他证据的，不能认定被告人有罪和处以刑罚；没有被告人供述，证据确实、充分的，可以认定被告人有罪和处以刑罚。证据确实、充分，应当符合以下条件：（一）定罪量刑的事实都有证据证明；（二）据以定案的证据均经法定程序查证属实；（三）综合全案证据，对所认定事实已排除合理怀疑。"虽然法律如此规定，但是关于认罪认罚从宽案件的证明有证明标准降低说、证明对象限定说、证明责任减轻说、证据调查简化说等观点。这里主要讨论证明标准，证明对象、证明责任等问题不再详述。持有证明标准降低说观点的学者认为，从应然角度出发，包括简易程序在内的被告人认罪的案件中，对被告人定罪事实的证明标准可适当低于普通程序所要求的"排除合理怀疑"的标准。[②]与前述观点相反，樊崇义认为证明标准不能降低。在认罪认罚从宽案件中，即使被告人认罪，还需要除口供外确实充分的证据认定，只有被告人供述，没有其他证据，不能认定被告人有罪和处以刑罚。同时，对证据的要求和标准，即什么叫确实充分，该条还规定了三项标准，达不到以上三项标准的，同样可以作无罪辩护。需要指出的是，关于认罪认罚从宽案件的证明标准，无论适用速裁程序还是简易程序，乃至普通程序，我国《刑事诉讼法》都明确规定，"案件事实清楚，证据确实、充分"，即证明标准不能降

---

① 参见阙吉峰《刑事辩护的趋势与路径》，法律出版社，2022，第202～226页。
② 参见谢登科《论刑事简易程序中的证明标准》，《当代法学》2015年第3期。

低。① 孙远提出证明标准中实体条件与心证条件不可降低但程序条件可以调整的观点。《刑事诉讼法》规定"证据确实、充分"这一证明标准包含实体条件、程序条件与心证条件三个要素，达到定罪量刑的事实都有证据证明是实体条件，据以定案的证据均经法定程序查证属实是程序条件，排除合理怀疑是心证条件。在被告人认罪认罚的案件中，实体条件与心证条件不得予以缩减或降低，但对于程序条件可以作出与被告人不认罪案件不同的要求，从而实现认罪认罚从宽案件中证明标准的隐性降低。但此种做法的正当性应以强化被追诉人审前权利保障为前提。②

结合实践经验，笔者更赞同孙远教授的观点。在认罪认罚从宽案件中，虽然证明标准有隐性降低，但仍旧需要仔细审查，不可以自身产生认罪认罚从宽案件证明标准降低的潜意识。另外，要区分证明标准中的实体条件、程序条件和心证条件。即使被告人认罪认罚，依旧要对证明标准需要达到定罪量刑的事实都有证据证明的实体条件和排除合理怀疑的心证条件进行审查，对于不能达到证明标准的情况提出辩护。在被告人认罪认罚从宽案件中，对于据以定案的证据均经法定程序查证属实的程序条件的瑕疵要分情况来看，对于有利于被告人的程序要件瑕疵可以忽略不计，但对于程序要件瑕疵实质减损被告人辩护权的情况要提出辩护意见。

---

① 参见樊崇义《认罪认罚从宽与无罪辩护》，《人民法治》2019 年第 23 期。
② 参见孙远《论认罪认罚案件的证明标准》，《法律适用》2016 年第 11 期。

图书在版编目(CIP)数据

从思路到实操：刑辩业务技能系统化解析／阚吉峰
主编；辛科，王占启执行主编；刘晨琦等副主编.
北京：社会科学文献出版社，2025.1.--ISBN 978-7
-5228-5040-5

Ⅰ.D925.21

中国国家版本馆 CIP 数据核字第 2025P66C35 号

从思路到实操
——刑辩业务技能系统化解析

主　　编／阚吉峰
执行主编／辛　科　王占启
副 主 编／刘晨琦　何永新　包国为　刘凤波

出 版 人／冀祥德
责任编辑／易　卉
文稿编辑／王楠楠
责任印制／王京美

出　　版／社会科学文献出版社·法治分社（010）59367161
　　　　　地址：北京市北三环中路甲 29 号院华龙大厦　邮编：100029
　　　　　网址：www.ssap.com.cn
发　　行／社会科学文献出版社（010）59367028
印　　装／三河市东方印刷有限公司

规　　格／开　本：787mm×1092mm　1/16
　　　　　印　张：18.5　字　数：286 千字
版　　次／2025 年 1 月第 1 版　2025 年 1 月第 1 次印刷
书　　号／ISBN 978-7-5228-5040-5
定　　价／78.00 元

读者服务电话：4008918866